HINÁRIO LITÚRGICO - III

CNBB

HINÁRIO LITÚRGICO - III

DOMINGOS DO TEMPO COMUM – ANO A
O ANO DE MATEUS

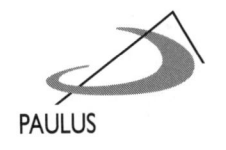

PAULUS

Direção editorial: *Claudiano Avelino dos Santos*
Produção: *Equipe de Reflexão da Música Litúrgica da CNBB*
Editoração eletrônica das partituras: *Eurivaldo Silva Ferreira (Encore)*
Sandra Muller (Sibelius)
Revisão: *Pe. José Carlos Sala*
Pe. Jair Oliveira Costa
Márcio Antônio de Almeida
Reginaldo Veloso
Eurivaldo Silva Ferreira
Iorlando Rodrigues Fernandes
Diagramação: *Dirlene França Nobre da Silva*
Ilustrações: *Frei Pedro da Silva Pinheiro, ofm*
Capa: *Marcelo Campanhã*
Impressão e acabamento: PAULUS

1ª edição, 2016
1ª reimpressão, 2023

© PAULUS – 2016

Rua Francisco Cruz, 229 • 04117-091 • São Paulo (Brasil)
Tel.: (11) 5087-3700
paulus.com.br • editorial@paulus.com.br

ISBN 978-85-349-3964-5

SUMÁRIO

Apresentação 7

Introdução 9

1ª PARTE
CANTAR O ORDINÁRIO DA MISSA

1. Sinal da Cruz e Saudação Apostólica 15
2. Rito penitencial 17
3. Hino de Louvor 34
4. Oração do dia 45
5. Profissão de Fé 50
6. Preces 52
7. Apresentação das oferendas 53
8. Oração sobre as oferendas e depois da comunhão 55
9. Oração Eucarística (Prefácios e aclamações) 60
10. Santo, Aclamação memorial e Doxologia 73
11. Pai Nosso 81
12. Cordeiro de Deus 86
13. Bênção e Despedida 93

2ª PARTE
CANTAR O PRÓPRIO DO TEMPO COMUM

Cantar ao Senhor no Tempo Comum 97
2º DTC: Domingo do Testemunho de João – Jo 1,29-34 103
3º DTC: Domingo do Chamado – Mt 4,12-23 107
4º DTC: Domingo das bem-aventuranças – Mt 5,1-12 112
5º DTC: Domingo do Sal e da Luz – Mt 5,13-16 117
6º DTC: Domingo da Justiça do Reino – Mt 5,17-37 121
7º DTC: Domingo da Perfeição do Reino – Mt 5,38-48 125
8º DTC: Domingo dos Lírios e dos Passarinhos – Mt 6,24-34 129
9º DTC: Domingo da Casa sobre a Rocha – Mt 7,21-29 133
10º DTC: Domingo da Misericórdia – Mt 9,9-13 137
11º DTC: Domingo da Compaixão – Mt 9,36–10,8 142
12º DTC: Domingo da Perseguição – Mt 10,26-33 146
13º DTC: Domingo do Caminho da Cruz – Mt 10,37-42 151
14º DTC: Domingo dos Segredos do Pai – Mt 11,25-30 156

15º DTC: Domingo do Semeador – Mt 13,1-23	161
16º DTC: Domingo do Joio e do Trigo – Mt 13,24-43	166
17º DTC: Domingo do Tesouro – Mt 13,44-52	170
18º DTC: Domingo da Multiplicação – Mt 14,13-21	174
19º DTC: Domingo da Tempestade – Mt 14,22-23	179
20º DTC: Domingo da Cananeia – Mt 15,21-28	184
21º DTC: Domingo de Pedro – Mt 16,13-20	189
22º DTC: Domingo do "Vai para trás!" – Mt 16,21-27	194
23º DTC: Domingo da Presença Real – Mt 18,15-20	199
24º DTC: Domingo do Perdão – Mt 18,21-35	204
25º DTC: Domingo dos Últimos! – Mt 20,1-16	209
26º DTC: Domingo dos Publicanos e Prostitutas – Mt 28,21-32	214
27º DTC: Domingo do Filho Assassinado – Mt 21,33-43	219
28º DTC: Domingo do Banquete – Mt 22,1-14	224
29º DTC: Domingo da Honestidade – Mt 22,15-21	229
30º DTC: Domingo do Único Mandamento – Mt 22,34-40	234
31º DTC: Domingo da Fraternidade – Mt 23,1-12	239
32º DTC: Domingo da Vigilância – Mt 25,1-13	244
33º DTC: Domingo dos Talentos – Mt 25,14-30	249
34º DTC: Solenidade de Cristo Rei – Mt 25,31-45	254
Domingo da Santíssima Trindade	259
Festa do Santíssimo Sacramento do Corpo e Sangue de Cristo	262
Festa do Sagrado Coração de Jesus	267

3ª PARTE
CANTOS OPCIONAIS

Abertura	275
Apresentação das oferendas	291
Comunhão	298
Índice geral dos domingos e festas do Senhor no Tempo Comum – Ano A	320
Índice alfabético	325

APRESENTAÇÃO

"A Igreja celebra, cada oitavo dia, o Mistério Pascal. Esse dia chama-se justamente dia do Senhor ou domingo" (SC 106). Esse dia, "dia da festa primordial", no tempo comum, ganha uma força própria. Nele não destacamos aspectos particulares do Mistério de Cristo, mas o veneramos em sua totalidade, vivo e presente na comunidade dos que creem.

O canto litúrgico, em profunda sintonia com os ritos, gestos, textos litúrgicos e bíblicos, possibilita o mergulho no mistério celebrado e o encontro com o Cristo presente na comunidade em oração.

Com alegria, apresentamos à Igreja do Brasil o 3º fascículo do Hinário Litúrgico – edição em partituras – revisado e atualizado, com os cantos para o Ano A, ano de Mateus. Um trabalho minucioso, realizado pela Equipe de Reflexão de Música sob a coordenação do Assessor da CNBB para a Música Litúrgica, Pe. José Carlos Sala (2008-2014).

O livro contém três partes:

a) Cantar o Ordinário da Missa: Variadas melodias para as partes fixas da missa, com acento especial ao canto do presidente da celebração.

b) Cantar o Próprio do Tempo Comum: Cantos para todos os domingos do Tempo Comum.
- Abertura: Refrão inspirado na Antífona de Entrada de cada domingo e estrofes com textos de salmos;
- Salmo Responsorial: Com texto próprio do lecionário e variadas melodias;
- Aclamação: Aleluia para o refrão e estrofe a partir do versículo do dia;
- Apresentação das Oferendas: Cantos variados do repertório brasileiro;
- Comunhão: Refrão inspirado no Evangelho do dia que aponta para a unidade entre a mesa da Palavra e a mesa da Eucaristia, e estrofes com textos de salmos.
- A mesma melodia é usada por quatro domingos seguidos a fim de facilitar a assimilação, modificando apenas os textos dos refrãos próprios para cada domingo (abertura, salmo responsorial, aclamação, comunhão).
- Importante ressaltar que, para cada domingo, há um pequeno texto introdutório de reflexão sobre o Evangelho do dia, a fim de possibilitar aos agentes de música melhor participação e vivência litúrgica.

c) Cantos Opcionais: Com o objetivo de oferecer mais opções para a abertura, apresentação das oferendas e a comunhão, acrescentamos diversos cantos retirados do variado repertório litúrgico-musical da Igreja do Brasil.

Que Deus ilumine e inspire os agentes de música litúrgica no valioso serviço que prestam à Igreja do Brasil e "toda a comunidade dos fiéis possa oferecer a participação que lhe é própria" (SC 114).

Dom Armando Bucciol
Presidente da Comissão Episcopal para a Liturgia

INTRODUÇÃO

FUNÇÃO MINISTERIAL DO CANTO E DA MÚSICA NA CELEBRAÇÃO LITÚRGICA

"O Apóstolo aconselha os fiéis, que se reúnem em assembleia para aguardar a vinda do Senhor, a cantarem juntos salmos, hinos e cânticos espirituais (cf. Cl 3,16), pois o canto constitui um sinal de alegria do coração (cf. At 2, 46). [...] Portanto, dê-se grande valor ao uso do canto na celebração da missa, tendo em vista a índole dos povos e as possibilidades de cada assembleia litúrgica" (IGMR, 39-40).

Conforme a orientação do Concílio Vaticano II, a música apropriada à liturgia é aquela que está mais intimamente integrada à ação litúrgica e ao momento ritual ao qual ela se destina (cf. SC 112).

A música litúrgica expressa o mistério de Cristo e a sacramentalidade da Igreja. O gesto sacramental de cantar "a uma só voz" pressupõe a participação ativa, interior, consciente, frutuosa, plena de todo o povo sacerdotal congregado no Espírito Santo, durante a ação litúrgica.

1. Graus de importância do canto litúrgico nas celebrações

Tomando como referência a celebração eucarística, o canto e a música podem ser classificados, em grau de importância, em dois blocos: os que *constituem* um rito e os que *integram* um rito.

a) Principais cantos que constituem um rito:

- Nos Ritos Iniciais: *Senhor, tende piedade de nós; Glória.*
- Na Liturgia da Palavra: *Salmo responsorial; Creio.*
- Na Liturgia Eucarística: *Prece Eucarística (do diálogo inicial até o "Amém" da doxologia final); Pai-nosso.*

b) Principais cantos que *integram* um rito:

- Nos Ritos Iniciais: *Abertura; Aspersão.*
- Na Liturgia da Palavra: *Aclamação ao Evangelho; Respostas da oração universal dos fiéis*
- Na Liturgia Eucarística: *Oferendas; Canto da fração do pão (Cordeiro de Deus); Comunhão.*

Os cantos que constituem um rito são mais importantes do que aqueles que integram um rito. A grande vantagem daqueles é que seu texto não muda e podem ser cantados de cor, dispensando o "papel" (o folheto), que tanto dificulta a comunicação entre os participantes. Os textos dos cantos que constituem um rito não podem, em hipótese alguma, ser substituídos ou parafraseados.

2. Função ministerial de cada canto da celebração eucarística

2.1. Canto de abertura

O canto de abertura, assim como os demais elementos que compõem os ritos iniciais de uma celebração, tem como principal finalidade constituir e congregar a assembleia. Se esse canto estiver devidamente integrado ao momento ritual (dos ritos iniciais), em consonância com o tempo do ano litúrgico, com o tipo de celebração, com as características da assembleia..., ele cumprirá a sua função de reunir os irmãos e irmãs no mesmo sentir. A assembleia assim reunida é sinal sacramental da Igreja, corpo místico de Cristo, e estará preparada para escutar a palavra e para participar na mesa eucarística.

2.2. Senhor, tende piedade de nós

O "Senhor tende piedade de nós" ou "Kyrie eleison" pertence ao bloco de cantos que constituem um rito da celebração eucarística, ou seja, o que costumamos chamar de "ordinário da missa".

A Instrução Geral Sobre o Missal Romano nos lembra que o "Kyrie, eleison" é uma aclamação e invocação da misericórdia do Senhor (cf. IGMR, 52), o "Kyrios". Embora consciente da dificuldade de se precisar a origem da invocação "Senhor, tende piedade de nós" e sua inclusão no rito da missa, testemunhos antigos nos revelam que os "Kyrie" estavam relacionados com a resposta da oração dos fiéis, na liturgia da Palavra. A cada invocação o povo respondia com o "Kyrie, eleison". Mais tarde, esse canto foi incluído nos ritos iniciais da missa após o ato penitencial ou como uma variante deste.[1] Sua forma litânica (de ladainha) pressupõe, no momento de sua execução, a presença de um(a) solista que dialogará com a assembleia.

2.3. Glória

O "Glória" também pertence ao bloco dos cantos que constituem um rito. É um hino que remonta aos primeiros séculos da era cristã. Na Instrução Geral Sobre o Missal Romano lemos que o "Glória" é um "hino antiquíssimo e venerável, pelo qual a Igreja, congregada no Espírito Santo, glorifica e suplica a Deus Pai e ao Cordeiro" (IGMR, 53).

Essa definição nos deixa claro que o "Glória" é um hino doxológico (de louvor/glorificação) que canta a glória do Pai e do Filho. Porém, o Filho se mantém no centro do louvor, da aclamação e da súplica. Movida pela ação do Espírito Santo, a assembleia entoa esse hino que tem sua origem naquele canto dos anjos que ressoou pela primeira vez nos ouvidos dos pastores de Belém, na noite do nascimento de Jesus (cf. Lc 2, 14).

O "Glória" pode ser divido em três partes:

a) O canto dos anjos na noite do nascimento de Cristo: *"Glória a Deus nas alturas e paz na terra aos homens por ele amados"*;
b) Os louvores a Deus Pai: *"Senhor Deus, rei dos céus, Deus Pai todo-poderoso: nós vos louvamos, nós vos bendizemos, nós vos adoramos, nós vos glorificamos, nós vos damos graças por vossa imensa glória"*;
c) Os louvores seguidos de súplicas e aclamações a Cristo: *"Senhor Jesus Cristo, Filho Unigênito, Senhor Deus, Cordeiro de Deus, Filho de Deus Pai. Vós que tirais o pecado do mundo, tende piedade de nós. Vós que tirais o pecado do mundo, acolhei a nossa súplica. Vós que estais à direita do Pai, tende piedade de nós. Só vós sois o Santo, só vós o Senhor, só vós o Altíssimo Jesus Cristo"*.

O "Glória" termina com um final majestoso incluindo o Espírito Santo. É importante lembrar que essa inclusão não constitui, em primeira instância, um louvor explícito à terceira pessoa da Santíssima Trindade. O Espírito Santo aparece relacionado com o Filho, pois é neste que se concentram os louvores e as súplicas. Em outras palavras: O Cristo se mantém no centro de todo o hino. Ele é o "Kyrios", o Senhor que desde todos os tempos habita no seio da Trindade.

2.4. Salmo responsorial

A reforma empreendida pelo Concílio Vaticano II valorizou, de forma expressiva, o salmo responsorial, ligando-o sempre ao sentido teológico da primeira leitura. O salmo ocupa um espaço significativo como resposta por dois motivos: porque é cantado em forma dialogal entre salmista e assembleia e porque

---

[1] No atual *Missal Romano*, a fórmula 3 do ato penitencial apresenta algumas invocações que são concluídas com o "Senhor, tende piedade de nós". Quando se usa essa fórmula ou outra similar durante o ato penitencial, a IGMR recomenda que sejam supressas as invocações do "Senhor, tende piedade" que vêm logo a seguir.

é escolhido para responder à palavra de Deus proclamada, prolongando, assim, seu sentido teológico-litúrgico e espiritual. Esse prolongamento vai-se dando enquanto o(a) salmista entoa as estrofes e a assembleia repete o mesmo refrão. Poderíamos dizer que este salmo ressoa nos ouvidos e no coração da assembleia como um suave eco daquela leitura. É a sua resposta em forma de oração.

É "parte integrante da liturgia da palavra" (cf. IGMR, 61). Tem valor de leitura bíblica. Porém, essa "leitura" possui um caráter diverso das demais proclamadas na liturgia, uma vez que sua estrutura literária é essencialmente lírica e poética.

Via de regra, o salmo responsorial – ao menos nos domingos e festas – deve ser cantado. Não podemos nos contentar com uma simples recitação. Uma melodia elaborada, com fraseado e cadência bem preparadas, traz às palavras do salmo um sabor todo especial. O canto favorece a compreensão do sentido espiritual do salmo e contribui para sua interiorização. Neste fascículo do "Hinário Litúrgico" encontra-se um amplo repertório com melodias para os anos A, B e C.

2.5. Aclamação ao Evangelho

O canto que precede a proclamação do Evangelho nada mais é do que um "viva" pascal ao Verbo de Deus que nos tirou das trevas da morte, introduzindo-nos no reino da vida. Além de acompanhar a procissão do livro dos Evangelhos (Evangeliário) até a estante da palavra, este canto prepara o coração dos fiéis para a escuta atenta daquele que só tem a nos dizer "palavras de vida eterna" (cf. Jo 6, 68).

Uma aclamação ao Evangelho que se preze, deve ter ritmo vigoroso e melodia brilhante. O clima geral será de expectativa, de prontidão, pois o Senhor nos vai falar. Para que isso aconteça, os instrumentos musicais, assim como as vozes da assembleia, devem ressoar com o máximo de eloquência.

A aclamação ao Evangelho é constituída de dois elementos básicos: um refrão composto de um ou mais *aleluias* (exceto na Quaresma) e um versículo, normalmente ligado ao sentido do Evangelho que logo será proclamado.

2.6. Canto da apresentação das oferendas

O rito da apresentação dos dons do pão e do vinho normalmente vem acompanhado de um canto que, dependendo do momento em que é executado, podemos chamar de: "canto da procissão das oferendas", quando se faz a procissão dos dons; "canto da preparação das oferendas", quando não há procissão, mas apenas a preparação da mesa e dos dons para a Eucaristia; "canto da apresentação das oferendas", quando aquele que preside canta a oração da bênção: "Bendito sejais Senhor Deus do universo pelo pão [...], pelo vinho...".

Contudo, se quisermos cantar um canto que combine com o momento ritual da preparação e apresentação dos dons, devemos ter bem claro que esse canto tem como principal objetivo criar um ambiente de alegria, de partilha, de louvor. Em outras palavras, o canto deverá sensibilizar os fiéis para a generosidade e a gratuidade, uma vez que a mesma assembleia ali reunida em nome de Cristo, no Espírito, apresenta ao Pai todos os seus dons, simbolizados no pão e no vinho. Aliás, o texto do canto em questão não precisa falar, necessariamente, de pão e de vinho, e muito menos ainda de oferecimento.

2.7. Prece eucarística

A prece eucarística "é o centro e o ápice de toda a celebração eucarística" (cf. IGMR, 78). Consciente desta centralidade, a Conferência Nacional dos Bispos do Brasil (CNBB), com particular apreço, recomenda a utilização do canto de toda a prece eucarística, tanto da parte do presidente, como daquelas que competem à assembleia, isto é, desde o *diálogo inicial* do prefácio até o *amém* da doxologia final.[2]

---

[2] Cf. CNBB. *Animação da vida litúrgica no Brasil* (Documentos 43), p. 303-306.

Embora composta de elementos contrastantes, a prece eucarística forma um *todo* harmonioso, pois mantém "uma linha única e dinâmica".[3] Sob o ponto de vista musical, o ideal seria que essa prece também recebesse uma roupagem musical mais homogênea, ou seja, ao longo de toda a oração, houvesse uma lógica musical interna, a começar pela utilização de uma tonalidade/modalidade única, embora os gêneros (recitativo, hino, aclamações) sejam variados. Essa unidade musical poderá ajudar os fiéis a uma compreensão mais global da prece eucarística. Em outras palavras, trata-se daquilo que na linguagem musical se diz: "variações sobre um mesmo tema" que vem exposto no prefácio e desenvolvido nos demais elementos da oração eucarística.

A nova edição do *Missal Romano* (3ª edição típica – ano de 2002) traz, no corpo do missal, sugestões de melodias para o presidente. Uma equipe de músicos, com o apoio da Comissão Episcopal Pastoral para a Liturgia da CNBB, está trabalhando na elaboração de melodias originais que virão inseridas no novo missal. Todas as preces eucarísticas terão, em breve, melodias próprias, desde o "Diálogo inicial" do prefácio até o "Amém" da doxologia final.

2.8. Cordeiro de Deus

O "Cordeiro de Deus" é uma prece litânica (em forma de ladainha). Após cada invocação entoada pelo(a) cantor(a), a assembleia responde com o "tende piedade de nós" e, no final, com o "Dai-nos a paz". Esse canto é executado durante o rito da fração do pão, na liturgia eucarística. A invocação: *"Cordeiro de Deus que tirais o pecado mundo, tende piedade de nós"* pode ser repetida enquanto durar a fração do pão, terminando-se sempre com as palavras *"dai-nos a paz"* (cf. IGMR, 83b). Vale ressaltar que nas celebrações dominicais da Palavra de Deus, mesmo quando há distribuição da comunhão eucarística, não se canta o "Cordeiro".

2.9. Canto de comunhão

O canto de comunhão é um dos cantos mais antigos da liturgia eucarística. A Instrução Geral Sobre o Missal Romano nos adverte que o canto de comunhão "exprime, pela unidade das vozes, a união espiritual dos comungantes, demonstra a alegria dos corações e realça a índole 'comunitária' da procissão para receber a Eucaristia" (IGMR, 86).

Para que este "serviço comum" aconteça de forma mais plena, é necessário que, no momento da partilha do corpo e sangue do Senhor, se evite entoar cantos cujos textos apresentam excessivas doses de subjetivismo. Um canto de comunhão que se preze deve expressar a eclesialidade da assembleia celebrante, pois esta também constitui um verdadeiro sinal sacramental do corpo místico de Cristo, a Igreja. Igualmente se deve evitar o uso daqueles hinos eucarísticos que, tradicionalmente, são usados na adoração do Santíssimo Sacramento. Esses hinos são impróprios, pelo fato de ressaltarem apenas a fé na "presença real" de Jesus na Eucaristia e carecerem de outras dimensões do Mistério que celebramos.

Vale ainda acrescentar que o canto de comunhão, na medida do possível, esteja em consonância com o Evangelho proclamado em cada celebração. O *Missal Romano* nos sugere esta correspondência nas antífonas de comunhão para os "grandes" dias. Afinal, a Palavra se faz Eucaristia!

Buscando estabelecer esta conexão entre o canto de comunhão e o Evangelho de cada domingo, é que o *Hinário Litúrgico* da CNBB (especialmente o fascículo 3 – Tempo Comum) previu para os anos A, B e C um refrão tirado do texto do Evangelho do dia, alternado por versos de um salmo apropriado.

---

[3] Cf. FARNÉS, P. Toda plegaria es unitária. In: *Pastoral de la Eucaristia* (Dossiers CPL, 49), p. 34.

CANTAR
O ORDINÁRIO DA MISSA

1. SINAL DA CRUZ E SAUDAÇÃO APOSTÓLICA

A.

Pres.: Em nome do Pai e do Filho e do Espírito Santo. Ass.: Amém.

Pres.: A graça de nosso Senhor Jesus Cristo, o amor do Pai e a comunhão do Espírito Santo estejam convosco. Ass.: Bendito seja Deus, que nos reuniu no amor de Cristo.

Pres.: Em nome do Pai e do Filho e do Espírito Santo.
Ass.: Amém.
Pres.: A graça de nosso Senhor Jesus Cristo, o amor do Pai
e a comunhão do Espírito Santo estejam convosco.
Ass.: Bendito seja Deus, que nos reuniu no amor de Cristo.

B.

Pres.: Em nome do Pai e do Filho e do Espírito Santo. Ass.: Amém.

Pres.: A graça de nosso Senhor Jesus Cristo, o amor do Pai e a comunhão do Espírito Santo estejam convosco.

Ass.: Bendito seja Deus que nos reuniu no amor de Cristo.

Pres.: Em nome do Pai e do Filho e do Espírito Santo
Ass.: Amém.
Pres.: A graça de nosso Senhor Jesus Cristo, o amor do Pai
e a comunhão do Espírito Santo estejam convosco.
Ass.: Bendito seja Deus, que nos reuniu no amor de Cristo.

C.

Saudação.

Pres.: Em nome do Pai e do Filho e do Espírito Santo
Ass.: Amém!
Pres.: A graça de nosso Senhor Jesus Cristo, o amor do Pai e a comunhão do Espírito Santo estejam convosco.
Ass. Bendito seja Deus que nos reuniu no amor de Cristo.
Ou: Bendito seja Deus, bendito seja Deus, bendito seja Deus, que nos reuniu no amor de Cristo.

2. RITO PENITENCIAL

A. Aspersão com água

Aspergi-me, Senhor (Sl 50,9)

Letra: Missal Romano
Música: Frei José Luiz Prim

Refrão: Aspergi-me, Senhor, e serei purificado! Lavai-me e serei mais branco do que a neve, mais branco do que a neve, mais branco do que a neve, mais branco do que a neve eu serei! Bendito seja Deus, o Pai de nosso Senhor Jesus Cristo, em sua grande misericórdia, ele nos fez renascer, pela ressurreição de Jesus Cristo, para uma esperança viva, para uma herança incorruptível, reservada para nós no céu, salvação que será reservada no último dia, no último dia!

Refrão:
Aspergi-me, Senhor, e serei purificado!
Lavai-me e serei mais branco do que a neve,
Mais branco do que a neve,
Mais branco do que a neve,
Mais branco do que a neve,
Mais branco do que a neve eu serei!

Presidente:
Bendito seja Deus,
o Pai de nosso Senhor Jesus Cristo,
Em sua grande misericórdia, ele nos fez renascer,
Pela ressurreição de Jesus Cristo,
Para uma esperança viva,
Para uma herança incorruptível,
Reservada para nós no céu,
Salvação que será reservada
No último dia, no último dia! (1 Pd 1,3-5)

B. Lavai-me, Senhor, lavai-me

Letra e música: R. Veloso e Geraldo Leite Bastos

La-vai-me, Senhor, lavai-me e bem limpo eu vou ficar! La... ..car! Senhor, vós me lavareis de tão limpo eu vou brilhar! Se... ...lhar!

Misericórdia de mim, Deus de bondade, misericórdia por tua compaixão! Vem me lavar das sujeiras do pecado, vem me livrar de tamanha perdição!

Reconheço toda a minha maldade, diante de mim a vastidão de minha ofensa, foi contra ti, meu Senhor, o meu pecado, e pratiquei o que é mau em tua presença Mostrai-nos vossa bondade, salvai-nos, ó Redentor! Mos... ...tor...

Senhor, eu peço escutai-me, a vós chegue o meu clamor! Se... ...mor!

C. Eu vi a água

Reginaldo Veloso

1.
Eu vi, eu vi foi água a manar,
do lado direito do Templo a jorrar:

Refrão:
Amém, amém, amém, aleluia!
Amém, amém, amém, aleluia!

2.
E quantos foram por ela banhados,
cantaram o canto dos que foram salvos:

3.
Louvai, louvai e cantai ao Senhor,
porque ele é bom e sem fim, seu amor:

4.
Ao Pai a glória e ao Ressuscitado
e seja o Divino pra sempre louvado!

Para terminar:
Quão grande, ó Deus é a vossa bondade,
Senhor, eu vos peço, ouvi-me, escutai-me!

Pres.: Deus todo-poderoso...

D. Tende compaixão de nós, Senhor

Letra: Fórmula 2 do Missal Romano
Música: Frei José Luiz Prim

Pres.: Tende compaixão de nós, Senhor, **Assembleia:** porque somos pecadores. **Pres.:** Manifestai, Senhor, a vossa misericórdia, **Ass.:** e dai-nos a vossa salvação, e dai-nos a vossa salvação. **Presidente:** Deus todo-poderoso, tenha compaixão de nós, perdoe os nossos pecados e nos conduza à vida eterna. **Assembleia:** Amém, amém, amém, amém.

Presidente:
Tende compaixão de nós, Senhor,..............................

Manifestai, Senhor, a vossa misericórdia,..................

Deus todo-poderoso, tenha compaixão de nós,
perdoe os nossos pecados
e nos conduza à vida eterna...

Assembléia:
porque somos pecadores.

e dai-nos a vossa salvação,
e dai-nos a vossa salvação.

Amém, amém, amém, amém.

E. Confesso a Deus, Pai todo-poderoso

Letra: Missal Romano
Música: Flávio Luis J. Ferreira

1.
Confesso a Deus, Pai todo-poderoso,
e a vós, irmãos, que pequei
por pensamentos e palavras, atos e omissões,
por minha culpa, tão grande culpa.

2.
E peço à Virgem Maria, aos santos e anjos,
e a vós, irmãos, eu peço que rogueis
a Deus, que é Pai poderoso, para perdoar
a minha culpa, tão grande culpa.

Refrão:
Piedade, Senhor, piedade, Senhor, piedade de mim! (bis)

F. Senhor, Servo de Deus

Letra e Música: Paulo Sérgio Soares

Solo: Senhor, servo de Deus, que libertastes a nossa vida,
   tende piedade de nós!
Ass.: Senhor, tende piedade de nós!

Solo: Ó Cristo, nosso irmão, que conheceis nossa fraqueza,
   tende piedade de nós!
Ass.: Cristo, tende piedade de nós!

Solo: Senhor, Filho de Deus, que vos tornastes obediente,
   tende piedade de nós!
Ass.: Senhor, tende piedade de nós!

G. Senhor, que viestes salvar

Letra: Missal Romano
Música: Joel Postma

Solo: Senhor, que viestes salvar os corações arrependidos, tende piedade de nós!
Ass.: Senhor, tende piedade de nós!

Solo: Cristo, que viestes chamar os pecadores, tende piedade de nós!
Ass.: Cristo, tende piedade de nós!

Solo: Senhor, que intercedeis por nós junto do Pai, tende piedade de nós!
Ass.: Senhor, tende piedade de nós!

Pres.: Deus, todo-poderoso, tenha compaixão de nós,
perdoe os nossos pecados e nos conduza à vida eterna!

Ass.: Amém! Amém!

H. Melodias com recitativos

a)

Música: André Zamur

1. Senhor, que sois o ungido do Pai
   e por vosso sangue nos libertastes de nossos pecados,
   tende piedade de nós. **Kyrie eleison!**

2. Cristo, que curais as feridas da alma
   e dais aos que sofrem o óleo da alegria,
   tende piedade de nós. **Christe eleison!**

3. Senhor, que fizestes de nós
   O novo e definitivo povo sacerdotal,
   tende piedade de nós. **Kyrie eleison!**

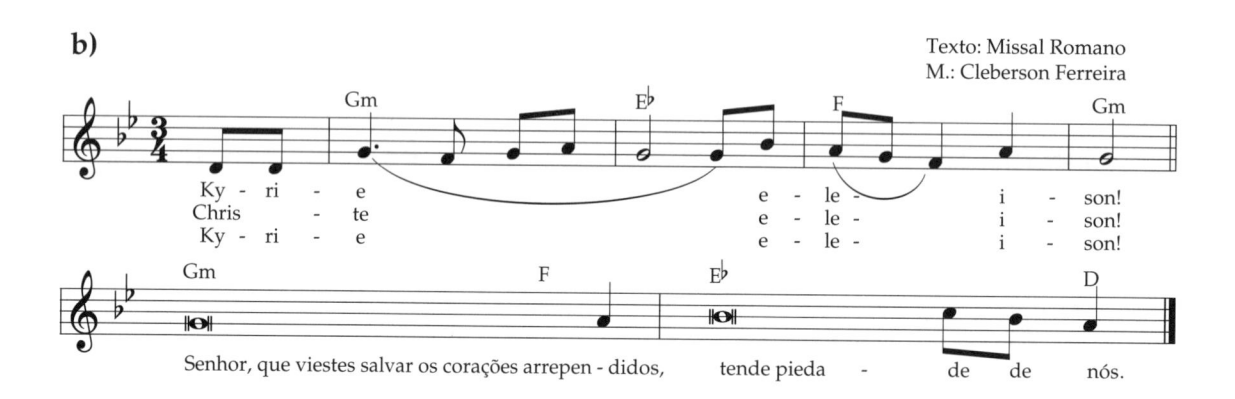

b)

Texto: Missal Romano
M.: Cleberson Ferreira

1. Senhor, que viestes salvar os corações arrependidos, tende piedade de nós.
   T.: Kyrie eleison.

2. Cristo, que viestes chamar os pecadores, tende piedade de nós.
   T.: Christe eleison.

3. Senhor, que intercedeis por nós junto do Pai, tende piedade de nós.
   T.: Kyrie eleison.

c)
                                                                    M. Carreiro

Ky - ri - e   e - lei - i - son.   Ky - ri - e   e - le - i - son.

Chris - te   e - le - i - son.   Chris - te,   e - le - i - son.

Senhor, que sois o caminho que leva ao Pai,   tende piedade de   nós!   R.: Kyrie eleison! (bis)
Cristo, que sois a verdade que ilumina os povos, tende piedade de   nós!   R.: Christe eleison! (bis)
Senhor, que sois a vida que renova o mundo,   tende piedade de   nós!   R.: Kyrie eleison! (bis)

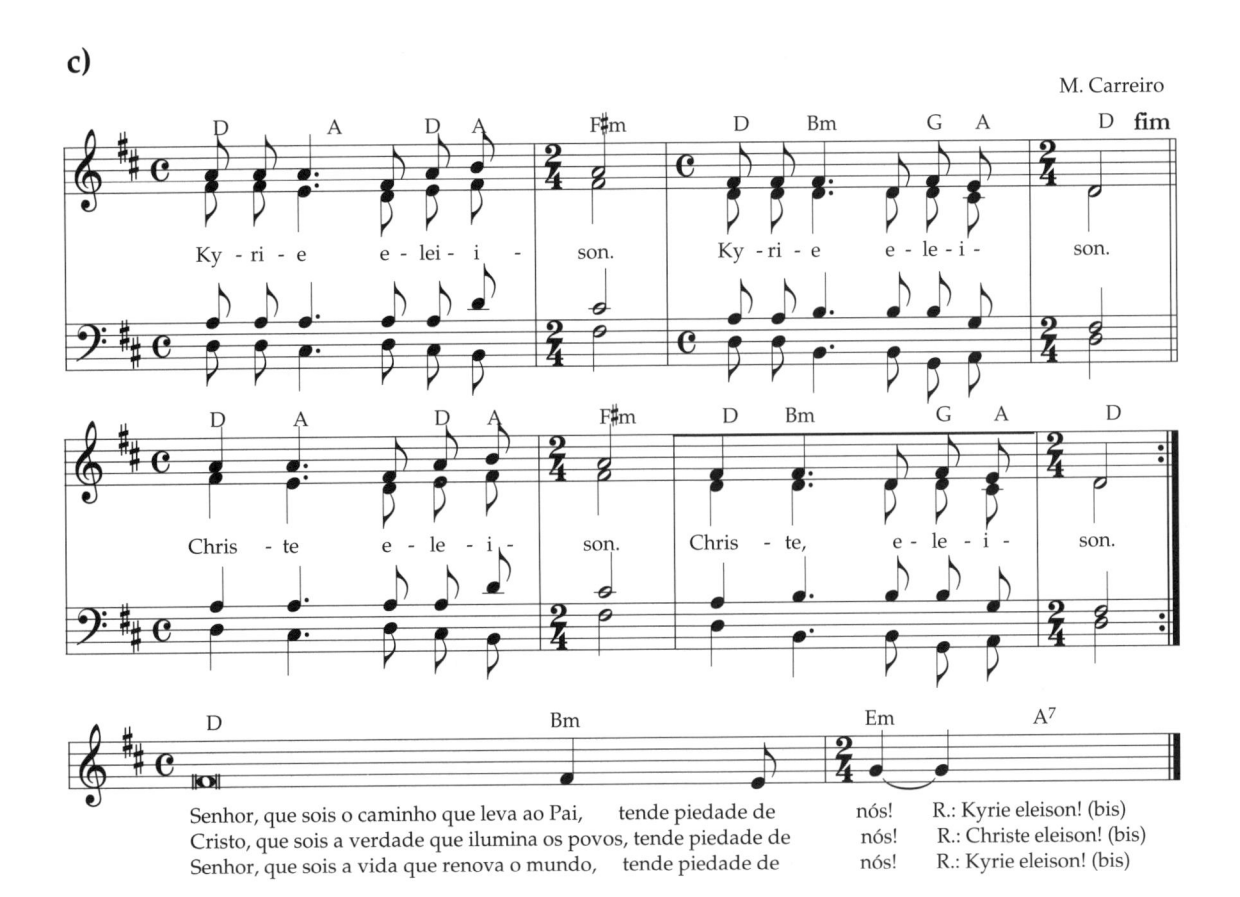

I. Senhor, tende piedade de nós!

Letra: Missal Romano
Música: Joel Postma

Solo: Senhor, tende piedade de nós!
Todos: Senhor, tende piedade de nós!

Solo: Cristo, tende piedade de nós!
Todos: Cristo, tende piedade de nós!

Solo: Senhor, tende piedade de nós!
Todos: Senhor, tende piedade de nós!

J. Senhor, tende piedade de nós

Letra: Missal Romano
Música: Joel Postma

Solo: Senhor, tende piedade de nós!
Ass.: Senhor, tende piedade de nós!

Solo: Cristo, tende piedade de nós!
Ass.: Cristo, tende piedade de nós!

Solo: Senhor, tende piedade de nós!
Ass.: Senhor, tende piedade de nós!

K. Senhor, tende piedade de nós

Letra: Missal Romano
Música: Geraldo Leite Bastos

Solo: Senhor! **Ass.:** Senhor!

Solo: Tende piedade de nós, tende piedade de nós! **3x**
2ª voz Homens: Tende piedade de nós, tende piedade de nós! **2x**
3ª voz Mulheres: Tende piedade de nós, tende piedade de nós! **1x**

Solo: Senhor! **Ass.:** Senhor!

Solo: Jesus Cristo, **Ass.:** Jesus Cristo!

Solo: Jesus Cristo! **Ass.:** Jesus Cristo!

Solo: Tende piedade de nós, tende piedade de nós! **3x**
2ª voz Homens: Tende piedade de nós, tende piedade de nós! **2x**
3ª voz Mulheres: Tende piedade de nós, tende piedade de nós! **1x**

Solo: Jesus Cristo, **Ass.:** Jesus Cristo!

Solo: Senhor!
Ass.: Senhor!
Solo: Tende piedade de nós, tende piedade de nós!
Solo + homens: Tende piedade de nós, tende piedade de nós!
Solo + homens + mulheres: Tende piedade de nós, tende piedade de nós!

Solo: Jesus Cristo,
Ass.: Jesus Cristo!
Solo: Jesus Cristo,
Ass.: Jesus Cristo!

Solo: Tende piedade de nós, tende piedade de nós!
Solo + homens: Tende piedade de nós, tende piedade de nós!
Solo + homens + mulheres: Tente piedade de nós, tende piedade de nós!

Solo: Jesus Cristo!
Ass.: Jesus Cristo!

Solo: Senhor!
Ass.: Senhor!

Solo: Tende piedade de nós, tende piedade de nós!
Solo + homens: Tende piedade de nós, tende piedade de nós!
Solo + homens + mulheres: Tende piedade de nós, tende piedade de nós!

Solo: Senhor!
Ass.: Senhor!

L. Senhor, tende piedade de nós

Letra: Missal Romano
Música: Beraldo J. Hanlon

Solo: Senhor, tende piedade de nós, piedade de nós!
Ass: Senhor, tende piedade de nós, piedade de nós!

Solo: Cristo, tende piedade de nós!
Ass.: Cristo, tende piedade de nós, piedade de nós!

Solo: Senhor, tende piedade de nós, piedade de nós!
Ass.: Senhor, tende piedade de nós, pedade de nós!

M. Senhor, Senhor, piedade

Letra e Música: José Cândido da Silva

Solo: Senhor, Senhor, piedade de nós!
Ass.: Senhor, Senhor, piedade de nós!

Solo: Cristo Jesus, piedade de nós!
Ass.: Cristo Jesus, piedade de nós!

Solo: Senhor, Senhor, piedade de nós!
Ass.: Senhor, Senhor, piedade de nós!

N. Senhor, tende piedade de nós

Letra: Missal Romano
Música: Joel Ivo Catapan

Solo: Senhor, tende piedade de nós!
Ass.: Senhor, tende piedade de nós!

Solo: Cristo, tende piedade de nós!
Ass.: Cristo, tende piedade de nós!

Solo: Senhor, tende piedade de nós!
Ass.: Senhor, tende piedade de nós, de nós!

O. Senhor, tende piedade

Letra: Missal Romano
Música: Frei José Luiz Prim

Solo: Senhor, tende piedade de nós!
Todos: Senhor, tende piedade de nós!

Solo: Cristo, tende piedade de nós!
Todos: Cristo, tende piedade de nós!

Solo: Senhor, tende piedade de nós!
Todos: Senhor, tende piedade de nós!

3. Hino de Louvor

A.

♩ = 100 Toada Amazônica

L.: Missal Romano
M.: Maria da Conceição L. Gadelha e Wendell da Silva Oliveira

Glória a Deus nas alturas, e paz na terra aos homens por ele amados! Senhor Deus, rei dos céus, Deus Pai todo-poderoso: nós vos louvamos, vos bendizemos, vos adoramos, vos glorificamos, nós vos damos graças por vossa imensa glória. Senhor Jesus Cristo, Filho Unigênito, Senhor Deus, Cordeiro de Deus, Filho de Deus Pai. Vós que tirais o pecado do mundo, tende piedade de nós. Vós que tirais o pecado do mundo, acolhei a nossa súplica. Vós que estais à direita do Pai, tende piedade de nós. Só vós sois o Santo, só vós o Senhor, só vós, o Altíssimo, Jesus Cristo, com o Espírito Santo, na glória de Deus Pai, na glória de Deus Pai. Amém. Amém. Amém. Amém. A - mém!

Glória a Deus nas alturas
e paz na terra aos homens por ele amados! (bis)

Senhor Deus, reis dos céus, Deus Pai todo-poderoso:
Nós vos louvamos, vos bendizemos,
vos adoramos, vos glorificamos,
Nós vos damos graças por vossa imensa glória.

Senhor Jesus Cristo, Filho Unigênito,
Senhor Deus, Cordeiro de Deus, Filho de Deus Pai,
Vós que tirais o pecado do mundo, tende piedade de nós.
Vós que tirais o pecado do mundo, acolhei a nossa súplica.
Vós que estais à direita do Pai, tende piedade de nós.

Só vós sois o Santo, só vós o Senhor,
Só vós o Altíssimo, Jesus Cristo,
Com o Espírito Santo,
na glória de Deus Pai, na glória de Deus Pai.

Amém, amém, amém, amém, amém!

B.

Letra: Missal Romano
Melodia: Frei Fabretti, ofm

♩ = 100 Marcha-rancho

Solo: Glória a Deus nas alturas! **A:** E paz na terra aos homens por ele amados. Senhor Deus, rei dos céus, Deus Pai todo-poderoso **B:** nós vos louvamos, nós vos bendizemos, nós vos adoramos, nós vos glorificamos **A:** nós vos damos graças por vossa imensa glória. Senhor Jesus Cristo, Filho unigênito de Deus. **B:** Senhor Deus, Cordeiro de Deus, Filho de Deus Pai, tende piedade de nós! **A:** Vós que tirais o pecado do mundo, acolhei a nossa súplica, tende piedade de nós! **B:** Só vós sois o Santo, só vós, o Senhor, só vós o altíssimo, Jesus Cristo, Salvador. **A:** Com o Espírito Santo, na glória de Deus Pai **A+B:** com o Espírito Santo na glória de Deus Pai. Amém!

Obs.: As partes "A" e "B" podem ser cantadas alternado entre homens e mulheres, ou pelo povo alternado com o coral.

Solo: Glória a Deus nas alturas
A: E paz na terra aos homens por ele amados,
Senhor Deus, reis dos céus, Deus Pai todo-poderoso.

B: Nós vos louvamos, vos bendizemos,
Nós vos adoramos, nós vos glorificamos,

A: Nós vos damos graças por vossa imensa glória.
Senhor Jesus Cristo, Filho Unigênito de Deus.

B: Senhor Deus, Cordeiro de Deus, Filho de Deus Pai,
Tende piedade de nós!

A: Vós que tirais o pecado do mundo, acolhei a nossa súplica, tende piedade de nós!

B: Só vós sois o Santo, só vós o Senhor,
Só vós o Altíssimo, Jesus Cristo, Salvador.

A: Com o Espírito Santo, na glória de Deus Pai,

A+B: Com o Espírito Santo na glória de Deus Pai. Amém!

C.

♩ = 80

Letra: Missal Romano
Melodia: Geraldo Leite Bastos

Solo: Glória a Deus nas alturas, na terra aos homens paz!

Todos: E paz na terra aos homens em quem Deus se compraz!

Solo: Nós vos louvamos, **Todos:** nós vos bendizemos, **Solo:** nós vos adoramos,

Todos: glorificamos. **Solo:** Ô **Todos:** Glorificamos. **Solo:** Glória a Deus no mais alto do céu! **Todos:** Glória a Deus no mais alto do céu! **Solo:** Nós vos damos graças **Todos:** pela vossa imensa glória! **Solo:** Senhor Jesus Cristo, nosso Rei e Salvador, Senhor Deus, Cordeiro de Deus, **Todos:** Filho eterno de Deus Pai! **Solo:** Vós que tirais o pecado, o pecado do mundo, atendei a nossa súplica, **Todos:** atendei a nossa súplica. **Solo:** Vós que estais assentado à direita de Deus Pai, tende piedade de nós, **Todos:** tende piedade de nós! **Solo:** Só vós sois o Santo, **Todos:** só vós sois o Senhor, **Solo:** só

Solo: Glória a Deus nas alturas, na terra aos homens paz!
Todos: E paz na terra aos homens em quem Deus se compraz!
Solo: nós vos louvamos,
Todos: nós vos bendizemos,
Solo: nós vos adoramos,
Todos: glorificamos.
Solo: Ô ô ô ô ô ô,
Todos: glorificamos.
Solo: Glória a Deus no mais alto do céu!
Todos: Glória a Deus no mais alto do céu!
Solo: Nós vos damos graças
Todos: pela vossa imensa glória!
Solo: Senhor Jesus Cristo, nosso Rei e Salvador,
    Senhor Deus, Cordeiro de Deus,
Todos: Filho eterno de Deus Pai!
Solo: Vós, que tirais o pecado, o pecado do mundo,
    atendei a nossa súplica,
Todos: atendei a nossa súplica.
Solo: Vós que estais assentado à direita de Deus Pai,
    tende piedade de nós,
Todos: tende piedade de nós!
Solo: Só vós sois o Santo,
Todos: Só vós sois o Senhor,
Solo: Só vós sois o Altíssimo,
Todos: Jesus Cristo!
Solo: Ô ô ô ô ô ô,
Todos: Jesus Cristo!
Solo: Com o Espírito Santo na glória,
Todos: Com o Espírito Santo na glória,
Solo: na glória de Deus Pai. Amém
Todos: na glória de Deus Pai. Amém!
Solo: Amém!   Todos: Amém!

D.

Letra: Missal Romano
Música: José Luiz Prim

Marcha-rancho

Glória a Deus nas alturas e paz na terra aos homens por ele amados. Senhor Deus, Rei dos céus, Deus Pai todo-poderoso, nós vos louvamos, nós vos bendizemos, nós vos adoramos, nós vos glorificamos, nós vos damos graças por vossa imensa glória Senhor Jesus Cristo, Filho Unigênito, Senhor Deus, Cordeiro de Deus, Filho de Deus Pai, vós que tirais o pecado do mundo, tende piedade de nós; vós que tirais o pecado do mundo, acolhei a nossa súplica; vós que estais à direita do Pai, tende piedade de nós. Só vós sois o Santo, só vós o Senhor, só vós o Altíssimo, Jesus Cristo, com o Espírito Santo, na glória de Deus Pai. Amém!

Glória a Deus nas alturas
e paz na terra aos homens por ele amados,
Senhor Deus, reis dos céus, Deus Pai todo-poderoso.
Nós vos louvamos, vos bendizemos,
Nós vos adoramos, nós vos glorificamos,
Nós vos damos graças por vossa imensa glória.
Senhor Jesus Cristo, Filho Unigênito de Deus.
Senhor Deus, Cordeiro de Deus, Filho de Deus Pai.
Vós que tirais o pecado do mundo, tende piedade de nós!
Vós que tirais o pecado do mundo, acolhei a nossa súplica,
Vós que estais à direita do Pai, tende piedade de nós.
Só vós sois o Santo, só vós o Senhor,
Só vós o Altíssimo, Jesus Cristo, Salvador.
Com o Espírito Santo, na glória de Deus Pai,
Amém!

E.

Letra: Missal Romano
Melodia: Ney Brasil Pereira

Refrão:
Glória a Deus nas alturas e paz na terra aos homens por ele amados!

    1. Senhor Deus, rei dos céus, Deus Pai todo-poderoso:
       nós vos louvamos, nós vos bendizemos,
       nós vos adoramos, nós vos glorificamos,

    2. Nós vos damos graças por vossa imensa glória!
       Senhor nosso Jesus Cristo, Filho Unigênito,
       Senhor Deus, Cordeiro de Deus, Filho de Deus Pai!

    3. Vós que tirais o pecado do mundo, tende piedade de nós!
       Vós que tirais o pecado do mundo, acolhei a nossa súplica!
       Vós que estais à direita do Pai, tende piedade de nós!

    4. Só vós sois o Santo, só vós o Senhor,
       Só vós o Altíssimo, Jesus Cristo,
       com o Espírito Santo, na glória de Deus Pai. - Amém!

F.

Letra: CNBB
Música: Joel Postma

1.
Glória a Deus nos altos céus,
paz na terra a seus amados,
a vós louvam, Rei celeste,
os que foram libertados.

2.
Deus e Pai, nós vos louvamos,
adoramos, bendizemos;
damos glória ao vosso nome,
vossos dons agradecemos!

3.
Senhor nosso, Jesus Cristo,
Unigênito do Pai,
Vós de Deus Cordeiro santo,
nossas culpas perdoai!

4.
Vós, que estais junto do Pai,
como nosso intercessor,
acolhei nossos pedidos,
atendei nosso clamor!

5.
Vós somente sois o Santo,
o Altíssimo, o Senhor,
co o Espírito divino,
de Deus Pai no esplendor!
Amém, amém, amém, amém, amém!
Amém, amém, amém, amém, amém!

G.

Letra: CNBB
Música: Ir. Miria T. Kolling

(Marcha-ranho)

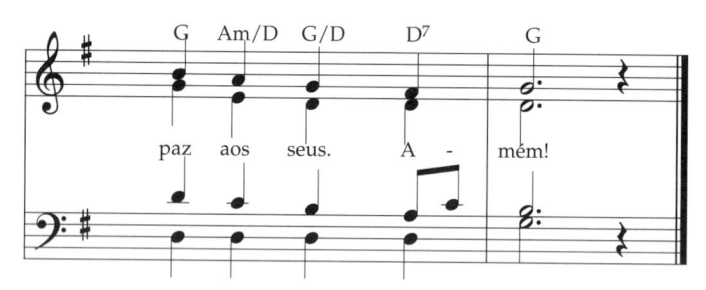

1.
Glória a Deus nos altos céus,
paz na terra aos seus amados.
A vós louvam, Rei celeste,
os que foram libertados.

Refrão:
Glória a Deus lá nos céus,
e paz aos seus. Amém!

2.
Deus e Pai, nós vos louvamos,
adoramos, bendizemos,
damos glória ao vosso nome,
vossos dons agradecemos.

3.
Senhor nosso, Jesus Cristo,
Unigênito do Pai,
vós de Deus, Cordeiro Santo,
nossas culpas perdoai.

4.
Vós, que estais junto do Pai,
como nosso intercessor,
acolhei nossos pedidos,
atendei nosso clamor!

5.
Vós somente sois o Santo,
o Altíssimo, o Senhor,
com o Espírito divino,
de Deus Pai no esplendor.

4. ORAÇÃO DO DIA

A) Oração que se dirige ao Pai

Fórmula

O-re mos: Ó Deus todo-poderoso, concedei a vossos fiéis o ardente desejo de possuir o Reino celes- te, + para que, acorrendo com as nossas boas obras ao encontro do Cristo que vem, * se-jamos reunidos à sua direita na comunida-de dos jus-tos. Por nosso Senhor Jesus Cristo, vos-so Fi-lho, na unidade do Espí- ri-to San - to

Ass.: A-mém.

Oremos:
Ó Deus todo-poderoso, concedei a vossos fiéis
o ardente desejo de possuir o Reino celeste,+
para que, acorrendo com as nossas boas obras ao encontro do Cristo que vem, *
sejamos reunido à sua direita, na comunidade dos justos.
Por nosso Senhor Jesus Cristo, vosso Filho, na unidade do Espírito Santo.
Ass.: Amém.

B) Oração que se dirige ao Pai, com referência ao Filho, no fim:

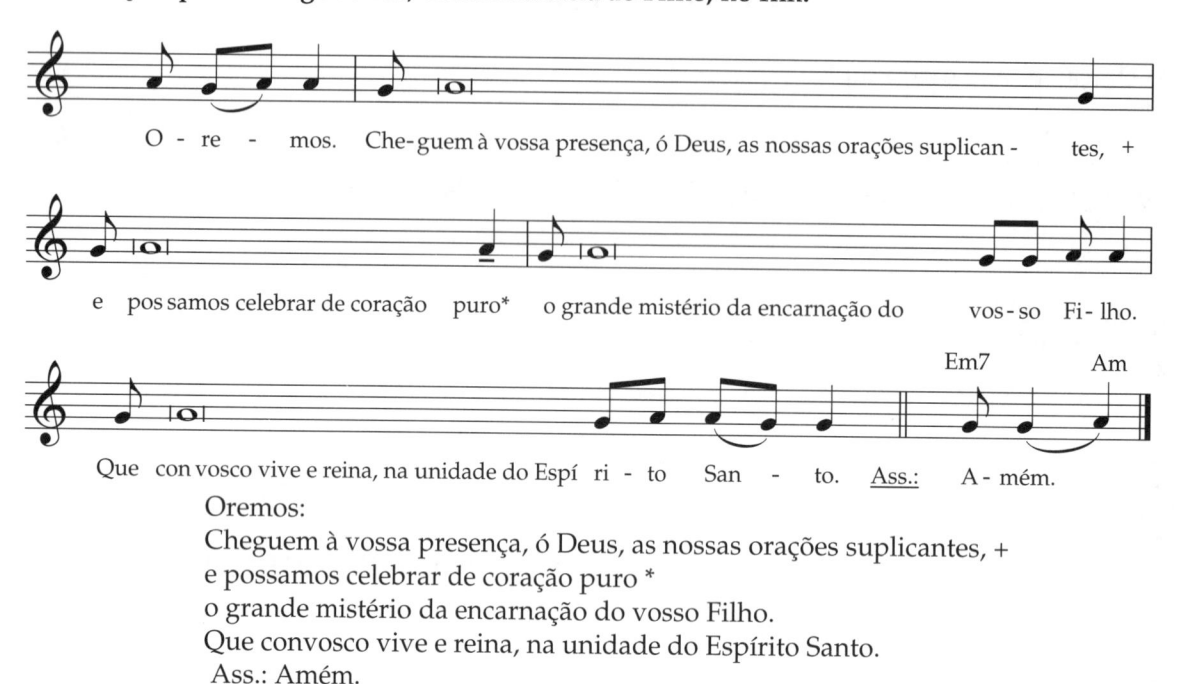

O - re - mos. Che-guem à vossa presença, ó Deus, as nossas orações suplican - tes, + e pos samos celebrar de coração puro* o grande mistério da encarnação do vos-so Fi- lho. Que con vosco vive e reina, na unidade do Espí - ri - to San - to. Ass.: A - mém.

Oremos:
Cheguem à vossa presença, ó Deus, as nossas orações suplicantes, +
e possamos celebrar de coração puro *
o grande mistério da encarnação do vosso Filho.
Que convosco vive e reina, na unidade do Espírito Santo.
 Ass.: Amém.

C) Oração que se dirige a Cristo:

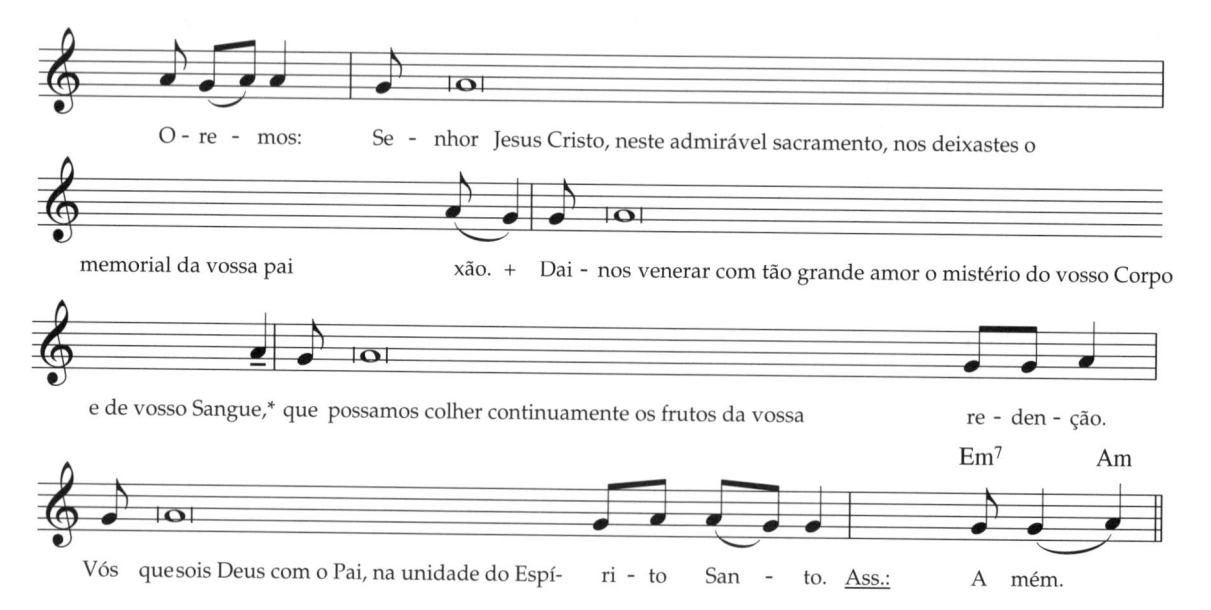

O - re - mos: Se - nhor Jesus Cristo, neste admirável sacramento, nos deixastes o memorial da vossa pai xão. + Dai - nos venerar com tão grande amor o mistério do vosso Corpo e de vosso Sangue,* que possamos colher continuamente os frutos da vossa re - den - ção. Vós que sois Deus com o Pai, na unidade do Espí- ri - to San - to. Ass.: A mém.

Oremos:
Senhor Jesus Cristo, neste admirável sacramento, nos deixastes o memorial da vossa paixão. +
Dai-nos venerar com tão grande amor o mistério do vosso Corpo e de vosso Sangue, *
que possamos colher continuamente os frutos da vossa redenção.
Vós que sois Deus com o Pai, na unidade do Espírito Santo.
Ass.: Amém.

D) Oração que se dirige ao Pai:

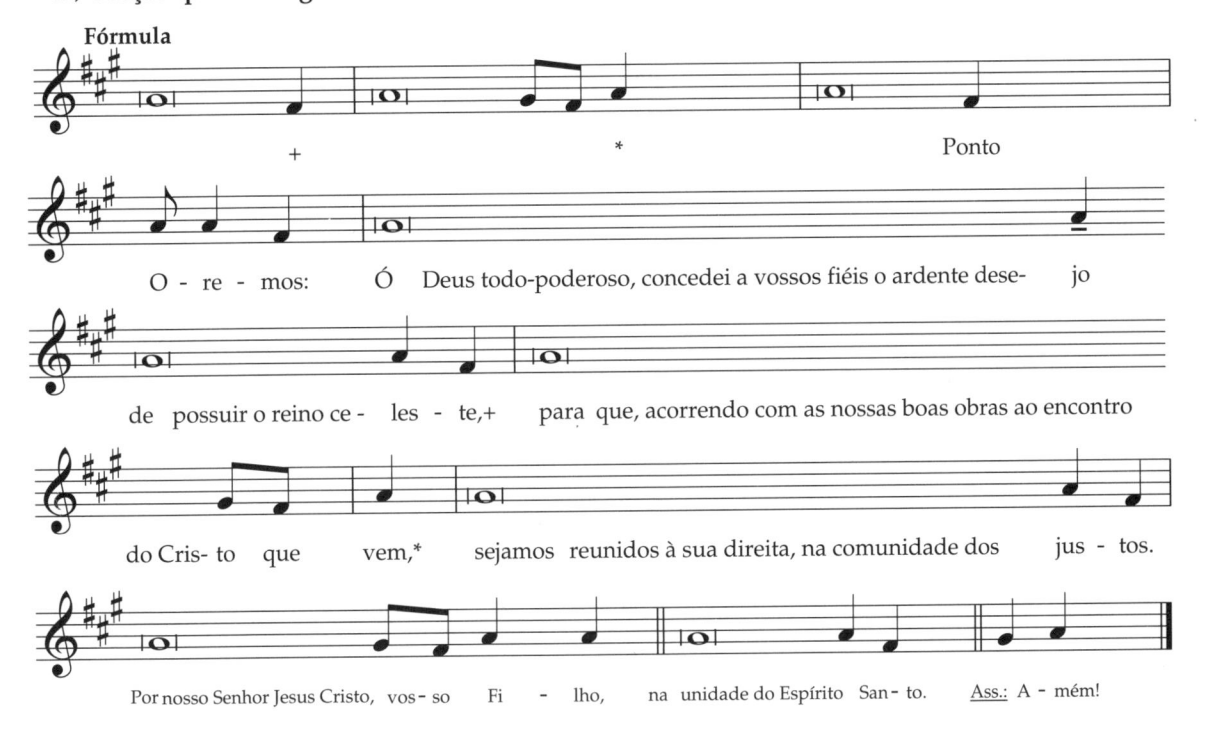

[Fórmula musical]

O-re-mos: Ó Deus todo-poderoso, concedei a vossos fiéis o ardente desejo de possuir o reino ce-les-te,+ para que, acorrendo com as nossas boas obras ao encontro do Cris-to que vem,* sejamos reunidos à sua direita, na comunidade dos jus-tos. Por nosso Senhor Jesus Cristo, vos-so Fi-lho, na unidade do Espírito San-to. Ass.: A-mém!

Oremos:
Ó Deus todo-poderoso, concedei a vossos fiéis o ardente desejo de possuir o reino celeste,+
para que, acorrendo com as nossas boas obras ao encontro do Cristo que vem,*
sejamos reunidos à sua direita, na comunidade dos justos.
Por nosso Senhor Jesus Cristo, vosso Filho, na unidade do Espírito Santo.
Ass.: Amém.

E) Oração que se dirige ao Pai, com referência ao Filho, no fim:

O-re-mos: Cheguem à vossa presença, ó Deus, as nossas orações supli-can-tes,+ e possamos celebrar de co-ra-ção pu-ro* o grande mistério do vosso Fi-lho. Que convosco vi-ve e rei-na, Na unidade do Espírito San-to. Ass.: A-mém.

Oremos:
Cheguem à vossa presença, ó Deus, as nossas orações suplicantes, +
e possamos celebrar de coração puro *
o grande mistério do vosso Filho.
Que convosco vive e reina, na unidade do Espírito Santo.
Ass.: Amém.

F) Oração que se dirige a Cristo:

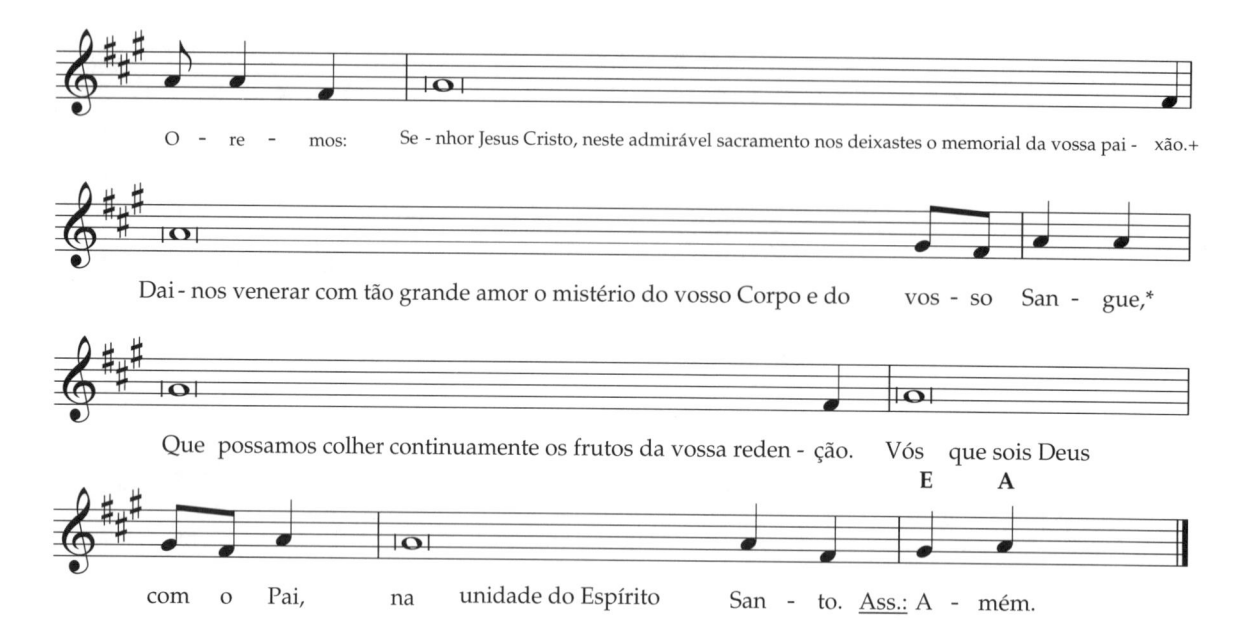

O - re - mos: Senhor Jesus Cristo, neste admirável sacramento nos deixastes o memorial da vossa pai - xão. +

Dai - nos venerar com tão grande amor o mistério do vosso Corpo e do vos - so San - gue, *

Que possamos colher continuamente os frutos da vossa reden - ção. Vós que sois Deus

com o Pai, na unidade do Espírito San - to. Ass.: A - mém.

Oremos:
Senhor Jesus Cristo, neste admirável sacramento, nos deixastes o memorial da vossa paixão. +
Dai-nos venerar com tão grande amor o mistério do vosso Corpo e do vosso Sangue, *
que possamos colher continuamente os frutos da vossa redenção.
Vós que sois Deus com o Pai, na unidade do Espírito Santo.
Ass.: Amém.

G) Oração que se dirige ao Pai:

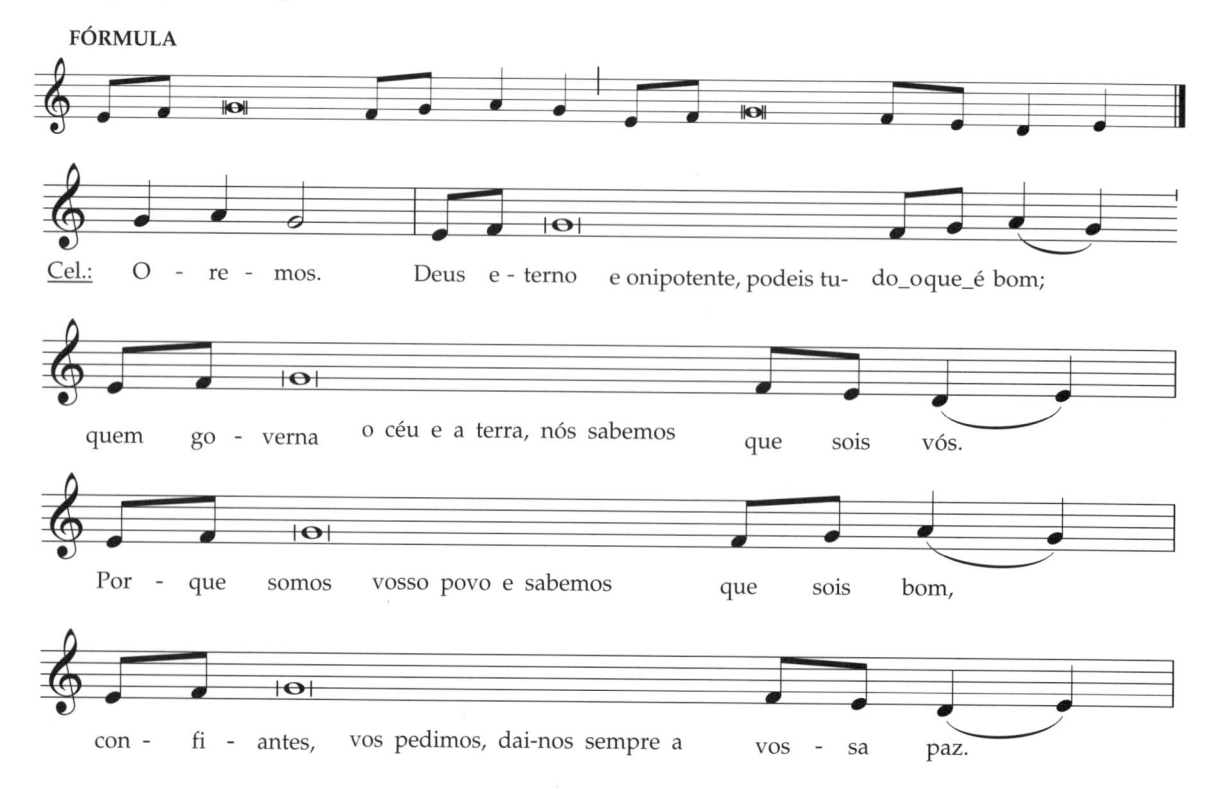

FÓRMULA

Cel.: O - re - mos. Deus e - terno e onipotente, podeis tu - do_oque_é bom;

quem go - verna o céu e a terra, nós sabemos que sois vós.

Por - que somos vosso povo e sabemos que sois bom,

con - fi - antes, vos pedimos, dai-nos sempre a vos - sa paz.

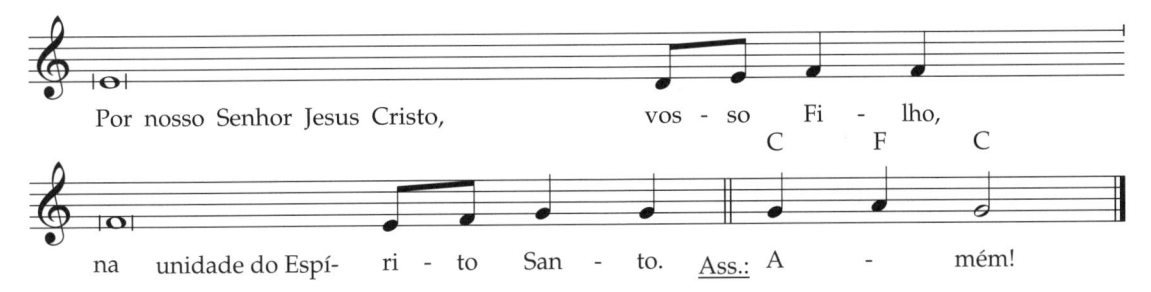

Por nosso Senhor Jesus Cristo, vosso Filho, na unidade do Espírito Santo. Ass.: Amém!

Oremos:
Deus eterno e onipotente, podeis tudo o que é bom; quem governa o céu e a terra,
nós sabemos que sois vós. Porque somos vosso povo e sabemos que sois bom, confiantes, vos pedimos,
dai-nos sempre a vossa paz. Por nosso Senhor Jesus Cristo, vosso Filho, na unidade do Espírito Santo.
Ass.: Amém.

H) Conclusão nas orações que se dirigem ao Pai, com referência ao Filho, no fim:

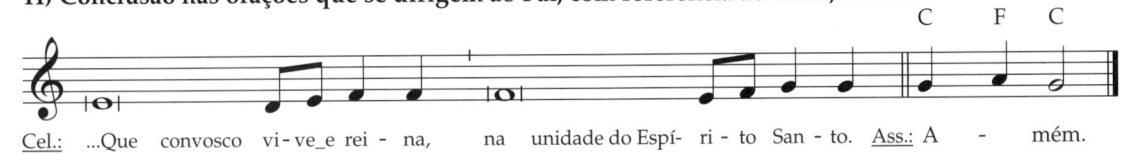

Cel.: ...Que convosco vive e reina, na unidade do Espírito Santo. Ass.: Amém.

Oremos:
Cheguem à vossa presença, ó Deus, as nossas orações suplicantes+
e possamos celebrar de coração puro o grande mistério do vosso Filho.
Que convosco vive e reina, na unidade do Espírito Santo.
Ass.: Amém.

I) Conclusão nas orações que se dirigem a Cristo:

Cel.: ...Vós que sois Deus com o Pai, na unidade do Espírito Santo. Ass.: Amém!

Oremos:
Senhor Jesus Cristo, neste admirável sacramento nos deixastes
o memorial da vossa paixão+. Dai-nos venerar com tão grande amor o mistério
do vosso Corpo e do vosso Sangue,* que possamos colher continuamente os frutos
da vossa redenção. Vós sois Deus com o Pai, na unidade do Espírito Santo.
Ass.: Amém!

5. PROFISSÃO DE FÉ

Pe. Ney Brasil

A.

S.: Creio em Deus, Deus Pai.___ T.: Deus Pai todo poderoso, Criador do céu_ e da terra. S.: Creio_em Jesus, Jesus Cristo. T.: Seu único Filho, Jesus nosso Senhor, que foi concebido pelo poder do Espírito Santo, S.: nasceu da Virgem Maria, T.: padeceu sob Pôncio Pilatos, foi crucificado, morto_e sepultado, desceu à mansão dos mortos, ressuscitou ao terceiro dia, S.: subiu_ aos céus, T.: está sentado à direita de Deus Pai todo-poderoso, donde_há de vir a_ julgar os vivos_ e os mortos. S.: Creio no_Espírito Santo, T.: na santa_Igreja católica, na comunhão dos santos, na remissão dos_ pecados, na ressurreição da carne, S.: na___ vida_eterna. T.: A- -mém!

S.: Creio em Deus, Deus Pai.
T.: Deus Pai todo-poderoso, Criador do céu e da terra.
S.: Creio em Jesus, Jesus Cristo.
T.: Seu único Filho, Jesus, nosso Senhor, que foi concebido pelo poder do Espírito Santo,
S.: nasceu da Virgem Maria,
T.: padeceu sob Pôncio Pilatos, foi crucificado, morto e sepultado, desceu à mansão dos mortos, ressuscitou ao terceiro dia,
S.: subiu aos céus,
T.: está sentado à direita de Deus Pai todo-poderoso, donde há de vir a julgar os vivos e os mortos.
S.: Creio no Espírito Santo,
T.: na santa Igreja católica, na comunhão dos santos, na remissão dos pecados, na ressurreição da carne,
S.: na vida eterna.
T.: Amém!

B)   Frei Luiz Turra

Refrão: Cre-io, cre-io, a-mém! 1. Creio em Deus Pai, Todo-poderoso, criador do céu e da terra; e em Jesus Cristo, seu único Filho, nosso Senhor; que foi concebido pelo poder do Espírito Santo; **Refrão:** Creio, creio, amém! 2. nasceu da Virgem Maria, padeceu sob Pôncio Pilatos, foi crucificafo, morto e sepultado; desceu à mansão dos mortos; ressuscitou ao terceiro dia; **Refrão:** Creio, creio, amém! 3. subiu aos céus, está sentado à direita de Deus Pai todo-poderoso, donde há de vir a julgar os vivos e os mortos. **Refrão:** Creio, creio, amém! 4. Creio no Espírito Santo, na santa Igreja católica, na comunhão dos santos, na remissão dos pecados, na ressurreição da carne, na vida eterna. Amém! **Ref.:** Creio, creio, amém!

/:Creio, creio, amém!:/

1.
Creio em Deus Pai todo-poderoso, criador do céu e da terra;
E em Jesus Cristo, seu único Filho, nosso Senhor,
Que foi concebido pelo poder do Espírito Santo.

2.
Nasceu da Virgem Maria, padeceu sob Pôncio Pilatos,
foi crucificado, morto e sepultado;
Desceu à mansão dos mortos; ressuscitou ao terceiro dia;

3.
Subiu aos céus, está sentado à direita de Deus Pai todo-poderoso.
Donde há de vir a julgar os vivos e os mortos.

4.
Creio no Espírito Santo, na Santa Igreja católica, na comunhão dos santos,
na remissão dos pecados, na ressurreição da carne, na vida eterna. Amém!

6. PRECES

A.

Solo: Rezemos ao Senhor Ass.: Senhor, escutai a nossa prece!

Solo: Rezemos ao Senhor.
Ass.: Senhor, escutai a nossa prece!

B.

Ó Senhor, escuta a nossa prece!

Ó Senhor, escuta a nossa prece!

7. APRESENTAÇÃO DAS OFERENDAS

Pe. José Weber

A.

Bendito sejais, Senhor, Deus do universo,
pelo pão (pelo vinho) que recebemos de vossa bondade,
fruto da terra (da videira) e do trabalho humano,
que, agora, vos apresentamos
e para nós se vai tornar pão da vida (vinho da salvação.)

Ass.: Bendito seja o nome do Senhor, agora e sempre e por toda a eternidade.

Bendito sejais, Senhor, Deus do universo,
pelo pão que recebemos de vossa bondade,
fruto da terra e do trabalho humano,
que, agora, vos apresentamos
e para nós se vai tornar pão da vida.

Ass.: Bendito seja o nome do Senhor, agora e sempre e por toda a eternidade.

Bendito sejais, Senhor, Deus do universo,
pelo vinho que recebemos de vossa bondade,
fruto da videira e do trabalho humano,
que, agora, vos apresentamos
e para nós se vai tornar vinho da salvação.

B.

Melodia: Pe. Jocy Rodrigues

Bendito sejais, Senhor Deus do universo, pelo pão (pelo vinho) que recebemos de vossa bondade, fruto da terra e do trabalho humano, que agora vos apresentamos, e para nós se vai tornar pão da vida (vinho da salvação).

Ass.: Bendito seja Deus para sempre!

Bendito sejais, Senhor, Deus do universo, pelo pão (pelo vinho)
que recebemos de vossa bondade,
fruto da terra e do trabalho humano,
que agora vos apresentamos,
e para nós se vai tornar pão da vida (vinho da salvação).

Ass.: Bendito seja Deus para sempre!

Bendito sejais, Senhor, Deus do universo,
pelo vinho que recebemos de vossa bondade,
fruto da terra e do trabalho humano,
que agora vos apresentamos,
e para nós se vai tornar vinho da salvação.

8. ORAÇÃO SOBRE AS OFERENDAS E DEPOIS DA COMUNHÃO

FÓRMULA

A) ORAÇÃO QUE SE DIRIGE AO PAI:

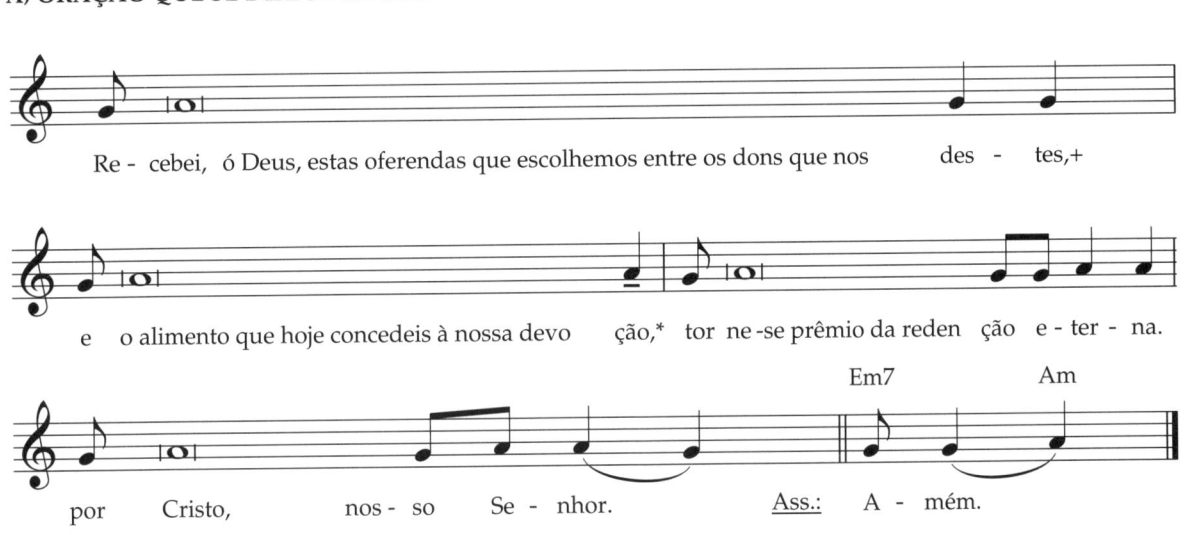

Re - cebei, ó Deus, estas oferendas que escolhemos entre os dons que nos des - tes,+
e o alimento que hoje concedeis à nossa devo ção,* tor ne -se prêmio da reden ção e - ter - na.
por Cristo, nos - so Se - nhor. Ass.: A - mém.

Recebei, ó Deus, estas oferendas que escolhemos entre os dons que nos destes,+
e o alimento que hoje concedeis à nossa devoção,*
torne-se prêmio da redenção eterna. Por Cristo, nosso Senhor.
Ass.: Amém.

B) ORAÇÃO QUE SE DIRIGE AO PAI, COM REFERÊNCIA AO FILHO, NO FIM:

Acolhei, ó Deus, nossas oferendas, para que, recebidas em comunhão,+
apaguem nossos pecados, e preparem os corações,*
para a vinda gloriosa de vosso Filho. Que vive e reina para sempre.
Ass.: Amém.

C) ORAÇÃO QUE SE DIRIGE A CRISTO:

Dai-nos, Senhor Jesus, possuir o gozo eterno da vossa divindade,+
que, já, começamos a saborear na terra,*
pela comunhão do vosso Corpo e do vosso Sangue.
Vós, que viveis e reinais para sempre.
Ass.: Amém.

D) ORAÇÃO QUE SE DIRIGE AO PAI:

FÓRMULA

Recebei, ó Deus, estas oferendas que escolhemos entre os dons que nos destes,+
e o alimento que hoje concedeis à nossa devoção,*
torne-se prêmio da redenção eterna. Por Cristo, nosso Senhor.
Ass.: Amém.

E) ORAÇÃO QUE SE DIRIGE AO PAI, COM REFERÊNCIA AO FILHO, NO FIM:

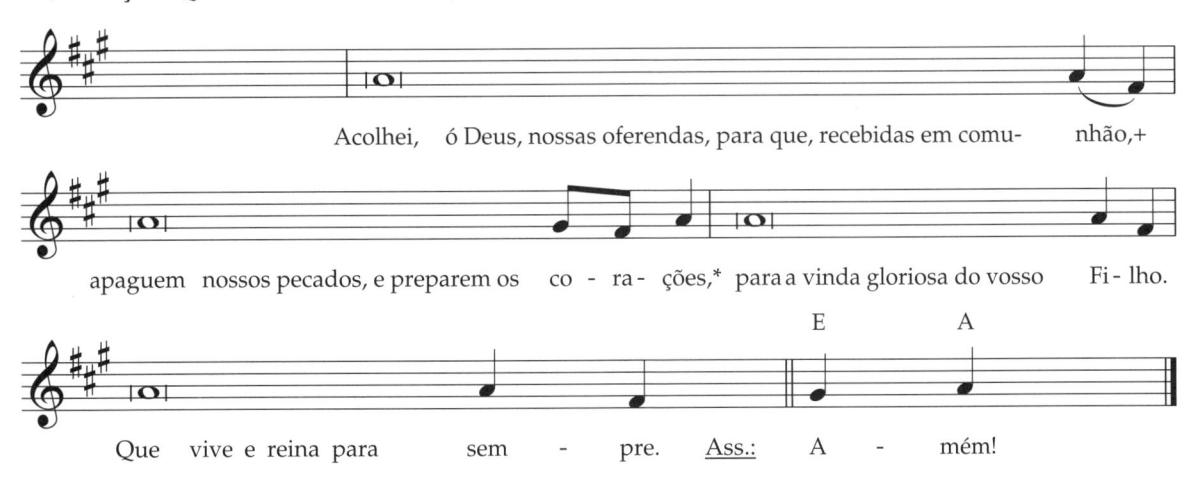

Acolhei, ó Deus, nossas oferendas, para que, recebidas em comunhão,+
apaguem nossos pecados, e preparem os corações,*
para a vinda gloriosa do vosso Filho. Que vive e reina para sempre.
Ass.: Amém!

F) ORAÇÃO QUE SE DIRIGE A CRISTO:

Oremos: Dai-nos, Senhor Jesus, possuir o gozo eterno da vossa divindade,+
que, já, começamos a saborear na terra,*
pela comunhão do vosso Corpo e do vosso Sangue.
Vós, que viveis e reinais para sempre.
Ass.: Amém.

G) ORAÇÃO QUE SE DIRIGE AO PAI:

Fórmula

Senhor Deus, nós vos pedimos, por tudo que aqui trouxemos;
que este Pão da Eucaristia nunca falte em nosso altar.
Pois, cada vez que é celebrada a santa Missa, realiza-se para nós a salvação.
Por Cristo, nosso Senhor.
Ass.: Amém.

H) CONCLUSÃO NAS ORAÇÕES QUE SE DIRIGEM AO PAI, COM REFERÊNCIA AO FILHO, NO FIM:

Que vive e reina para sempre. Ass.: A - mém.

Oremos:
Acolhei, ó Deus, as nossas oferendas para que, recebidas em comunhão,
apaguem os nossos pecados e preparem os corações
para a vinda gloriosa do vosso Filho.
Que vive e reina para sempre.
Ass.: Amém.

I) CONCLUSÃO NAS ORAÇÕES QUE SE DIRIGEM A CRISTO:

Vós, que viveis e reinais para sempre. Ass.: A - mém.

Oremos:
Dai-nos, Senhor Jesus, possuir o gozo eterno da vossa divindade, +
que, já, começamos a saborear na terra,*
pela comunhão do vosso Corpo e do vosso Sangue.
Vós, que viveis e reinais para sempre.
Ass.: Amém.

9. ORAÇÃO EUCARÍSTICA

Prefácio
A.

FÓRMULA

+   *   Ponto

O Senhor esteja convosco! Ass.: Ele_está no meio de nós.

Corações ao alto! Ass.: O nosso coração está em Deus.

Demos graças ao Senhor, nosso Deus! Ass.: É nosso dever e nossa salvação.

Na verdade, é justo e necessário, é nosso dever e salvação dar-vos graças sempre e em todo lugar,+

Senhor, Pai santo, Deus eterno e todo-poderoso,* por Cristo, Senhor nosso.

Compadecendo-se da fraqueza humana,+ ele nasceu da Virgem Maria.

Morrendo no lenho da Cruz,* ele nos libertou da morte.

Ressuscitando dos mortos,+ ele nos garantiu a vida eterna.

Por ele os anjos celebram a vossa grandeza,+ Os santos proclamam a vossa glória.

Concedei-nos, também, a nós associar-nos a seus louvores,+ cantando a uma só voz:

O Senhor esteja convosco!
Ele está no meio de nós.
Corações ao alto!
O nosso coração está em Deus.
Demos graças ao Senhor, nosso Deus!
É nosso dever e nossa salvação.
Na verdade, é justo e necessário, é nosso dever e salvação
dar-vos graças, sempre e em todo lugar,+
Senhor, Pai santo, Deus eterno e todo-poderoso,*
por Cristo, Senhor nosso. Compadecendo-se da fraqueza humana,+
ele nasceu da Virgem Maria. Morrendo no lenho da Cruz,*
ele nos libertou da morte. Ressuscitando dos mortos,+
ele nos garantiu a vida eterna. Por ele os anjos celebram a vossa grandeza,+
os santos proclamam a vossa glória.
Concedei-nos, também, a nós associar-nos a seus louvores,+
cantando a uma só voz:

B
FÓRMULA

\+ * Ponto Para terminar

O Senhor esteja con‑vos‑co. Ass.: Ele está no mei‑o de nós.

Co‑ra‑ções ao al‑to! Ass.: O nosso coração es‑tá em Deus.

Cel.: Demos graças ao Senhor nos‑so Deus! Ass.: É nosso dever e nossa sal‑va‑ção

Na verdade, é justo e necessário, é nosso dever e salvação dar‑vos graças,

sempre e em to‑do lu‑gar,+ Senhor, Pai santo, Deus eterno e todo‑podero‑so, por Cristo, vosso Fi‑lho,*

que, pelo mistério da sua Páscoa, realizou uma obra ad‑mi‑rá‑vel.

Por ele, vós nos chamastes das trevas à vossa luz in‑com‑pa‑rá‑vel,+

fazendo‑nos passar do pecado e da morte à glória de sermos o vosso po‑vo,

sacerdócio régio e na‑ção san‑ta,* para anunciar, por todo o mundo, as vossas ma‑ra‑vi‑lhas.

Por essa razão, a‑go‑ra e sem‑pre,+ nós nos unimos à multidão dos anjos e dos san‑tos,*

can‑tan‑do a_a u‑ma só voz:

Cel.: O Senhor esteja convosco!
Ass.: Ele está no meio de nós.
Cel.: Corações ao alto!
Ass.: O nosso coração está em Deus.
Cel.: Demos graças ao Senhor, nosso Deus!
Ass.: É nosso dever e nossa salvação.
Cel.: Na verdade, é justo e necessário, é nosso dever e salvação
 dar-vos graças, sempre e em todo lugar,+
 Senhor, Pai santo, Deus eterno e todo-poderoso, por Cristo, vosso Filho,*
 que, pelo mistério da sua Páscoa, realizou uma obra admirável.
 Por ele, vós nos chamastes das trevas à vossa luz incomparável,+
 fazendo-nos passar do pecado e da morte à glória de sermos o vosso povo,
 sacerdócio régio e nação santa,*
 para anunciar, por todo o mundo, as vossas maravilhas.
 Por essa razão, agora e sempre,+
 nós nos unimos à multidão dos anjos e dos santos,*
 cantando a um só voz:

C.

O Senhor esteja convosco! **Ass.:** Ele está no meio de nós.

Corações ao alto! **Ass.:** O nosso coração está em Deus.

Cel.: Demos graças ao Senhor, nosso Deus. **Ass.:** É nosso dever e nossa salvação.

Na verdade, é justo e necessário, é nosso dever e salvação dar-vos graças, sempre e em todo lugar, Senhor, Pai santo, Deus eterno e todo-poderoso, por Cristo, vosso Filho, que pelo mistério da sua Páscoa, realizou uma obra admirável. Por ele, vós nos chamastes das trevas à vossa luz incomparável, fazendo-nos passar do pecado e da morte à glória de sermos o vosso povo, sacerdócio régio e nação santa, para anunciar, por todo o mundo, as vossas maravilhas. Por essa razão, agora e sempre, nós nos unimos à multidão dos anjos e dos santos cantando a uma só voz:

O Senhor esteja convosco! **Ele está no meio de nós.**
Corações ao alto! **O nosso coração está em Deus.**
Demos graças ao Senhor, nosso Deus. **É nosso dever e nossa salvação.**
Na verdade, é justo e necessário, é nosso dever e salvação dar-vos graças,
sempre e em todo lugar, Senhor, Pai santo, Deus eterno e todo-poderoso,
por Cristo, vosso Filho, que pelo mistério da sua Páscoa, realizou uma obra admirável.
Por ele, vós nos chamastes das trevas à vossa luz incomparável,
fazendo-nos passar do pecado e da morte à glória de sermos o vosso povo,
sacerdócio régio e nação santa, para anunciar, por todo o mundo, as vossas maravilhas.
Por essa razão, agora e sempre, nós nos unimos à multidão dos anjos e dos santos,
cantando a uma só voz:

D.
FÓRMULA

Obs.: O hemistíquio 3 pode ser supresso, nas frases curtas.
Os hemistíquios 1 e 2 podem ser fundidos nas frases curtíssimas.
Nas frases longuíssimas, pode-se fazer a simples parada para respiração.

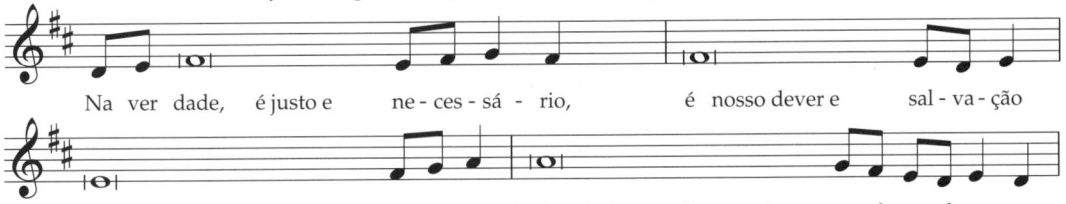

Na verdade, é justo e necessário, é nosso dever e salvação dar-vos graças, sempre e em todo lugar, Senhor, Pai santo, Deus eterno e todo poderoso.

Em vós vivemos, nos movemos e somos. E, ainda peregrinos neste mundo, nós só recebemos, todos os dias, as provas de vosso amor de Pai, mas também possuímos, já agora, a garantia da vida futura.

Possuindo as primícias do Espírito, por quem ressuscitastes Jesus dentre os mortos, esperamos gozar, um dia, a Páscoa eterna.

Por essa razão, com os anjos e com todos os santos, entoamos um cântico novo, para proclamar a vossa bondade, cantando a uma só voz:

Na verdade, é justo e necessário, é nosso dever e salvação dar-vos graças, sempre e em todo lugar, Senhor, Pai santo, Deus eterno e todo-poderoso.
Em vós vivemos, nos movemos e somos.
E, ainda peregrinos neste mundo, não só recebemos, todos os dias, as provas de vosso amor de Pai, mas também possuímos, já agora, a garantia da vida futura.
Possuindo as primícias do Espírito, por quem ressuscitastes Jesus dentre os mortos,
esperamos gozar, um dia, a plenitude da Páscoa eterna.
Por essa razão, com os anjos e com todos os santos, entoamos um cântico novo,
para proclamar vossa bondade, cantando a uma só voz:

Narrativa da instituição

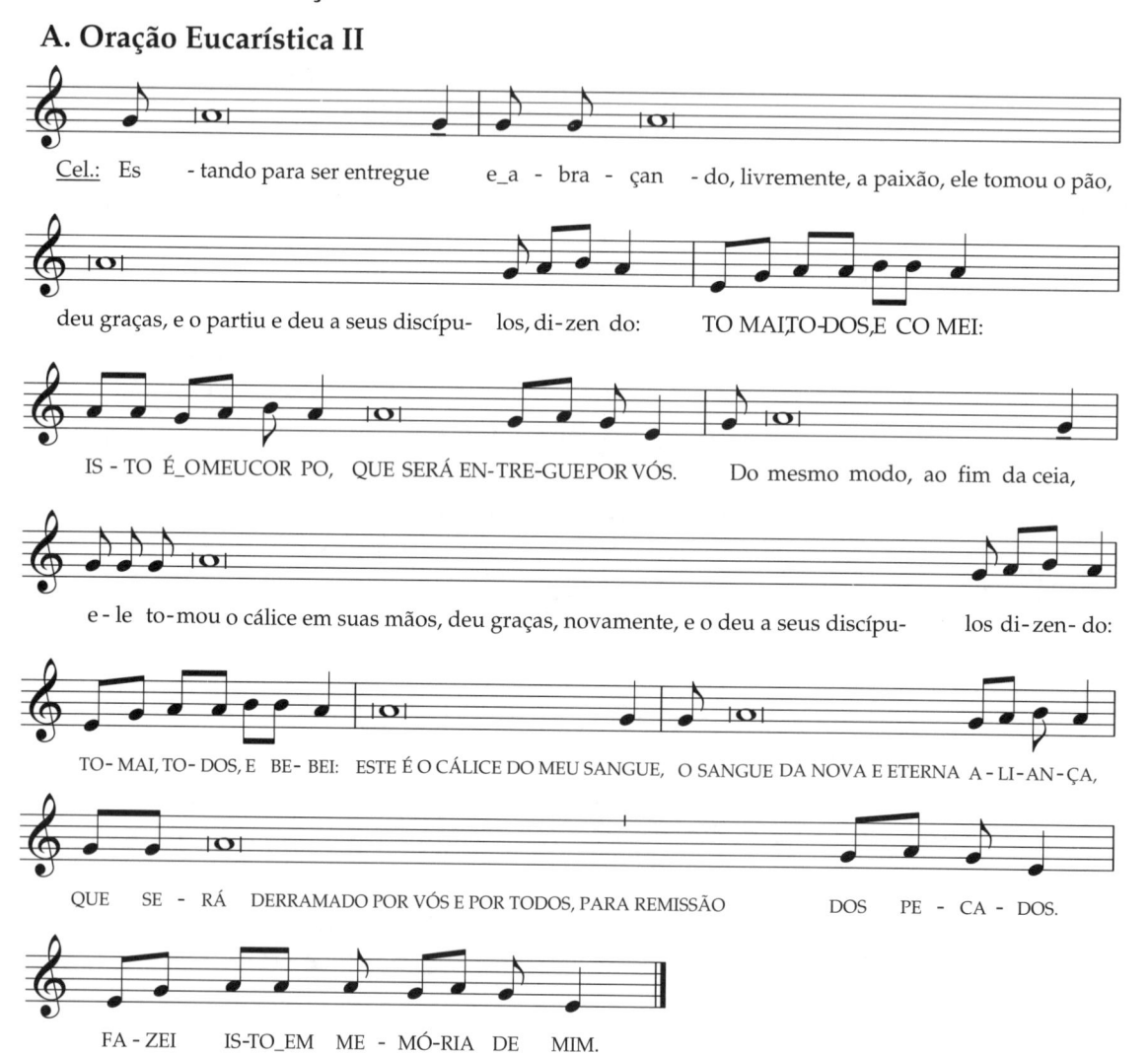

A. Oração Eucarística II

Cel.: Estando para ser entregue e abraçando, livremente, a paixão, ele tomou o pão, deu graças, e o partiu e deu a seus discípulos, dizendo: TOMAI TODOS E COMEI: ISTO É O MEU CORPO, QUE SERÁ ENTREGUE POR VÓS. Do mesmo modo, ao fim da ceia, ele tomou o cálice em suas mãos, deu graças, novamente, e o deu a seus discípulos dizendo: TOMAI, TODOS, E BEBEI: ESTE É O CÁLICE DO MEU SANGUE, O SANGUE DA NOVA E ETERNA ALIANÇA, QUE SERÁ DERRAMADO POR VÓS E POR TODOS, PARA REMISSÃO DOS PECADOS. FAZEI ISTO EM MEMÓRIA DE MIM.

Anamnese

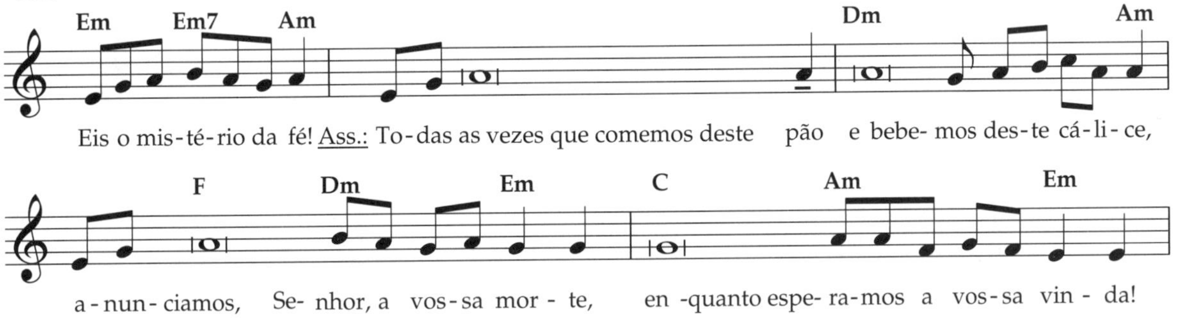

Eis o mis-té-rio da fé! Ass.: A-nun-ciamos, Senhor, a vos-sa mor-te, e pro-clamamos a vos-sa res-sur-rei-ção. Vin-de, Se-nhor Je-sus!

Ou:

Eis o mis-té-rio da fé! Ass.: To-das as vezes que comemos deste pão e bebe-mos des-te cá-li-ce, a-nun-ciamos, Se-nhor, a vos-sa mor-te, en-quanto espe-ra-mos a vos-sa vin-da!

Ou:

Eis o mis-té-rio da fé! Ass.: Sal-va-dor do mun-do sal-vai-nos, vós que nos li-ber-tas-tes pe-la cruz e res-sur-rei-ção!

B.

Cel.: Na verdade, ó Pai, vós sois san-to e fonte de to-da san-ti-da-de

Santificai, pois, estas ofe-ren-das, derramando sobre e-las o vos-so Es-pí-ri-to,

a fim de que se tornem para nós o Cor-po e o San-gue de Jesus Cristo, vosso Fi-lho e Se-nhor nos-so.

Estando para ser entregue e abraçando livremente a paixão, ele tomou o pão deu graças e o partiu e o deu a seus discípulos dizendo: TOMAI, TODOS, E COMEI: ISTO É O MEU CORPO, QUE SERÁ ENTREGUE POR VÓS.

Do mesmo modo, ao fim da ceia, ele tomou o cálice em suas mãos, deu graças, novamente, e o deu a seus discípulos dizendo: TOMAI, TODOS, E BEBEI: ESTE É O CÁLICE DO MEU SANGUE, O SANGUE DA NOVA E ETERNA ALIANÇA, QUE SERÁ DERRAMADO POR VÓS E POR TODOS PARA O PERDÃO DOS PECADOS. FAZEI ISTO EM MEMÓRIA DE MIM.

Anamnese

Eis o mistério da fé! Ass.: Anunciamos, Senhor, a vossa morte e proclamamos a vossa ressurreição. Vinde, Senhor Jesus!

C.

Cel.: Estando para ser entregue e abraçando livremente a paixão, ele tomou o pão, deu graças, e o partiu e deu a seus discípulos, dizendo: TOMAI, TODOS, E COMEI: ISTO É O MEU CORPO, QUE SERÁ ENTREGUE POR VÓS.

Do mesmo modo, ao fim da ceia, ele tomou o cálice em suas mãos, deu graças novamente, e o deu a seus discípulos, dizendo: TOMAI TODOS, E BEBEI: ESTE É O CÁLICE DO MEU SANGUE, O SANGUE DA NOVA E ETERNA ALIANÇA, QUE SERÁ DERRAMADO POR VÓS E POR TODOS PARA REMISSÃO DOS PECADOS. FAZEI ISTO EM MEMÓRIA DE MIM.

Anamnese

Eis o mistério da fé!

Salvador do mundo, salvai-nos, vós que nos libertastes pela cruz e ressurreição.

D. Aclamações da Oração Eucarística IX (Para missas com crianças - I)

1. O céu e a terra proclamam vossa glória! Hosana nas alturas!

2. Bendito o que vem em nome do Senhor! Hosana nas alturas!

3. Santo, Santo, Santo, Senhor Deus do universo! Hosana nas alturas!

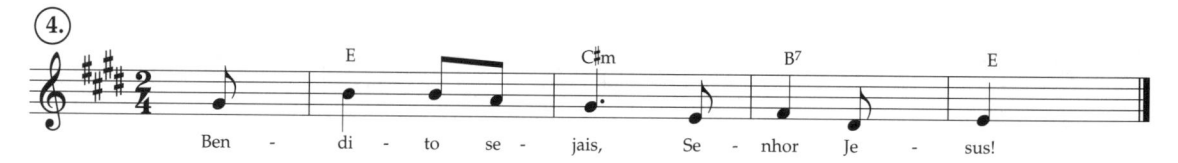

4. Bendito sejais, Senhor Jesus!

5. Em forma de cânone

1. Com Jesus recebei a nossa vida!
2. Com Jesus recebei a nossa vida!
3. Com Jesus recebei a nossa vida!

E. Aclamações da Oração Eucarística X (para missas com crianças - II)

1.

Louvado seja o Pai, que tanto nos amou!

2.

Santo, Santo, Santo, Senhor Deus do universo!
O céu e a terra proclamam a vossa glória.
Hosana nas alturas!

3.

Bendito o que vem em nome do Senhor.
Hosana nas alturas!

4.

Jesus, dais a vida por todos nós!

5.

Glória e louvor a Jesus, que nos leva ao Pai! (bis)

F. Aclamações da Oração Eucarística XI (para missas com crianças - III)

1.

Estamos alegres, ó Pai, e vos agradecemos. (bis)

2. Santo

Santo, Santo, Santo, Senhor Deus do universo!
O céu e a terra proclamam vossa glória! Hosana nas alturas!
Bendito o que vem em nome do Senhor! Hosana nas alturas!

3.

Glória a Jesus, nosso Salvador! (bis)

Com Jesus oferecemos ao Pai a nossa vida! (bis)

4. Doxologia e Amém!

Pres.: Por Cristo, com Cristo, em Cristo, a vós, Deus Pai todo-poderoso,
na unidade do Espírito Santo, toda honra e toda glória, agora e para sempre.
Ass.: Amém! Amém! Amém, amém, amém!

10. SANTO, ACLAMAÇÃO MEMORIAL E DOXOLOGIA

A.
Santo

Música: Frei Joaquim Fonseca, ofm

Santo, Santo, Santo, Senhor Deus do universo!
O céu e a terra proclamam a vossa glória.
Hosana nas alturas!
Bendito o que vem em nome do Senhor!
Hosana nas alturas!

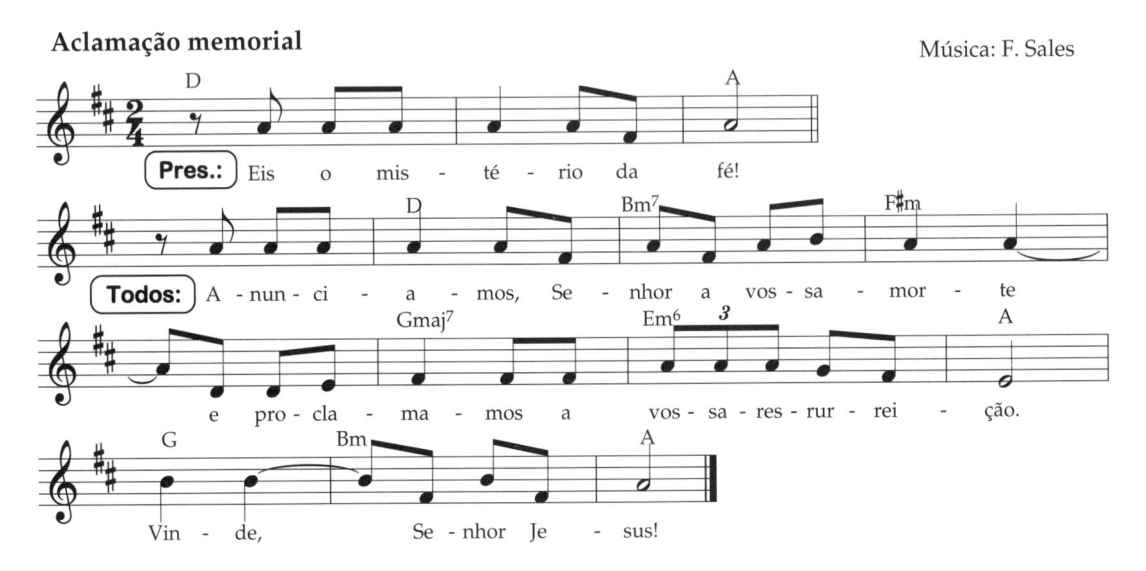

Aclamação memorial

Música: F. Sales

Pres.: Eis o mistério da fé!

Todos: Anunciamos, Senhor, a vossa morte
e proclamamos a vossa ressurreição.
Vinde, Senhor Jesus!

Doxologia final

Música: J. Postma e F. Sales

Pres.: Por Cristo, com Cristo, em Cristo, a vós, Deus Pai todo-poderoso, na unidade do Espírito Santo, toda honra e toda glória, agora e para sempre. **T.:** Amém, amém, honra e louvor ao Pai, que em Cristo nos salvou!

Pres.: Por Cristo, com Cristo, em Cristo,
a vós, Deus Pai todo-poderoso,
na unidade do Espírito Santo,
toda honra e toda glória,
agora e para sempre.

Todos: Amém, honra e louvor ao Pai,
que em Cristo nos salvou!

B.
Santo

Música: José Weber

Santo, Santo, Santo, Senhor Deus do universo!
O céu e a terra proclamam a vossa glória.
Hosana nas alturas!
Bendito o que vem em nome do Senhor!
Hosana nas alturas!

Aclamação memorial

Música: José Weber

Pres.: Eis o mistério da fé!

Todos: Anunciamos, Senhor, a vossa morte
e proclamamos a vossa ressurreição.
Vinde, Senhor Jesus!

Doxologia final

Música: José Weber

Pres.: Por Cristo, com Cristo, em Cristo, a vós, Deus Pai todo-poderoso, na unidade do Espírito Santo, toda honra e toda glória, agora e para sempre!

Todos: Amém! Honra e louvor ao Pai, que em Cristo nos salvou, que em Cristo nos salvou!

Pres.: Por Cristo, com Cristo, em Cristo,
a vós Deus Pai todo-poderoso,
na unidade do Espírito Santo,
toda honra e toda glória,
agora e para sempre!

Todos: Amém, honra e louvor ao Pai,
que em Cristo nos salvou,
que em Cristo nos salvou!

C.
Santo

Música: Adolfo Temme

Santo, Santo, Santo, Senhor Deus do universo!
O céu e a terra proclamam a vossa glória.
Hosana nas alturas!
Bendito o que vem em nome do Senhor!
Hosana nas alturas!
Hosana nas alturas!

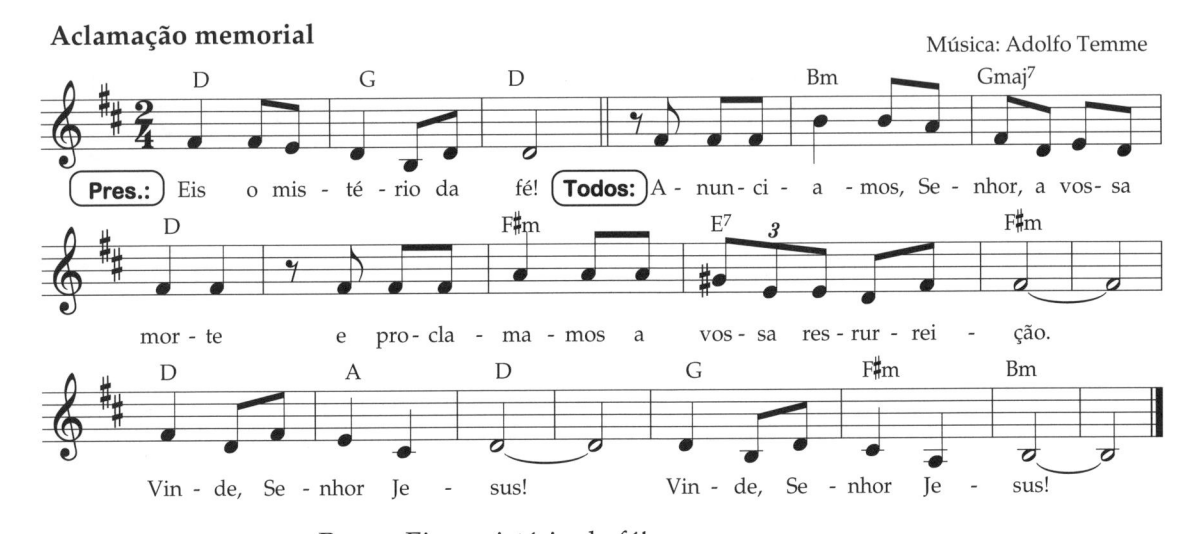

Aclamação memorial

Música: Adolfo Temme

Pres.: Eis o mistério da fé!
Todos: Anunciamos, Senhor, a vossa morte
e proclamamos a vossa ressurreição.
Vinde, Senhor Jesus! Vinde, Senhor Jesus!

Doxologia final

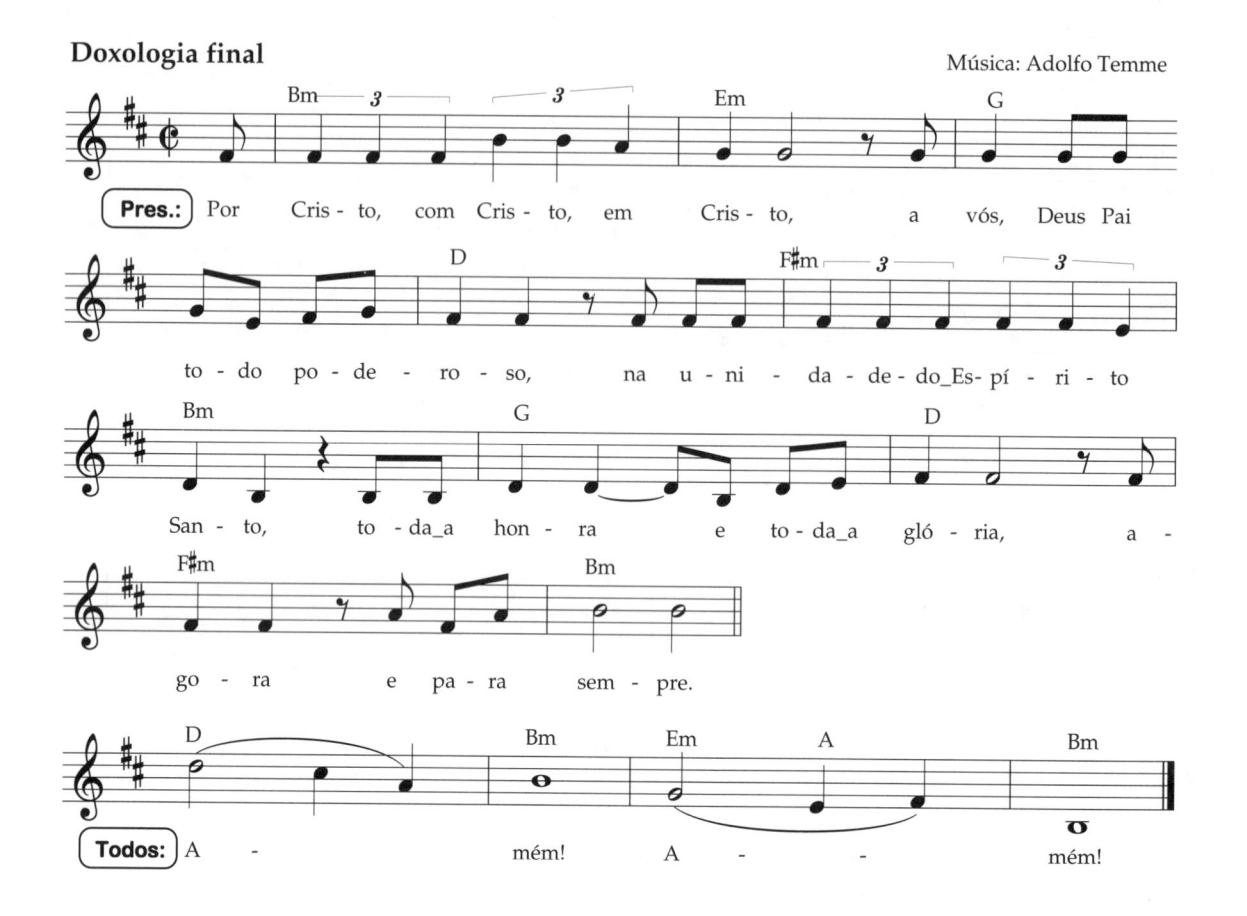

Música: Adolfo Temme

Pres.: Por Cristo, com Cristo, em Cristo, a vós, Deus Pai todo poderoso, na unidade do Espírito Santo, toda a honra e toda a glória, agora e para sempre.

Todos: A - mém! A - mém!

Pres.: Por Cristo, com Cristo, em Cristo,
a vós, Deus Pai todo-poderoso,
na unidade do Espírito Santo,
toda a honra e toda a glória,
agora e para sempre.

Todos: Amém! Amém!

D.

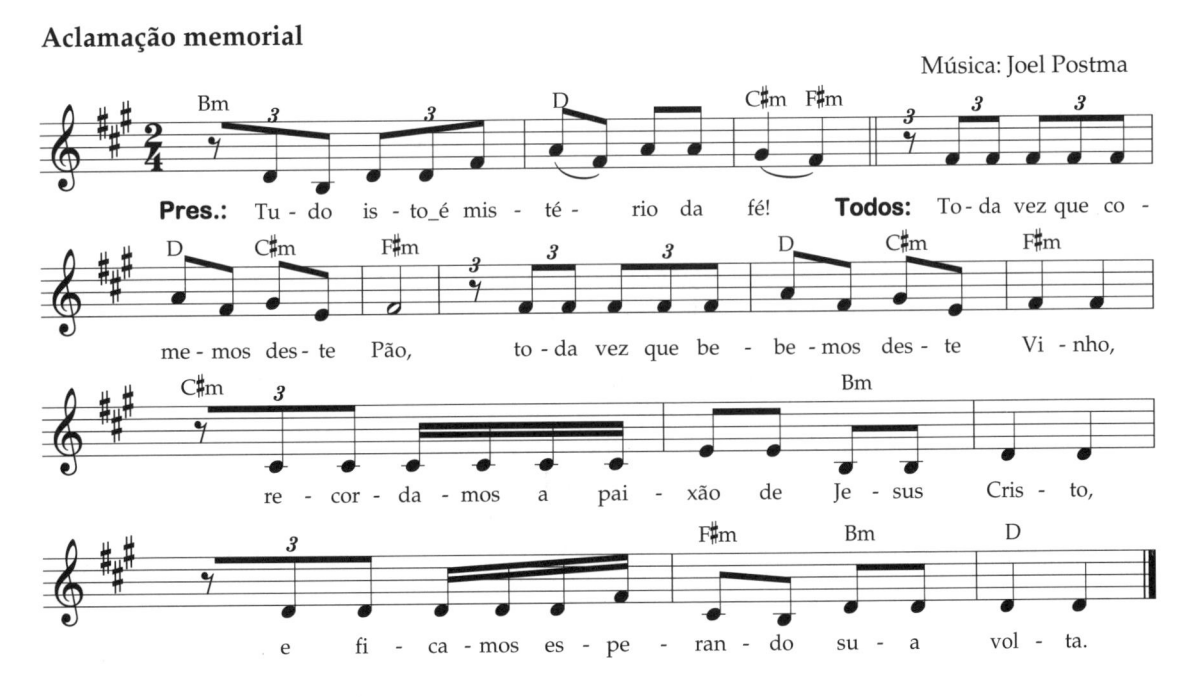

Santo

Música: Joel Postma

Santo, Santo, Santo, Senhor Deus do universo! O céu e a terra proclamam a vossa glória. Hosana nas alturas! Bendito o que vem em nome do Senhor! Hosana nas alturas!

Santo, Santo, Santo, Senhor Deus do universo!
O céu e a terra proclamam a vossa glória.
Hosana nas alturas!
Bendito o que vem em nome do Senhor!
Hosana nas alturas!

Aclamação memorial

Música: Joel Postma

Pres.: Tudo isto é mistério da fé! **Todos:** Toda vez que comemos deste Pão, toda vez que bebemos deste Vinho, recordamos a paixão de Jesus Cristo, e ficamos esperando sua volta.

Pres.: Tudo isto é mistério da fé!
Todos: Toda vez que comemos deste Pão,
Toda vez que bebemos deste Vinho,
recordamos a paixão de Jesus Cristo,
E ficamos esperando sua volta.

Doxologia final

Música: Joel Postma

Pres.: Por Cristo, com Cristo, em Cristo, a vós, Deus Pai todo-poderoso, na unidade do Espírito Santo, toda honra e toda glória, agora e para sempre.

Todos: A-mém! Honra e louvor ao Pai, que em Cristo nos salvou, que em Cristo nos salvou!

Pres.: Por Cristo, com Cristo, em Cristo,
a vós, Deus Pai todo-poderoso,
na unidade do Espírito Santo,
toda honra e toda glória,
agora e para sempre.

Todos: Amém! Honra e louvor ao Pai,
que em Cristo nos salvou,
que em Cristo nos salvou!

11. PAI NOSSO

Folclore religioso

Pres.: Rezemos com amor e confiança a oração que o Senhor nos ensinou:

Todos: Pai nosso que estais nos céus, santificado seja o vosso nome; venha a nós o vosso reino, seja feita a vossa vontade, assim na terra como no céu; o pão nosso de cada dia nos dai hoje; e perdoai-nos as nossas ofensas, assim como nós perdoamos a quem nos tem ofendido; e não nos deixeis cair em tentação, mas livrai-nos do mal. Amém!

Presidente:
Rezemos com amor e confiança a oração que o Senhor no ensinou:

Todos:
Pai nosso que estais nos céus,
santificado seja o vosso nome;
venha a nós o vosso reino,
seja feita a vossa vontade,
assim na terra como no céu;
o pão nosso de cada dia nos dai hoje;
e perdoai-nos as nossas ofensas,
assim como nós perdoamos a quem nos tem ofendido;
e não nos deixeis cair em tentação,
mas livrai-nos do mal. Amém!

Adaptação de Cantoria Popular
do Terço, do Interior do Brasil

B.

Cel.: Cantemos com amor e confiança, a oração que o Senhor nos ensinou:

Ass.: Pai nosso que estais nos céus, santificado seja o vosso nome; venha a nós o vosso Reino, seja feita a vossa vontade, assim na terra como no céu; o pão nosso de cada dia a nos dai hoje; perdoai-nos as nossas ofensas, assim como nós perdoamos a quem nos tem ofendido e não nos deixeis cair em tentação, mas livrai-nos do mal.

Li-vrai-nos de todos os males, ó Pai, e dai-nos hoje a vossa paz.

Ajudados pela vossa misericórdia, sejamos sempre livres do pecado e protegidos de todos os perigos, enquanto, vivendo a esperança, aguardamos a vinda do Cristo Salvador. Ass.: Vosso é o reino, o poder e a glória, para sempre!

Cel.: Cantemos com amor e confiança, a oração que o Senhor nos ensinou:

Ass.: Pai nosso que estais nos céus, santificado seja o vosso nome; venha a nós o vosso Reino, seja feita a vossa vontade, assim na terra como no céu; o pão nosso de cada dia nos dai hoje; perdoai-nos as nossas ofensas, assim como nós perdoamos a quem nos tem ofendido e não nos deixeis cair em tentação, mas livrai-nos do mal.

Cel.: Livrai-nos de todos os males, ó Pai, e dai-nos hoje a vossa paz. Ajudados pela vossa misericórdia, sejamos sempre livres do pecado, e protegidos de todos os perigos, enquanto, vivendo a esperança, aguardamos a vinda do Cristo Salvador.

Ass.: Vosso é o reino, o poder e a glória, para sempre!

C.

Cantemos com amor e confiança, a oração que o Senhor nos ensinou:

Ass.: Pai nosso que estais nos céus, santificado seja o vosso nome; venha a nós o vosso reino, seja feita a vossa vontade, assim na terra como no céu; O pão nosso de cada dia nos dai hoje; perdoai-nos as nossas ofensas, assim como nós perdoamos a quem nos tem ofendido e não nos deixeis cair em tentação, mas livrai-nos do mal. Livrai-nos de todos os males, ó Pai, e dai-nos hoje a vossa paz. Ajudados pela vossa misericórdia, sejamos sempre livres do pecado, e protegidos de todos os perigos, enquanto, vivendo a esperança, aguardamos a vinda do Cristo Salvador. Ass.: Vosso é o reino, o poder e a glória para sempre!

Pres.: Cantemos com amor e confiança, a oração que o Senhor nos ensinou:
Ass.: Pai nosso que estais nos céus, santificado seja o vosso nome; venha a nós o vosso reino, seja feita a vossa vontade, assim na terra como no céu; o pão nosso de cada dia nos dai hoje; perdoai-nos as nossas ofensas, assim como nós perdoamos a quem nos tem ofendido e não nos deixeis cair em tentação, mas livrai-nos do mal.
Pres.: Livrai-nos de todos os males, ó Pai, e dai-nos hoje a vossa paz. Ajudados pela vossa misericórdia, sejamos sempre livres do pecado, e protegidos de todos os perigos, enquanto, vivendo a esperança, aguardamos a vinda do Cristo Salvador.
Ass.: Vosso é o reino, o poder e a glória para sempre!

D.

Cantemos com amor e confiança a oração que o Senhor nos ensinou:

Ass.: Pai nosso que estais no céu, santificado seja o vosso nome, venha a nós o vosso reino; seja feita a vossa vontade, assim na terra como no céu. O pão nosso de cada dia nos dai hoje; perdoai-nos as nossas ofensas, assim como nós perdoamos a quem nos tem ofendido e não nos deixeis cair em tentação, mas livrai-nos do mal.

Pres.: Cantemos com amor e confiança a oração que o Senhor nos ensinou:
Ass.: Pai nosso que estais nos céu, santificado seja o vosso nome; venha a nós o vosso reino; seja feita a vossa vontade, assim na terra como no céu. O pão nosso de cada dia nos dai hoje; perdoai-nos as nossas ofensas, assim como nós perdoamos a quem nos tem ofendido e não nos deixeis cair em tentação, mas livrai-nos do mal.

12. CORDEIRO DE DEUS

A.

Letra: Missal Romano
Música: Joel Postma

Solo: Cordeiro de Deus, que tirais o pecado do mundo. Todos: Tende piedade de nós! Solo: Cordeiro de Deus, que tirais o pecado do mundo. Todos: Tende piedade de nós! Solo: Cordeiro de Deus, que tirais o pecado do mundo. Todos: Dai-nos a paz!

Solo: Cordeiro de Deus, que tirais o pecado do mundo. Todos: Tende piedade de nós!
Solo: Cordeiro de Deus, que tirais o pecado do mundo. Todos: Tende piedade de nós!
Solo: Cordeiro de Deus, que tirais o pecado do mundo. Todos: Dai-nos a paz!

B.

Letra: Missal Romano
Música: Lindenberg Pires

Solo: Cordeiro de Deus, que tirais o pecado do mundo, Todos: tende piedade de nós! Solo: Cordeiro de Deus, que tirais o pecado do mundo, Todos: tende piedade de nós! Solo: Cordeiro de Deus que tirais o pecado do mundo, Todos: dai-nos a paz, dai-nos a paz, dai-nos a vossa paz!

Solo: Cordeiro de Deus, que tirais o pecado do mundo.
Todos: Tende piedade de nós!
Solo: Cordeiro de Deus, que tirais o pecado do mundo.
Todos: Tende piedade de nós!
Solo: Cordeiro de Deus, que tirais o pecado do mundo.
Todos: Dai-nos a paz, dai-nos a paz, dai-nos a vossa paz!

C.

Letra: Missal Romano
Música: José Cândido da Silva

Solo: Cordeiro de Deus, que tirais o pecado do mundo,
Todos: Tende piedade, tende piedade, tende piedade, piedade de nós!
Solo: Cordeiro de Deus, que tirais o pecado do mundo,
Todos: Tende piedade, tende piedade, tende piedade, piedade de nós!
Solo: Cordeiro de Deus, que tirais o pecado do mundo,
Todos: Dai-nos, dai-nos a paz, Senhor, a vossa paz!

D.

Letra: Missal Romano
Música: Lucas de Paula Almeida

Solo: Cordeiro de Deus, que tirais o pecado do mundo,
Todos: Tende piedade de nós!
Solo: Cordeiro de Deus, que tirais o pecado do mundo,
Todos: Tende piedade de nós!
Solo: Cordeiro de Deus, que tirais o pecado do mundo,
Todos: Dai-nos a paz!

E.

Letra: Missal Romano
Música: Silvio Milanez

Solo: Cordeiro de Deus, que tirais o pecado do mundo,
Todos: Tende piedade de nós, tende piedade de nós!
Solo: Cordeiro de Deus, que tirais o pecado do mundo,
Todos: Tende piedade de nós, tende piedade de nós!
Solo: Cordeiro de Deus, que tirais o pecado do mundo,
Todos: Dai-nos, dai-nos a paz!

F.

Letra: Missal Romano
Música: Geraldo Leite Bastos

Solo: Cordeiro de Deus, que tirais o pecado do mundo,
Todos: Tende piedade, tende piedade de nós!
Solo: Cordeiro de Deus, que tirais o pecado,
Todos: Tende piedade, tende piedade de nós!
Solo: Cordeiro de Deus, que tirais o pecado do mundo,
Todos: Dai-nos, dai-nos a paz, dai-nos a paz!

G.

Letra: Missal Romano
Música: José Acácio Santana

Modo de Ré

Solo: Cordeiro de Deus, que tirais o pecado do mundo,
Todos: Tende piedade de nós!
Solo: Cordeiro de Deus, que tirais o pecado do mundo,
Todos: Tende piedade de nós!
Solo: Cordeiro de Deus, que tirais o pecado do mundo,
Todos: Dai-nos, dai-nos a paz!

H.

Frei José Luiz Prim

S.: Cordeiro de Deus, que tirais o pecado do mundo,
T.: tende piedade de nós.
S.: Cordeiro de Deus, que tirais o pecado do mundo,
T.: tende piedade da nós.
S.: Cordeiro de Deus, que tirais o pecado do mundo,
T.: dai-nos a paz, dai-nos a paz, dai-nos a paz.

13. BÊNÇÃO E DESPEDIDA

A.

O Senhor esteja convosco! Ass.: Ele está no meio de nós. Abençoe-vos Deus todo-poderoso, Pai e Filho e Espírito Santo. Ass.: Amém! Ide em paz e o Senhor vos acompanhe. Ass.: Graças a Deus!

Pres.: O Senhor esteja convosco!
Ass.: Ele está no meio de nós.
Pres.: Abençoe-vos Deus todo-poderoso, Pai e Filho e Espírito Santo.
Ass.: Amém!
Pres.: Ide em paz e o Senhor vos acompanhe.
Ass.: Graças a Deus!

B.

Cel.: O Senhor esteja convosco. Ass.: Ele está no meio de nós.

Cel.: Abençoe-vos Deus todo-poderoso Pai e Filho e Espírito Santo!

Ass.: Amém, Amém, Amém!

Ide em paz e o Senhor vos acompanhe! (T.P. Aleluia, Aleluia!)

Ass.: Graças a Deus! Graças a Deus! Graças a Deus!

(Aleluia! Aleluia!)

Pres.:: O Senhor esteja convosco!
Ass.: Ele está no meio de nós.
Pres.: Abençoe-vos Deus todo-poderoso, Pai e Filho e Espírito Santo!
Ass.: Amém! Amém! Amém!
Pres.: Ide em paz e o Senhor vos acompanhe!
(Tempo Pascal: Aleluia! Aleluia!)
Ass.: Graças a Deus! Graças a Deus! Graças a Deus! (Aleluia! Aleluia!)

CANTAR O PRÓPRIO DO TEMPO COMUM

CANTAR AO SENHOR NO TEMPO COMUM

"Comum", o que não é especial

Sim, "comum" é o que não tem um caráter próprio, peculiar, especial. Nem por isso o Tempo Comum do Ano Litúrgico da Igreja deixa de ser importante. Na verdade, antes de os cristãos celebrarem o Dia da Páscoa, antes de se organizarem as celebrações do Ciclo Natalino (Advento – Natal – Epifania), ou as do Ciclo Pascal (Quaresma – Semana Santa – Tempo Pascal – Pentecostes), desde o início, "no primeiro dia da semana" (Lc 24,1; cf. v. 13), a Comunidade Cristã costumou reunir-se para "partir o pão" (Lc 24,35; cf. v. 30; At 2,42.46; 20,7), isto é, comer a Ceia do Senhor, celebrar a Eucaristia. Poderíamos até dizer que, no começo da experiência celebrativa da Igreja, o que existiu mesmo foi o **Domingo**, a celebração do Dia do Senhor, e, não havendo ainda os tempos especiais, todo o tempo era comum.

O Tempo Comum: 34 semanas, no seguimento de Jesus Cristo

A partir da reforma litúrgica implantada pelo Concílio Vaticano II, com a Constituição sobre a Sagrada Liturgia *Sacrosanctum Concilium (SC - 1963)*,[1] com a "revalorização do domingo", enquanto "fundamento" e "núcleo do ano litúrgico",[2] as 34 semanas, iniciando-se cada uma pelo seu dia maior, o Domingo, culminância (*culmen*) da semana que passou e, consequentemente, fonte (*et fons*)[3] de luz e de graça para a semana que se inicia, se constituem num tempo de graça, um *kairós*. **A celebração da Ceia do Senhor**, cada domingo, é o grande encontro marcado e esperado, um encontro, alegre e amoroso, da Comunidade-Esposa com o seu Amado Esposo, o Cristo Ressuscitado, que será sempre para ela "o Caminho, a Verdade e a Vida" (Jo 14,6).

Algumas semanas se situam entre o final do período natalino e o início da Quaresma, ao longo dos meses de janeiro e fevereiro. As demais, entre o final do Tempo Pascal e o início do Advento seguinte, mais ou menos, entre junho e novembro. A maior parte do Ano Litúrgico, portanto, se vive no Tempo Comum, ao longo do qual o único **Mistério de Cristo** se desdobra em suas múltiplas facetas, em seus vários momentos, para que a Comunidade Eclesial, confrontando a sua própria caminhada com "tudo o que Jesus fez e ensinou, desde o começo" (At 1,1), se alegre em poder redescobri-lo vivo em sua própria vida, e prorrompa, cada vez de novo, num "canto novo" de louvor e gratidão, capaz de reavivar a chama da fé, reabastecer o combustível da esperança e fortalecer o dinamismo do amor.

No ritmo da semana, de domingo a domingo, "caminhando e cantando e seguindo a canção"[4]

O fato é que o ser humano é, por natureza, um **ser celebrante**, e a **festa**, a expressão maior da sua existência. O **ritmo da semana**, então, é um dado cultural da maior importância na história de inúmeros povos. Os dias de trabalho, dias de labuta, de criar e produzir, sempre costumaram ser coroados pelo dia de repouso, de lazer e louvor, restaurador das energias físicas e espirituais.

A Bíblia hebraica, para nós cristãos, o Antigo ou o Primeiro Testamento, inicia com um magnífico poema a nos descrever a primeira de todas as semanas, a semana da Divina Criação. E "a história da cria-

---

[1] Cf. SC, cap. V, 102-111, especialmente 106: Revalorização do Domingo. Na versão popular da CNBB, p. 81-89, especialmente V.2.1, p. 84s.
[2] *SC* 106
[3] SC 10
[4] Da canção de Vandré, "Para não dizer que não falei de flores" ou "Caminhando", lançada em 1968, no III Festival Internacional da Canção, da TV Globo.

ção do céu e da terra" que se desdobrara ao longo de seis esplêndidos dias, culminando com a feitura do "ser humano, à sua imagem, à imagem de Deus" (Gn 27), assim se encerra: "Deus abençoou o sétimo dia e o santificou, pois nesse dia Deus repousou de toda a obra da criação" (Gn 2,3-4). Essa foi, então, a maneira de o povo hebreu justificar teologicamente sua prática cultural de trabalhar seis dias e se dar um dia de repouso, contemplação e celebração, **o sábado**.

A **novidade cristã**, porém, se deu no dia seguinte, "**o primeiro da semana**", ou seja, o dia da nova Criação, da recapitulação de "tudo em Cristo" (Ef 1,10), que "morreu e ressuscitou para ser o Senhor dos mortos e dos vivos" (Rm 14,9), o qual faz "novas todas as coisas" (Ap 21,5). Se, desde cedo, na história da Igreja, tem havido uma tendência a incorporar no Domingo cristão, até com força de lei e de mandamento, os valores culturais e judaicos, de inegável importância, do repouso semanal e da santidade do sábado, é importante resgatar o **caráter peculiar do Domingo**, como dia de celebrar a liberdade cristã, no encontro amoroso e jubiloso com Aquele que "para a liberdade (...) nos libertou" (Gl 5,1).

Cada domingo, portanto, um novo **encontro**, muito original e especial, com Aquele que morreu e ressuscitou, o qual, estando à direita do Pai, nos envia continuamente o Espírito, permanecendo conosco "até o fim dos tempos" (Mt 28,20). Cada semana, uma nova **jornada**, para que o "Reino" do Pai "venha". À luz do Mistério celebrado no domingo, dia após dia, procurando seguir o Mestre, em profunda comunhão de sentimentos e atitudes com "o Cristo Jesus" (Fl 2,5), a gente busca concretizar "a vontade" do Pai, "assim na terra como no céu" (Mt 6,10), "até que ele venha" (1Cor 11,26) e "Deus seja tudo em todos" (1Cor 15,28).

E **o melhor roteiro** para este encontro é o próprio Evangelho que nos sugere. **Lucas**, por muitas razões, o evangelista da Liturgia, ao nos relatar a caminhada dos discípulos para Emaús, "naquele mesmo dia, o primeiro dia da semana" (Lc 24,13), nos permite visualizar com clareza **três momentos ou elementos essenciais**, que parecem caracterizar a vida cristã e constituir a espinha dorsal da celebração dominical:

- Compartilhar as coisas da vida, os acontecimentos marcantes, como nos sugere mais recentemente o Concílio Vaticano II, "as alegrias e as esperanças, as tristezas e as angústias (...) sobretudo dos pobres e de todos os que sofrem"[5] (Lc 24,13-24);
- Retomar as palavras sagradas, que servem de baliza no nosso caminhar e nos ajudam a fazer a leitura pascal da vida, permitindo-nos descobrir a presença do Ressuscitado em nosso caminho, em nossas vidas, em nós, reaquecendo-nos o coração (Lc 24,25-27);
- Repetir os gestos d'Aquele que nos mandou dar graças e repartir o pão, em sua memória, de tal modo que possamos experimentar da maneira mais viva e vivificante, sua presença entre nós, a engajar-nos na dinâmica do "amor maior" de quem "dá a vida por seus amigos", e entusiasmar-nos a ponto de sairmos pelos caminhos do mundo, ao encontro dos irmãos e irmãs, para anunciar-lhes que o amor venceu, que amar vale a pena, que só assim a vida terá sentido e o mundo terá jeito (Lc 24,28-35).

Dessa dinâmica de vida e celebração é que brota o **"cântico novo"** da comunidade cristã. Um canto sempre novo, sim:

- Porque esse canto brota da **vida**, que é sempre inédita e inspiradora... Com seus altos e baixos, a vida nos desafia sempre de novo a reafirmar a nossa confiança n'Aquele que está conosco e a cantar-lhe, seja o "glória nas alturas", seja o dom feliz da "paz na terra", seja a súplica angustiada, mas confiante, "das profundezas", seja o "tende piedade" dos pecadores que somos todos e todas...
- Porque estamos sempre em **processo de morte-e-ressurreição**, em comunhão com Aquele que, pelo seu Espírito, nos reveste "de um homem novo, o qual vai sendo sempre renovado à imagem do seu Criador" (Cl 3,10), convertendo-nos, cada semana, de nossas caduquices e desvios, e comprometendo-nos, cada vez de novo, com a transformação das estruturas injustas do mundo, inspi-

---

[5] GS 1

rando-nos um canto de esperança "que não decepciona, porque o amor de Deus foi derramado em nossos corações pelo Espírito Santo que nos foi dado" (Rm 5,5);
- Porque, finalmente, esse canto alimenta em nós um **sonho** que nos impele e nos faz caminhar sem parar, em demanda da **Terra Prometida**, da novidade do **Reino**, um futuro que "a Deus pertence" e, por isso, não falha, mas, antes, nos atrai de modo irresistível, uma certeza maior a injetar-nos nas veias renovado vigor, sempre novas energias, a rejuvenescer continuamente a face da Esposa, cada vez mais desejosa de que o Esposo venha, Ele, "Jesus (...) o rebento e a raiz de Davi, (...) a brilhante estrela da manhã" (Ap 22,16).

A esta altura, um ícone resplende a nossos olhos, e é o próprio Lucas quem no-lo desenha: **Maria**, expressão exemplar da Igreja. O **Cântico de Maria (Lc 1,47-55)** é, igualmente, a referência maior do cantar da Igreja. Um "cântico novo" por excelência, a brotar de um coração, "faminto e sedento da justiça", sintonizado com os desígnios do Eterno, com o projeto de Deus... Coração de mulher que pressente as coisas, perscruta os tempos e intui os mistérios... Coração solidário, totalmente vinculado aos destinos do seu povo, sobretudo dos pobres e oprimidos... Coração esperançoso e disponível, totalmente comprometido com a realização do sonho maior: seu povo livre e feliz, de acordo com as promessas do Deus que nos convoca para a caminhada em demanda da Terra Prometida. Será esse o espírito e o clima do que se canta em nossas Igrejas no Dia do Senhor?...

Chegados a este ponto, conscientes da importância do canto litúrgico como expressão revigorante da nossa experiência espiritual como "discípulos e missionários", vale a pena escutar um sugestivo alerta de **Santo Agostinho**, o primeiro grande teólogo do canto litúrgico cristão:

Cantemos, portanto, agora, meus irmãos, não por deleite do repouso, mas para alívio do trabalho. Como costuma cantar o caminhante: canta, mas segue adiante; alivia o trabalho cantando. Abandona, pois, a preguiça. Canta e caminha. Que é isto, caminha? Vai em frente, adianta-te no bem. Segundo o Apóstolo, há quem progrida no mal. Tu, se progrides, caminhas. Mas progride no bem, progride na fé, sem desvios, progride na vida santa. Canta e caminha".[6]

Um repertório liturgicamente significativo e pastoralmente adequado

Antes de qualquer outra consideração, se nos impõe um questionamento desafiante: a V Conferência do Episcopado Latino-Americano e do Caribe (Aparecida/2007), primeiro, percebe com clareza o **impasse ministerial** e sacramental em que vivem milhares e milhares de comunidades, privadas da celebração dominical da Eucaristia, por falta de ministros competentes, consciente de que "a Eucaristia faz a Igreja" (DA 100,a). Em seguida, propondo a "renovação das paróquias", sugere "a reformulação de suas estruturas, para que seja uma **rede de comunidades e grupos,** capazes de se articular conseguindo que seus membros se sintam realmente discípulos e missionários de Jesus Cristo em comunhão" (DA 172). Há mais de 40 anos, a II Conferência (Medellín, 1968) já sonhava com "a celebração da **Eucaristia em pequenos grupos e comunidades de base**", a qual poderia "ter verdadeira eficácia pastoral" (M 9,III,12). Até que ponto, nós ministros e ministras do Canto Litúrgico nos colocamos estas questões e tentamos viabilizar o sonho de uma Igreja de comunidades autênticas, de tamanho humano, onde as pessoas se conhecem, se amam e procuram dar testemunho de Jesus Cristo por uma vida e uma prática celebrativa que sejam expressão verdadeira e significativa do Reino? Sem o contexto de uma vida comunitária real e profunda, a que servirá nosso canto?

Supondo que nosso ministério encontre as condições melhores para ser exercido honesta e eficazmente o canto que animamos sirva a uma "esperança que não decepciona", como vimos acima, é impor-

---

[6] Sermo 256,3; PL 38,1193 – in LH IV, p. 533

tante ter clareza sobre os **critérios** que devem fundamentar uma reta escolha de um repertório para cada celebração, no contexto de cada tipo de comunidade celebrante. Na verdade, cabe a cada comunidade escolher, entre as muitas sugestões que lhe são oferecidas, o que melhor convém, levando em conta:

- A cultura literário-musical-religiosa da comunidade local, seu jeito usual de cantar sua vida e sua fé... Qual o tipo de linguagem, de melodia, de ritmo, de canto que responde melhor ao jeito dessa gente cantar?
- A experiência concreta de vida, os **acontecimentos** marcantes da semana, lembrando aquilo que solenemente proclama o Concílio Vaticano II: "As alegrias e as esperanças, as tristezas e as angústias dos homens de hoje, sobretudo dos pobres e de todos os que sofrem, são, também, as alegrias e as esperanças, as tristezas e as angústias dos discípulos de Cristo. Não se encontra nada de verdadeiramente humano que não lhes ressoe no coração" (GS 1). São os "sinais dos tempos", para quem tem olhos de **VER**... Quais os cantos que melhor se adequam a esse contexto existencial, melhor expressam estas realidades ou com elas se afinam?
- O Mistério de Cristo, desdobrado nas passagens das **Escrituras**, proclamadas cada semana, cada domingo, lançando um foco especial capaz de nos permitir um **JULGAR**, uma avaliação profunda das realidades, situações e acontecimentos, das pessoas e entidades neles envolvidos, de modo que sejamos capazes de aguçar nosso olhar e perceber este mesmo Mistério de Cristo se desdobrando em nossa própria vida, a sua Páscoa se prolongando nas vivências todas do seu Corpo Total que é a Igreja, que somos nós... Quais os cantos que melhor celebram o louvor de Deus, a partir daquilo que Jesus "fez e ensinou" ontem, e continua fazendo e ensinando hoje, através de nossas vidas e do nosso testemunho?

E aqui vale a pena observar que o Tempo Comum, organizado em três ciclos, o **Ano A**, de Mateus, o **Ano B**, de Marcos, e o **Ano C**, de Lucas, com as inserções de João no 2º Domingo dos 3 ciclos, bem como nos Domingos 17 a 21 do ciclo B, ondula em variações que vão depender, primeiro, da sensibilidade e do **enfoque peculiar de cada evangelista**, mas também de certas circunstâncias ou fatores histórico-litúrgicos ou mesmo de ordem pastoral, que importa conhecer, por exemplo:

– as semanas que ocorrem entre a **Festa do Batismo do Senhor e a Festa da Apresentação do Senhor** (02 de fevereiro) se ressentem ainda de certo clima natalino, da dinâmica da "Manifestação" do Senhor;

– já o mês de **junho**, sobretudo em certas regiões, é todo permeado pela memória de grandes **Testemunhas**, Antônio de Pádua, João Batista e Pedro e Paulo, de forte apelo popular;

– o mês de **julho** está ligado, de modo especial, às lutas do campo, especialmente à luta pelo direito à **terra**, que tem importância tamanha, num país imenso, onde uma estrutura agrária injusta sonega esse direito a tanta gente e à Igreja compete importante papel evangelizador a esse respeito;

– os meses de **agosto**, **setembro** e **outubro** ficaram marcados por temáticas pastoralmente trabalhadas todos os anos, respectivamente, como Mês das **Vocações**, Mês da **Bíblia** e Mês das **Missões**. Cada domingo é oportunidade de acolher a Palavra, celebrar o Mistério da Fé e cantar ao Senhor, no contexto de cada um desses apelos pastorais;

– finalmente, o mês de **novembro**, final do Ano Litúrgico, que se inicia com a comemoração de Todos os Santos e a dos Fiéis Defuntos, e culmina na celebração do Reino universal de Cristo, nos transporta pedagogicamente, domingo após domingo, às **últimas realidades**[7] da nossa existência: "morte, juízo, inferno e paraíso".

Tudo isso demanda bom senso e equilíbrio da Equipe encarregada de escolher o repertório, no sentido de selecionar o melhor, de maneira a permitir uma sintonia profunda com a Palavra do "Autor da Vida",

---

[7] "Os novíssimos do homem", na nomenclatura da teologia tradicional.

que veio para que tenhamos "vida e vida em abundância". O que cabe bem nesta celebração do Mistério da Fé e onde melhor se encaixa tal ou qual canto?

- A presença sacramental do Ressuscitado, evidenciada pelo "partir do pão", a nos engajar no seu **AGIR** libertador. E há primeiro uma bênção da refeição, uma ação de graças por esse agir de Deus, em Cristo, na força do Espírito, no ontem-hoje-e-amanhã da natureza e, sobretudo, da História... E há o momento mesmo de tomar, de comer do pão – corpo que foi entregue – e beber do vinho – sangue que foi derramado – entre irmãos e irmãs... Que cantos se prestam melhor a esse clima de bênção, de rememorar com gratidão a ação do Deus de ontem, de hoje e de sempre, de compartilhar "com alegria" (At 2,46) o "pão da vida e o cálice da salvação", com a consciência de tudo aquilo que esse gesto implica, em termos de compromisso com o presente e o futuro do Reino?
- A funcionalidade do canto litúrgico precisa como que se ajustar bem a cada momento da celebração, a cada parte do rito ao qual se integra organicamente:

– antes de tudo, ter clareza sobre a natureza do canto litúrgico. Canto ritual, canto litúrgico, quer dizer, expressão poética da fé, **coisa do coração**, que vai do gemido à exultação, que pode até conter mensagens de verdade e de vida, mas que não é doutrinação, explicação, conceituação, raciocínio... É, sim, **celebração** da vida, em Jesus Cristo, no impulso do Espírito;

– nada melhor para uma equipe de liturgia ou de celebração ou de ministros da música que adotar de forma sistemática um processo de **formação continuada**, que lhes permita apropriar-se dos **conhecimentos e critérios** para a escolha de um bom repertório com conhecimento de causa;[8]

– importante é a gente **não confundir "cântico novo" com mania de novidade**, atiçada pela onda de consumismo que vai assolando todos os setores da nossa existência. **Canto novo, sim, é o que brota da novidade da vida cristã**, da ação renovadora do Espírito, uma novidade profunda, que vem de dentro, que vem de Deus, como vimos acima. Por sinal, quem já não observou, em mais de uma comunidade, o povo a vibrar muito mais com um canto antigo, que volta, sobretudo, em determinadas épocas ou festas do ano, um canto da sua tradição local, que tem a ver com a sua história de vida e de fé, e para esse povo vale mais que certas novidades, não raro superficiais e vazias, sem raiz na vida e na fé deste povo?

- O **Hinário Litúrgico**, então, se oferece como um subsídio criterioso, prático e pedagógico. Resultado de um trabalho feito a muitas mãos, mas, sobretudo, com muitas mentes e corações que se têm dedicado à pesquisa litúrgica, à sintonia com as nossas raízes culturais e a uma criatividade criteriosa e responsável, no intuito de melhor servir à oração comunitária, à prática celebrativa do Povo de Deus em nossa terra, nas várias regiões deste país continental.

– Primeiramente, as propostas feitas para o canto do **"Ordinário"**, isto é, o canto das partes fixas da missa, que são a **prioridade** do canto celebrativo, os cantos que não poderiam faltar, inclusive, porque são os de mais fácil aprendizado e apropriação por parte da assembleia;

– em seguida, vêm as propostas para o **"Próprio do Tempo"**: para cada Ciclo do Tempo Comum. Por sinal, optou-se por editar um fascículo especial para o ano A, outro para o ano B e um terceiro para o ano C. Para cada Domingo, um repertório completo, afinado com a faceta do Mistério de Cristo evidenciada pelas leituras bíblicas, sobretudo pelo Evangelho;

---

[8] Cabe aos pastores cuidar da **formação contínua** de todos e todas que prestam algum tipo de serviço musical-litúrgico, incentivando o estudo de bons subsídios, como o n. 79 da coletânea Estudos da CNBB: *A Música Litúrgica no Brasil* (PAULUS, 1999), especialmente a parte 3, das "Orientações Pastorais", e mais diretamente a 3.4, "O Canto na Liturgia"; *Canto e Música na Liturgia – Princípios Teológicos, litúrgicos, pastorais e estéticos* (Edições CNBB, 2006); o dvd *Canto e Música na Liturgia* (PAULUS, 2006); os vários volumes da coletânea *Liturgia e Música*, publicada pela PAULUS; especialmente, quanto concerne à escolha bem fundamentada de um bom repertório, os números 1 e 6 dessa coletânea são imprescindíveis: *Cantando a Missa e o Ofício Divino* e *Quem canta? O que cantar na Liturgia*, ambos da autoria de Frei Joaquim Fonseca.

– para as **Festas do Senhor**: Santíssima Trindade (domingo após Pentecostes), Santíssimo Corpo e Sangue de Cristo (quinta-feira após o domingo da Santíssima Trindade), Sagrado Coração de Jesus (sexta-feira da semana seguinte), constam repertórios apropriados, logo após os repertórios dos 34 domingos;

– finalmente, para Canto de Abertura, de Ofertório e de Comunhão, segue uma série de sugestões **opcionais**.

- Vale lembrar, ainda, que tudo quanto é sugerido para a celebração maior da Ceia do Senhor, com as devidas adaptações ou conveniências, serve para as **Celebrações Dominicais da Palavra de Deus**, por sinal, o que, de fato, é possível fazer na imensa maioria das Comunidades Cristãs, sobretudo em zona rural.
- Finalmente, é importante frisar que o *Hinário Litúrgico*, de modo geral, não pretende encurralar a liberdade ou impedir a criatividade de quem quer que seja, sobretudo de quem, com conhecimento de causa, dedica-se a servir, com verdadeiro espírito pastoral, à caminhada de fé do Povo de Deus... Ele visa, sim, a nos **libertar**, seja da **superficialidade irresponsável** de quem age sem melhores critérios e sem maior cuidado, seja de certa **mentalidade de "supermercado"**, em que a voracidade do consumismo nos pode levar a optar por muito "artigo de plástico".

– Ao contrário, o Hinário Litúrgico, afinando tanto com a grande **Tradição** Litúrgica da Igreja, quanto com a **Cultura Popular** de nosso país, em suas várias regiões, ou com a música universal de qualidade, nos disponibiliza um rico cabedal de **Cânticos Bíblicos**, sobretudo os **Salmos**, que são o grande referencial da oração comunitária dos cristãos, desde as origens, ou de cantos de inspiração bíblica ou afinados com a sua mensagem libertadora, **textos** que varam os séculos e **melodias** de raiz ou de qualidade tal que jamais envelheçam.

– E não desconhecer que a música ritual, como se apreende da própria antropologia do rito, é **coisa para se repetir** mesmo, coisa que volta cada ano, em cada tempo do ano, nas mesmas festas, e até em cada parte do mesmo tipo de celebração. Essa repetição, longe de ser uma rotina sem graça e enfadonha, ao contrário, se acontece no contexto de uma comunidade que vive a novidade perene da fé, da esperança e do amor, é o que garante a **identidade** de cada celebração, que cria o **clima peculiar** de cada tempo ou festa litúrgica. De tal maneira que, se aquele canto viesse a faltar, naquele tempo, naquela festa, ou naquela parte da celebração, todo mundo sentiria falta.

Nota: Folhetos da série "Povo de Deus"

Publicado pela Editora Vozes, a partir de 1967, o folheto *Povo de Deus* pretendia ser uma espécie de "novo missal popular musicado" em forma de folheto, para uso do presidente da celebração, leitores, cantores, comentaristas e a assembleia. Sem sombra de dúvida, uma iniciativa louvável do Instituto de Pastoral Litúrgica (ISPAL) do Rio de Janeiro, ligado à CNBB, sob a coordenação do monge beneditino Domingos Sanchis. Participaram desse mutirão compositores de música popular: Chico Buarque de Holanda, Zé Kéti, Paulinho da Viola, Edu Lobo, dentre outros. Muitas dessas melodias e recitativos sálmicos foram incorporados no atual *Hinário Litúrgico* da CNBB.

Recife, agosto de 2009

Reginaldo Veloso,
presbítero das CEBs,
da Equipe de Reflexão sobre Música Litúrgica
do Setor de Música da CNBB

2º Domingo[1]: Domingo do Testemunho de João - Jo 1,29-34

Este é o domingo do testemunho de João, o Batista. Fazendo eco à recente festa da Epifania, festa da manifestação de Jesus, o evangelista João nos colocará em contato com um outro João, o Batista. Este, por sua vez, nos apresentará aquele que é bem maior que ele: o Cordeiro de Deus, que assume o pecado do mundo; o Filho de Deus, que vem, na força do Espírito, realizar os anseios de todos os que têm fome e sede de justiça. Nosso canto expressa, então, a alegria de haver encontrado a Jesus em nossas vidas e de o estarmos seguindo, em nosso dia-a-dia.

ABERTURA: Toda a terra te adore

Letra: Reginaldo Veloso (refrão)
Jocy Rodrigues (salmo)
Música: Pe. Ney Brasil Pereira

Refrão: **Toda a terra te adore,**
Ó Senhor do universo,
Os louvores do teu nome
Cante o povo em seus versos!

Sl 95(94)   Sl 66(65),4

1.
Venham todos, com alegria,
Aclamar nosso Senhor,
Caminhando ao seu encontro,
Proclamando seu louvor.
Ele é o rei dos reis
E dos deuses o maior.

2.
Tudo é dele: abismos, montes,
Mar e terra ele formou.
De joelhos adoremos
Este Deus que nos criou,
Pois nós somos seu rebanho
E ele é nosso pastor.

3.
Ninguém feche o coração,
Escutemos sua voz.
Não sejamos tão ingratos,
Tal e qual nossos avós.
Mereçamos o que ele
Tem guardado para nós.

4.
Glória ao Pai que nos acolhe
E a seu Filho Salvador.
Igualmente, demos glória
Ao Espírito de Amor.
Hoje e sempre eternamente,
Cantaremos seu louvor.

---

* O Domingo após a Epifania costuma ser o Domingo do Batismo do Senhor. Com ele se encerra o Ciclo de Natal. Em seguida, vem a primeira semana do Tempo Comum, que inicia com a segunda-feira e, por isso, não tem domingo próprio, que seja o "1º" do Tempo Comum. Coisa que pode soar estranha, essa nomenclatura oficial, que faz existir um "2º" sem "1º", certamente, foi a melhor solução encontrada pelos liturgistas encarregados de implementar a reforma conciliar.

SALMO RESPONSORIAL: Eu disse: "Eis que venho, Senhor" - Sl 39(40)

Texto: Lecionário Dominical
Música (refrão): Série "Povo de Deus"
Música (estrofes): Pe. José Weber, svd

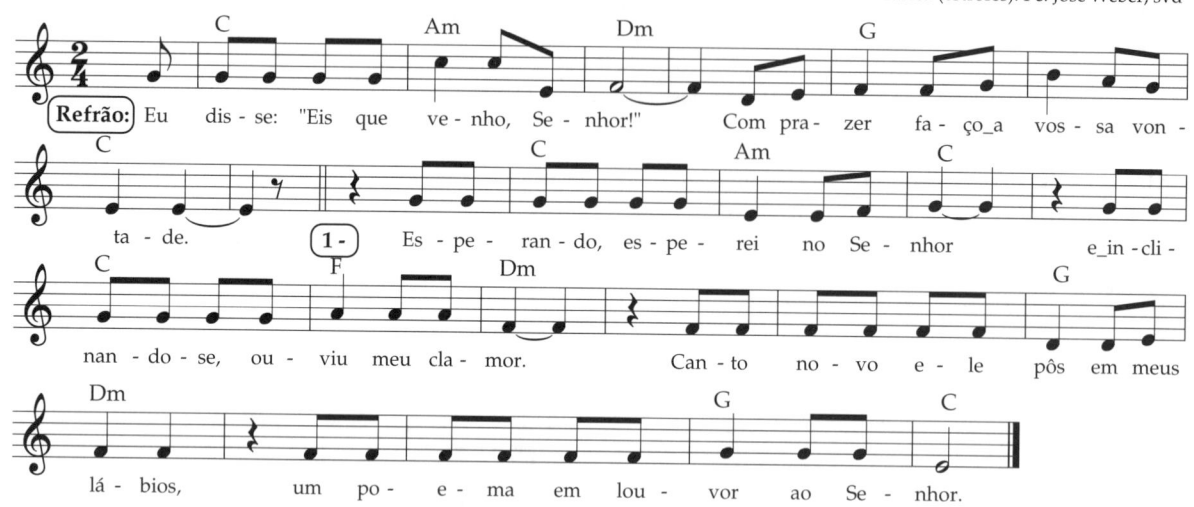

Refrão:
Eu disse: "Eis que venho, Senhor!"
Com prazer faço a vossa vontade.

1.
Esperando, esperei no Senhor
E inclinando-se, ouviu meu clamor.
Canto novo ele pôs em meus lábios,
Um poema em louvor ao Senhor.

2.
Sacrifício e oblação não quisestes,
Mas abristes, Senhor, meus ouvidos;
Não pedistes ofertas nem vítimas,
Holocaustos por nossos pecados.

3.
E então eu vos disse: "Eis que venho!"
Sobre mim está escrito no Livro:
"Com prazer faço a vossa vontade,
Guardo em meu coração vossa Lei!"

4.
Boas novas de vossa justiça
Anunciei numa grande assembléia;
Vós sabeis: não fechei os meus lábios.
Vós sabeis: não fechei os meus lábios.

ACLAMAÇÃO AO EVANGELHO: Aleluia, pois o Verbo se fez carne

Letra: Reginaldo Veloso
Música: Pe. José Weber

Refrão: Aleluia, aleluia, aleluia, aleluia! (bis)

Pois o Verbo se fez carne, entre nós Ele acampou,
/:E quem acolheu o Verbo, de Deus filho se tornou!:/
(Jo 1,14.12a)

OFERENDAS: De mãos estendidas, ofertamos

Letra: Ir. Salete
Música: Pe. Silvio Milanez

De mãos estendidas, ofertamos o que, de graça recebemos.

A natureza tão bela, que é louvor, que é serviço.
O dia que nos traz o pão e a noite que nos dá repouso,
O sol que ilumina as trevas, transformando-as em luz.
ofertamos ao Senhor o louvor da criação.

Refrão: **De mãos estendidas, ofertamos**
O que, de graça, recebemos

1.
A natureza tão bela,
Que é louvor, que é serviço.
O sol que ilumina as trevas,
Transformando-as em luz.
O dia que nos traz o pão
E a noite que nos dá repouso,
Ofertamos ao Senhor
O louvor da criação.

2.
Nossa vida toda inteira
Ofertamos ao Senhor,
Como prova de amizade,
Como prova de amor.
Com o vinho e com o pão,
Ofertamos ao Senhor
Nossa vida toda inteira,
O louvor da criação.

COMUNHÃO: És Jesus, o Cordeiro de Deus

Letra: Pe. Jocy Rodrigues
Música: Frei J. A. Fontanella

Refrão: És Jesus, o Cordeiro de Deus,
Que te ofertas pra ser imolado.
Vem nos dar o alimento da vida
E tirar deste mundo o pecado!

Cântico de Zacarias (Lc

1.
Bendito o Deus de Israel,
Que a seu povo visitou
E deu-nos libertação,
Enviando um Salvador,
Da casa do rei Davi,
Seu ungido servidor.

2.
Cumpriu a voz dos profetas,
Desde os tempos mais antigos,
Quis libertar o seu povo
Do poder dos inimigos,
Lembrando-se da aliança
De Abraão e dos antigos.

3.
Fez a seu povo a promessa
De viver na liberdade,
Sem medos e sem pavores
Dos que agem com maldade.
E sempre a ele servir
Na justiça e santidade.

4.
Menino, serás profeta
Do Altíssimo Senhor,
Pra ir à frente aplainando
Os caminhos do Senhor,
Anunciando o perdão
A um povo pecador.

5.
É ele o Sol Oriente
Que nos veio visitar.
Da morte, da escuridão,
Vem a todos libertar.
A nós, seu povo remido,
Para a paz faz caminhar.

6.
Ao nosso Pai demos glória
E a Jesus, louvor, também.
Louvor e glória, igualmente,
Ao Espírito que vem.
Que nosso louvor se estenda
Hoje, agora e sempre. Amém!

3º Domingo: Domingo do Chamado - Mt 4,12-23

Com a prisão de João Batista, havia terminado uma etapa da história da salvação e outra se inaugurava: a etapa definitiva, o tempo do Emanuel, Deus-conosco! E, segundo Mateus, o anúncio desta boa notícia começa a acontecer justamente na periferia do mundo: a Galiléia, terra de fronteira, encruzilhada de povos e culturas. Não poderia haver melhor cenário para o início do alegre anúncio do Reino, e para o chamado daqueles que haveriam de ser pescadores de gente. Ainda hoje é no meio dos excluídos que ecoa mais forte a boa novidade do Reino, e é do meio deles, sobretudo, que saem os portadores mais autênticos desta mensagem. Cantemos a alegria da libertação, com o prazer de sermos, hoje, os continuadores da missão de Jesus e dos Apóstolos.

ABERTURA: Toda a terra te adore

Letra: Reginaldo Veloso (refrão)
Jocy Rodrigues (salmo)
Música: Pe. Ney Brasil Pereira

Refrão: Toda terra te adore, ó Senhor, Deus do universo, os louvores do teu nome cante o povo em teus versos!

1 - Venham, todos, com alegria, aclamar nosso Senhor, caminhando ao seu encontro, proclamando seu louvor. Ele é o Rei dos reis e dos deuses o maior.

Refrão: **Toda a terra te adore,**
Ó Senhor do universo,
Os louvores do teu nome
Cante o povo em seus versos!
Sl 66(65),4

Sl 95(94)

1. Venham todos, com alegria,
   Aclamar nosso Senhor,
   Caminhando ao seu encontro,
   Proclamando seu louvor.
   Ele é o rei dos reis
   E dos deuses o maior.

2. Tudo é dele: abismos, montes,
   Mar e terra ele formou.
   De joelhos adoremos
   Este Deus que nos criou,
   Pois nós somos seu rebanho
   E ele é nosso pastor.

3. Ninguém feche o coração,
   Escutemos sua voz.
   Não sejamos tão ingratos,
   Tal e qual nossos avós.
   Mereçamos o que ele
   Tem guardado para nós.

4. Glória ao Pai que nos acolhe
   E a seu Filho Salvador.
   Igualmente, demos glória
   Ao Espírito de Amor.
   Hoje e sempre eternamente,
   Cantaremos seu louvor.

SALMO RESPONSORIAL: O Senhor é minha luz e salvação - Salmo 26(27)

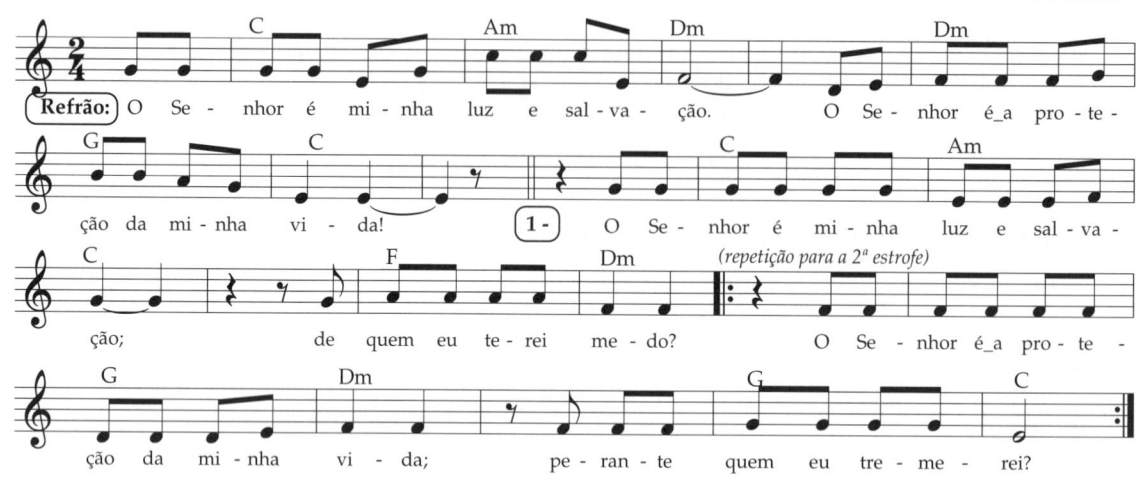

Texto: Lecionário Dominical
Música: Série "Povo de Deus"

Refrão: O Senhor é minha luz e salvação.
O Senhor é a proteção da minha vida!

1 - O Senhor é minha luz e salvação; de quem eu terei medo? O Senhor é a proteção da minha vida; perante quem eu tremerei?

Refrão: **O Senhor é minha luz e salvação,
O Senhor é a proteção da minha vida!**

Sl 26(27)

1.
O Senhor é minha luz é salvação;
De quem eu terei medo?
O Senhor é a proteção da minha vida;
Perante quem eu tremerei?

2.
Ao Senhor eu peço apenas uma coisa
E é só isto que eu desejo:
Saborear a suavidade do Senhor
E contemplá-lo no seu templo.
Habitar no santuário do Senhor
Por toda a minha vida.

3.
Sei que a bondade do Senhor eu hei de ver
Na terra dos viventes.
Espera no Senhor e tem coragem,
Espera no Senhor!

ACLAMAÇÃO AO EVANGELHO: Aleluia, pois do Reino a Boa Nova

Letra: Reginaldo Veloso
Música: Pe. José Weber

Refrão:
Aleluia, aleluia, aleluia, aleluia! (bis)

Pois do Reino a Boa Nova Jesus Cristo anunciava
/:E as dores do seu povo, com poder Jesus curava.:/
(Mt 4,23)

OFERENDAS: De mãos estendidas, ofertamos

Letra: Ir. Salete
Música: Pe. Silvio Milanez

Refrão: De mãos estendidas, ofertamos o que, de graça, recebemos.

1 - A natureza tão bela, que é louvor, que é serviço.
O sol que ilumina as trevas, transformando-as em luz.

O dia que nos traz o pão e a noite que nos dá repouso,
ofertamos ao Senhor o louvor da criação.

Refrão: **De mãos estendidas, ofertamos
O que, de graça, recebemos.**

1.
A natureza tão bela,
Que é louvor, que é serviço.
O sol que ilumina as trevas,
Transformando-as em luz.
O dia que nos traz o pão
E a noite que nos dá repouso,
Ofertamos ao Senhor
O louvor da criação.

2.
Nossa vida toda inteira
Ofertamos ao Senhor,
Como prova de amizade,
Como prova de amor.
Com o vinho e com o pão,
Ofertamos ao Senhor
Nossa vida toda inteira,
O louvor da criação.

COMUNHÃO: Houve um tempo em que éramos trevas

Letra: Pe. Jocy Rodrigues
Música: Frei J. A. Fontanella

Refrão: Houve um tempo em que éramos trevas,
Hoje andamos à luz de tua luz.
Tua face é que nos ilumina,
Para andarmos no claro, ó Jesus!

(Mt 4,16)

Cântico de Zacarias (Lc 1,68-79)

1.
Bendito o Deus de Israel,
Que a seu povo visitou
E deu-nos libertação,
Enviando um Salvador,
Da casa do rei Davi,
Seu ungido servidor.

2.
Cumpriu a voz dos profetas,
Desde os tempos mais antigos,
Quis libertar o seu povo
Do poder dos inimigos,
Lembrando-se da aliança
De Abraão e dos antigos.

3.
Fez a seu povo a promessa
De viver na liberdade,
Sem medos e sem pavores
Dos que agem com maldade.
E sempre a ele servir
Na justiça e santidade.

4.
Menino, serás profeta
Do Altíssimo Senhor,
Pra ir à frente aplainando
Os caminhos do Senhor,
Anunciando o perdão
A um povo pecador.

5.
É ele o Sol Oriente
Que nos veio visitar.
Da morte, da escuridão,
Vem a todos libertar.
A nós, seu povo remido,
Para a paz faz caminhar.

6.
Ao nosso Pai demos glória
E a Jesus, louvor, também.
Louvor e glória, igualmente,
Ao Espírito que vem.
Que nosso louvor se estenda
Hoje, agora e sempre. Amém!

4º Domingo: Domingo das Bem-Aventuranças - Mt 5,1-12

Jesus sobe à montanha. Os discípulos se aproximam. Jesus anuncia as Bem-Aventuranças! É assim que a boa notícia do Reino chega para subverter todos os ilusórios padrões de felicidade que o mundo das ambições mesquinhas e imediatistas, em todos os tempos e lugares, vem propondo aos olhos, aos ouvidos e aos corações ávidos e inquietos da humanidade. Jesus, o Filho de Deus, pessoalmente, vem dar os parabéns a quem descobriu a felicidade no mais profundo do seu ser, ao sentir o prazer maior de fazer a vontade do Pai, colocando-se a serviço dos irmãos e irmãs, mesmo correndo o risco da perseguição. Aí começa a vida nova, um novo ser humano, capaz de cantar um cântico novo.

ABERTURA: Toda a terra te adore

Letra: Reginaldo Veloso (refrão)
Jocy Rodrigues (salmo)
Música: Pe. Ney Brasil Pereira

Refrão: To-da ter-ra te a-do-re, ó Senhor, Deus do_u-ni-ver-so, os lou-vo-res do teu no-me can-te_o po-vo em teus ver-sos!

1 - Ve-nham, to-dos, com_a_le-gri-a, a-cla-mar nos-so Se-nhor, ca-mi-nhan-do_ao seu en-con-tro, pro-cla-man-do seu lou-vor. E-le é o Rei dos reis e dos deu-ses o mai-or.

Refrão: **Toda a terra te adore,
Ó Senhor do universo,
Os louvores do teu nome
Cante o povo em seus versos!**
Sl 66(65),4

Sl 95(94)

1.
Venham todos, com alegria,
Aclamar nosso Senhor,
Caminhando ao seu encontro,
Proclamando seu louvor.
Ele é o rei dos reis
E dos deuses o maior.

2.
Tudo é dele: abismos, montes,
Mar e terra ele formou.
De joelhos adoremos
Este Deus que nos criou,
Pois nós somos seu rebanho
E ele é nosso pastor.

3.
Ninguém feche o coração,
Escutemos sua voz.
Não sejamos tão ingratos,
Tal e qual nossos avós.
Mereçamos o que ele
Tem guardado para nós.

4.
Glória ao Pai que nos acolhe
E a seu Filho Salvador.
Igualmente demos glória
Ao Espírito de amor.
Hoje e sempre, eternamente,
Cantaremos seu louvor.

SALMO RESPONSORIAL: Felizes os pobres em espírito - Salmo 145(146)

Texto: Lecionário Dominical
Música: Jorge Pereira Lima

Refrão: **Felizes os pobres em espírito,**
Porque deles é o Reino dos céus!

1.
O Senhor é fiel para sempre,
faz justiça aos que são oprimidos;
Ele dá alimento aos faminstos,
É o Senhor quem liberta os cativos.

2.
O Senhor abre os olhos aos cegos,
O Senhor faz erguer-se o caído;
O Senhor alma aquele que é justo,
É o Senhor que protege o estrangeiro.

3.
Ele ampara a viúva e o órfão,
Mas confunde os caminhos dos maus.
O Senhor reinará para sempre,
Ó Sião, o teu Deus reinará
Para sempre e por todos os séculos.

ACLAMAÇÃO AO EVANGELHO: Aleluia, meus discípulos se alegrem

Letra: Reginaldo Veloso
Música: Pe. José Weber

Refrão:
Aleluia, aleluia, aleluia, aleluia! (bis)

Meus discípulos se alegrem, saltem todos de alegria,
/:Pois bem grande é recompensa que de Deus vão ter um dia!:/
(Mt 5,12a)

OFERENDAS: De mãos estendidas, ofertamos

Letra: Ir. Salete
Música: Pe. Silvio Milanez

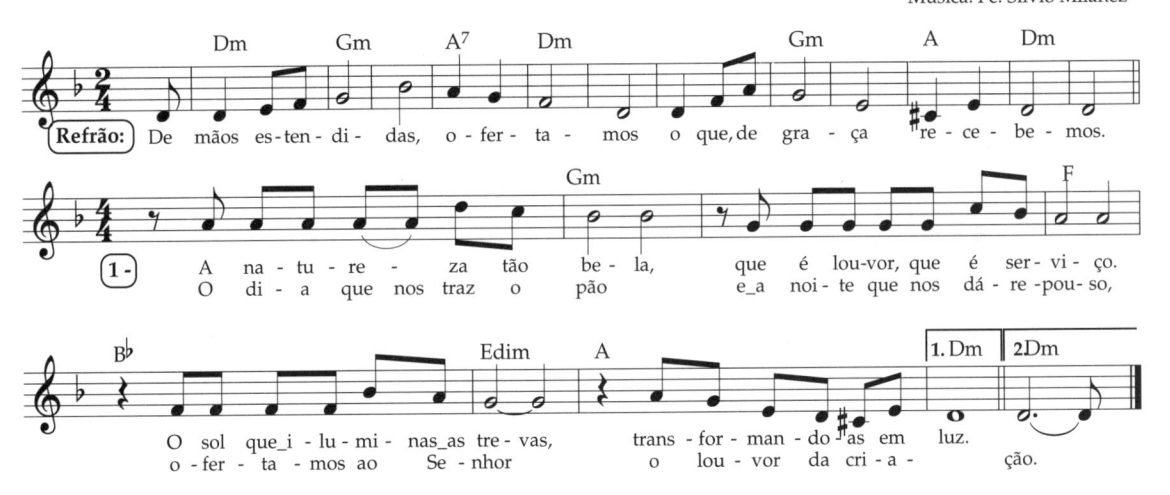

Refrão: De mãos estendidas, ofertamos
O que, de graça, recebemos.

1.
A natureza tão bela,
Que é louvor, que é serviço.
O sol que ilumina as trevas,
Transformando-as em luz.
O dia que nos traz o pão
E a noite que nos dá repouso,
Ofertamos ao Senhor
O louvor da criação.

2.
Nossa vida toda inteira
Ofertamos ao Senhor,
Como prova de amizade,
Como prova de amor.
Com o vinho e com o pão,
Ofertamos ao Senhor
Nossa vida toda inteira,
O louvor da criação.

COMUNHÃO: Vocês, pobres, é que são felizes

Frei J. A. Fontanella

Refrão: **Vocês, pobres, é que são felizes**
E vocês, não violentos, também.
Os que buscam com sede a justiça,
E os que sofrem por causa do bem!

(Mt 4,16)

Cântico de Zacarias (Lc 1,68-79)

1.
Bendito o Deus de Israel,
Que a seu povo visitou
E deu-nos libertação,
Enviando um Salvador,
Da casa do rei Davi,
Seu ungido servidor.

2.
Cumpriu a voz dos profetas,
Desde os tempos mais antigos,
Quis libertar o seu povo
Do poder dos inimigos,
Lembrando-se da aliança
De Abraão e dos antigos.

3.
Fez a seu povo a promessa
De viver na liberdade,
Sem medos e sem pavores
Dos que agem com maldade.
E sempre a ele servir
Na justiça e santidade.

4.
Menino, serás profeta
Do Altíssimo Senhor,
Pra ir à frente aplainando
Os caminhos do Senhor,
Anunciando o perdão
A um povo pecador.

5.
É ele o Sol Oriente
Que nos veio visitar.
Da morte, da escuridão,
Vem a todos libertar.
A nós, seu povo remido,
Para a paz faz caminhar.

6.
Ao nosso Pai demos glória
E a Jesus, louvor, também.
Louvor e glória, igualmente,
Ao Espírito que vem.
Que nosso louvor se estenda
Hoje, agora e sempre. Amém!

5º Domingo: Domingo do Sal e da Luz - Mt 5,13-16

Continuamos a escutar o Sermão da Montanha. E o Evangelho das Bem-Aventuranças tem aqui o seu desfecho: "Vocês são o sal da terra... a luz do mundo". "Sal", na cultura semita, tinha a ver, entre outras virtudes, com "fertilidade", e fazia parte do ritual de consagração, jogado sobre qualquer oferta, como sinal da Aliança. . "Luz", no simbolismo religioso do povo de Israel, tinha tudo a ver com os novos tempos, a chegada do Messias, ele próprio, "Luz das Nações". Só quem vive no espírito das Bem-Aventuranças tem a força consagradora e fertilizante do SAL... tem a força inspiradora e radiante da LUZ. Só assim, serviremos para alguma coisa, do ponto de vista do Reino. Só assim daremos glória ao Pai do Céu e poderemos cantá-la com autenticidade.

ABERTURA: Toda a terra te adore

Letra: Reginaldo Veloso (refrão)
Jocy Rodrigues (salmo)
Música: Pe. Ney Brasil Pereira

Refrão: Toda a terra te adore, ó Senhor, Deus do universo, os louvores do teu nome cante o povo em teus versos!

1 - Venham, todos, com alegria, aclamar nosso Senhor, caminhando ao seu encontro, proclamando seu louvor. Ele é o Rei dos reis e dos deuses o maior.

Refrão: **Toda a terra te adore,
Ó Senhor do universo,
Os louvores do teu nome
Cante o povo em seus versos!**

Sl 66(65),4

Sl 95(94)

1.
Venham todos, com alegria,
aclamar nosso senhor,
Caminhando ao seu encontro,
proclamando seu louvor.
Ele é o rei dos reis
E dos deuses o maior.

2.
Tudo é dele: abismos, montes,
Mar e terra ele formou.
De joelhos adoremos
Este Deus que nos criou,
Pois nós somos seu rebanho
E ele é nosso pastor.

3.
Ninguém feche o coração,
escutemos sua voz.
Não sejamos tão ingratos,
tal e qual nossos avós
Mereçamos o que ele
tem guardado para nós.

4.
Glória ao Pai que nos acolhe
E a seu Filho Salvador.
Igualmente, demos glória
Ao Espírito de Amor.
Hoje e sempre, eternamente,
Cantaremos seu louvor.

SALMO RESPONSORIAL: Uma luz brilha nas trevas - Salmo 111(112)

Texto: Lecionário Dominical
Música: Jorge Pereira Lima

Refrão:
Uma luz brilha nas trevas para o justo,
Permanece para sempre o bem que fez.

1.
Ele é correto, generoso e compassivo,
Como luz brilha nas trevas para os justos.
Feliz o homem caridoso e prestativo,
Que resolve seus negócios com justiça.

2.
Porque jamais vacilará o homem reto,
Sua lembrança permanece eternamente!
Ele não teme receber notícias más:
Confiando em Deus, seu coração está seguro.

3.
Seu coração está tranquilo e nada teme.
Ele reparte com os pobres os seus bens,
Permanece para sempre o bem que fez
E crescerão a sua glória e seu poder.

ACLAMAÇÃO AO EVANGELHO: Pois eu sou a luz do mundo

Letra: Reginaldo Veloso
Música: Pe. José Weber

Refrão: **Aleluia, aleluia, aleluia, aleluia! (bis)**

Pois eu sou a Luz do mundo, quem nos diz é o Senhor,
/:E vai ter a Luz da Vida, quem se faz meu seguidor!:/
(Jo 8,12)

OFERENDAS: De mãos estendidas, ofertamos

Letra: Ir. Salete
Música: Pe. Silvio Milanez

Refrão:
De mãos estendidas ofertamos
O que, de graça, recebemos.

1.
A natureza tão bela,
Que é louvor, que é serviço,
O sol que ilumina as trevas,
Transformando-as em luz.
O dia que nos traz o pão
E a noite que nos dá repouso,
Ofertamos ao Senhor
O louvor da criação.

2.
Nossa vida toda inteira
Ofertamos ao Senhor,
Como prova de amizade,
Como prova de amor.
Com o vinho e com o pão,
Ofertamos ao Senhor,
Nossa vida toda inteira,
O louvor da criação.

COMUNHÃO: Para o mundo, vocês vão ser luz

Letra: Pe. Jocy Rodrigues
Música: Frei J. A. Fontanella

Refrão: Para o mundo, vocês vão ser luz,
Para a terra, vocês vão ser sal!
Ó Senhor, que vençamos as trevas,
E o mundo livremos do mal!

Cântico de Zacarias (Lc 1,68-79)

1.
Bendito o Deus de Israel,
Que a seu povo visitou
E deu-nos libertação
Enviando um Salvador,
Da casa do rei Davi,
Seu ungido servidor.

2.
Cumpriu a voz dos profetas,
Desde os tempos mais antigos,
Quis libertar o seu povo
Do poder dos inimigos,
Lembrando-se da aliança
De Abraão e dos antigos.

3.
Fez a seu povo a promessa
De viver na liberdade,
Sem medos e sem pavores
Dos que agem com maldade.
E sempre a ele servir
Na justiça e santidade.

4.
Menino, serás profeta
Do Altíssimo Senhor,
Pra ir à frente aplainando
Os caminhos do Senhor.
Anunciando o perdão
A um povo pecador.

5.
É ele o Sol Oriente
Que nos veio visitar.
Da morte, da escuridão,
Vem a todos libertar.
A nós, seu povo remido,
Para a paz faz caminhar.

6.
Ao nosso Pai demos glória
E a Jesus, louvor, também.
Louvor e glória, igualmente,
Ao Espírito que vem.
Que nosso louvor se estenda
Hoje, agora e sempre. Amém!

6º Domingo: Domingo da Justiça do Reino - Mt 5,17-37

Para dar conta da vocação e da missão, como discípulos e missionários do Reino, num mundo sempre avesso a mudanças e transformações profundas, precisamos de referências essenciais e de coerência a todo custo e em qualquer circunstância. JESUS, ele próprio, é nossa referência primeira e essencial. É de olho nele que encaramos a realidade, as situações, as pessoas e os acontecimentos... É nos espelhando nele que, continuamente, revisamos nossa própria vida, nossos pontos de vista, nossos valores e atitudes. Se não temos sido capazes de "transgredir", isto é, de ir além dos padrões estabelecidos pela cultura dominante, por uma sociedade injusta e corrupta, que sentido de fato está tendo nossa presença no mundo, nossa liturgia, nosso canto?...

ABERTURA: Sê a rocha que me abriga

Letra: Reginaldo Veloso (refrão)
Pe. Jocy Rodrigues (salmo)
Música: Ir. Maria Fortunata Tavares de Miranda

Refrão: Sê a rocha que me_abriga, casa forte que me salva; pa-ra_a honra do teu no-me és o gui-a que me_am-pa-ra!

1- Ponho_em Deus minha_es-pe-ran-ça, que_eu não se-ja_en-ver-go-nha-do. Já que_és justo, me-de-fen-de: sei que vou ser li-ber-ta-do. Vem ou-vir a mi-nha voz, eu es-tou an-gus-ti-a-do!

Refrão: **Sê a rocha que me abriga,
Casa forte que me salva;
Para honra do teu nome
És o guia que me ampara!**
Sl 31(30),3-4

Sl 31(30)

1.
Ponho em Deus minha esperança,
Que eu não seja envergonhado.
Já que és justo, me defende:
Sei que vou ser libertado.
Vem ouvir a minha voz,
Eu estou angustiado.

2.
Sê pra mim a rocha firme,
Sê pra mim seguro abrigo,
Sê pra mim a fortaleza.
Me orienta e eu vou contigo,
Eu te entrego o meu espírito
Desde agora, eu te bendigo.

3.
Confiando em tua face,
Quem é justo, segue adiante.
Recebido em tua tenda,
Proteção terá constante.
Sê bendito, meu Senhor,
Sê bendito em todo instante.

4.
Eu dizia na aflição:
"Deus não quer saber de mim".
Vejo agora que me ouviu,
Quando eu reclamava assim.
Santos todos, amem, louvem
O Senhor, até o fim!

SALMO RESPONSORIAL: Feliz o homem sem pecado - Salmo 118(119)

Texto: Lecionário Dominical
Música: Jorge Pereira Lima

Refrão:
Feliz o homem sem pecado em seu caminho,
Que na Lei do Senhor Deus vai progredindo!

Sl 118(119)
Feliz o homem sem pecado em seu caminho
Que na lei do Senhor Deus vai progredindo!
Feliz o homem que observa seus preceitos
E de todo coração procura a Deus!

Os vossos mandamentos vós nos destes,
Para serem fielmente observados.
Oxalá, seja bem firme a minha vida
Em cumprir vossa vontade e vossa lei!

Sede bom com vosso servo e viverei,
E guardarei vossa palavra, ó Senhor.
Abri meus olhos e então contemplarei
As maravilhas que encerra a vossa lei.

Ensinai-me a viver vossos preceitos;
Quero guardá-los fielmente até o fim!
Dai-me o saber, e cumprirei a vossa lei
E de todo o coração a guardarei.

ACLAMAÇÃO AO EVANGELHO: Aleluia, eu te louvo, ó Pai Santo

Letra: Reginaldo Veloso
Música: Everaldo Peixoto

Coro: /:Aleluia, aleluia, aleluia, aleluia!:/
Solo: Eu te louvo, ó Pai Santo, Deus do céu, Senhor da terra:
Coro: Aleluia, aleluia, aleluia, aleluia!
Solo: Os mistérios do teu Reino, aos pequenos, Pai, revelas!
Coro: /: Aleluia, aleluia, aleluia, aleluia!:/

(Mt 11,25)

OFERENDAS: A vós, Senhor, apresentamos

Elvira Dordlom

Refrão:
A vós, Senhor, apresentamos estes dons:
O pão e o vinho, aleluia!

Sl 116(115)

1.
Que poderei retribuir ao Senhor Deus
Por tudo aquilo que ele fez em meu favor?

2.
Elevo o cálice da minha salvação,
Invocando o nome santo do Senhor.

3.
Vou cumprir minhas promessas ao Senhor
Na presença de seu povo reunido.

4.
Por isso oferto um sacrifício de louvor,
Invocando o nome santo do Senhor.

COMUNHÃO: Aquele que faz, aquele que ensina

Frei Joaquim Fonseca de Souza, OFM

Refrão: Aquele que faz, aquele que ensina
Os teus mandamentos, tua Lei, ó Senhor,
No Reino do céu bem visto será,
No Reino do céu será o maior!

Sl 34(33)

1.
Vamos juntos dar glória ao Senhor
e ao seu nome fazer louvação.
Procurei o Senhor, me atendeu,
me livrou de uma grande aflição.

Olhem todos pra ele e se alegrem,
Todo o tempo sua boca sorria.
Este pobre gritou e ele ouviu,
Fiquei livre da minha agonia.

2.
Acampou na batalha seu anjo,
defendendo seu povo e o livrando,
provem todos, pra ver como é bom,
o Senhor que nos vai abrigando.
Santos todos, adorem o Senhor,
aos que o amam nenhum mal assalta.
O cruel ficou pobre e tem fome,
mas, a quem busca a Deus, nada falta.

3.
Ó meus filhos, escutem o que eu digo
pra aprender o temor do Senhor.
Qual o homem que ama sua vida,
Pra viver os seus dias com amor?

Tua língua preserva do mal
e não deixes tua boca mentir.
Ama o bem e detesta a maldade,
vem a paz procurar e seguir.

4.
Deus está sempre olhando o homem justo,
seu ouvido se põe a escutar;
que teus olhos se afastem dos maus,
pois ninguém deles vai se lembrar.

Deus ouviu quando os justos chamaram
e livrou-os de sua aflição.
Está perto de quem se arrepende,
e quem chora, tem dele o perdão.

5.
Para o justo há momentos amargos,
mas vem Deus pra lhe dar proteção.
Ele guarda com amor os seus ossos;
nenhum deles terá perdição.

A malícia do ímpio o liquida,
Quem persegue o inocente é arrasado.
O Senhor a seus servos liberta,
Quem o busca, não é castigado.

7º Domingo: Domingo da Perfeição do Reino - Mt 5,38-48

Continua o Sermão da Montanha. Pra começo de conversa, Jesus, o novo Moisés, quer deixar bem claro, desde o início, a que veio e quais são as exigências elementares e essenciais do Reino por ele proposto. Não há meio termo, nem condescendência com quem passa, a vida inteira, acendendo uma vela pra Deus e outra pro Diabo. A gratuidade do amor, do perdão, da solidariedade, sem qualquer outra condição ou interesse, a não ser o bem da outra pessoa, não importa quem seja, de onde venha ou o que tenha feito, faz parte da radicalidade cotidiana do ser discípulo e missionário.. O próprio Jesus, pela sua maneira surpreendente de ser e agir, o tempo todo, do nascimento na estrebaria à morte na cruz, é o exemplo maior desta "perfeição", que importa viver, celebrar e cantar.

ABERTURA: Sê a rocha que me abriga

Letra: Reginaldo Veloso (refrão)
Pe. Jocy Rodrigues (salmo)
Música: Ir. Maria Fortunata Tavares de Miranda

Refrão: **Sê a rocha que me abriga,**
Casa forte que me salva;
Para honra do teu nome
És o guia que me ampara!
Sl 31(30),3-4

Sl 31(30)

1.
Ponho em Deus minha esperança,
Que eu não seja envergonhado.
Já que és justo, me defende:
Sei que vou ser libertado.
Vem ouvir a minha voz,
Eu estou angustiado!

2.
Sê pra mim a rocha firme,
Sê pra mim seguro abrigo,
Sê pra mim a fortaleza.
Me orienta e eu vou contigo,
Eu te entrego o meu espírito
Desde agora, eu te bendigo.

3.
Confiando em tua face,
Quem é justo, segue adiante.
Recebido em tua tenda,
Proteção terá constante.
Sê bendito, meu Senhor,
Sê bendito em todo instante.

4.
Eu dizia na aflição:
"Deus não quer saber de mim".
Vejo agora que me ouviu,
Quando eu reclamava assim.
Santos todos, amem, louvem
O Senhor, até o fim!

SALMO RESPONSORIAL: Bendize, ó minha alma, ao Senhor - Salmo 102(103)

Texto: Lecionário Dominical
Música: Jorge Pereira Lima

Refrão: **Bendize, ó minha alma, ao Senhor,**
Pois ele é bondoso e compassivo!

Sl 102(103)
Bendize, ó minha alma, ao Senhor
E todo o meu ser, seu santo nome!
Bendize, ó minha alma ao Senhor,
Não te esqueças de nenhum de seus favores!

Pois ele te perdoa toda culpa
E cura toda a tua enfermidade;
Da sepultura ele salva a tua vida
E te cerca de carinho e compaixão.

O Senhor é indulgente, é favorável,
É paciente, é bondoso e compassivo.
Não nos trata como exigem nossas faltas
Nem nos pune em proporção às nossas culpas.

Quanto dista o nascente do poente,
Tanto afasta para longe nossos crimes.
Como um pai se compadece de seus filhos,
O Senhor tem compaixão dos que o temem.

ACLAMAÇÃO AO EVANGELHO: Aleluia, ó Jesus, tuas palavras

Letra: Reginaldo Veloso
Música: Everaldo Peixoto

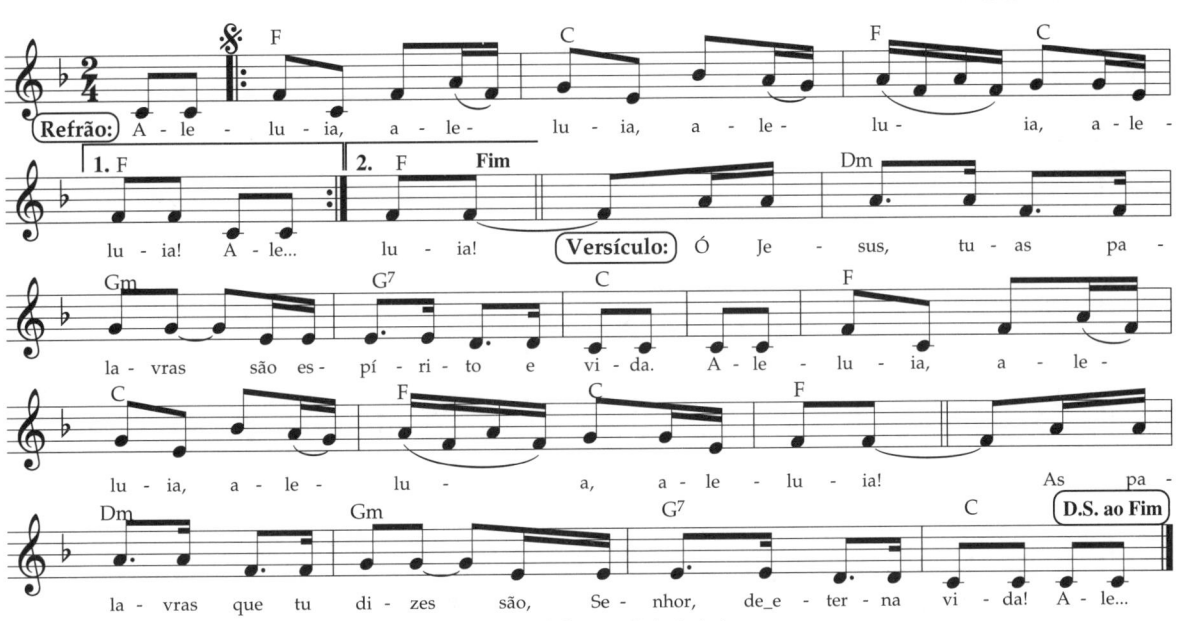

Coro: /:Aleluia, aleluia, aleluia, aleluia!:/
Solo: Ó Jesus, tuas palavras são espírito e vida,
Coro: Aleluia, aleluia, aleluia, aleluia!
Solo: As palavras que tu dizes são, Senhor, de eterna vida!
Coro: /:Aleluia, aleluia, aleluia, aleluia!:/

(Jo 6,63.68)

OFERENDAS: A vós, Senhor, apresentamos

Elvira Dordlom

Refrão:
A vós, Senhor, apresentamos estes dons:
O pão e o vinho, aleluia!

1.
Que poderei retribuir ao Senhor Deus
Por tudo aquilo que ele fez em meu favor?

2.
Elevo o cálice da minha salvação,
Invocando o nome santo do Senhor.

3.
Vou cumprir minhas promessas ao senhor
Na presença de seu povo reunido.

4.
Por isso oferto um sacrifício de louvor,
Invocando o nome santo do senhor.

COMUNHÃO: Se amam somente quem ama vocês

Frei Joaquim Fonseca de Souza, OFM

Refrão: **Se amam somente quem ama vocês,**
Se só querem bem aos que bem lhes querem,
Me digam vocês, pergunta o Senhor,
Que prêmio terão se assim só fizerem?

Sl 34(33)

1.
Vamos juntos dar glória ao Senhor
e ao seu nome fazer louvação.
Procurei o Senhor, me atendeu,
me livrou de uma grande aflição.

Olhem todos pra ele e se alegrem,
Todo o tempo sua boca sorria.
Este pobre gritou e ele ouviu,
Fiquei livre da minha agonia.

2.
Acampou na batalha seu anjo,
defendendo seu povo e o livrando,
provem todos, pra ver como é bom,
o Senhor que nos vai abrigando.

Santos todos, adorem o Senhor,
aos que o amam nenhum mal assalta.
O cruel ficou pobre e tem fome,
mas, a quem busca a Deus, nada falta.

3.
Ó meus filhos, escutem o que eu digo
pra aprender o temor do Senhor.
Qual o homem que ama sua vida,
Pra viver os seus dias com amor?

Tua língua preserva do mal
e não deixes tua boca mentir.
Ama o bem e detesta a maldade,
vem a paz procurar e seguir.

4.
Deus está sempre olhando o homem justo,
seu ouvido se põe a escutar;
que teus olhos se afastem dos maus,
pois ninguém deles vai se lembrar.

Deus ouviu quando os justos chamaram
e livrou-os de sua aflição.
Está perto de quem se arrepende,
e quem chora, tem dele o perdão.

5.
Para o justo há momentos amargos,
mas vem Deus pra lhe dar proteção.
Ele guarda com amor os seus ossos;
nenhum deles terá perdição.

A malícia do ímpio o liquida,
Quem persegue o inocente é arrasado.
O Senhor a seus servos liberta,
Quem o busca, não é castigado.

8º Domingo: Domingo dos Lírios e dos Passarinhos - Mt 6,24-34

Atentos às lições que a sábia Natureza gratuitamente nos oferece, todo dia, de olho nos lírios e nos passarinhos, a todo instante, precisamos fazer nossa escolha, nossa opção fundamental: Deus ou o Dinheiro! A quem temos servido, em quem temos confiado, o que ou quem tem dado sentido a nossas vidas?... Chegando para a celebração, no Dia do Senhor, com que disponibilidade vamos escutar sua Palavra, com que generosidade vamos celebrar a Ceia, em sua memória?... Até onde tem ido a entrega de nossas vidas, em comunhão com Aquele, que nos amou e entregou sua vida por nós, pela humanidade, pela causa do Reino?... Que qualidade, que autenticidade, que verdade e que alegria terá nossa liturgia, nosso canto?...

ABERTURA: Sê a rocha que me abriga

Letra: Reginaldo Veloso (refrão)
Pe. Jocy Rodrigues (salmo)
Música: Ir. Maria Fortunata Tavares de Miranda

Refrão: Sê a rocha que me_abriga, casa forte que me salva; para_a honra do teu nome és o guia que me_ampara!

1- Ponho_em Deus minha_esperança, que_eu não seja_envergonhado. Já que_és justo, me defende: sei que vou ser libertado. Vem ouvir a minha voz, eu estou angustiado!

Refrão: **Sê a rocha que me abriga,
Casa forte que me salva;
Para honra do teu nome
És o guia que me ampara!**
Sl 31(30),3-4

Sl 31(30):

1.
Ponho em Deus minha esperança
Que eu não seja envergonhado.
Já que és justo, me defende:
Sei que vou ser libertado.
Vem ouvir a minha voz,
Eu estou angustiado.

2.
Sê pra mim uma rocha firme,
Sê pra mim seguro abrigo,
Sê pra mim uma fortaleza.
Me oriente e eu vou contigo,
Eu te entrego o meu espírito
Desde agora eu te bendigo.

3.
Confiando em tua face,
Quem é justo, segue adiante.
Recebidos em tua tenda,
Proteção terão constante.
Sê bendito, meu Senhor,
Sê bendito em todo instante.

4.
Eu dizia na aflição:
"Deus não quer saber de mim".
Vejo agora que me ouviu,
Quando eu reclamara assim.
Santos todos, amem, louvem
O Senhor, até o fim!

SALMO RESPONSORIAL: Só em Deus a minha alma tem repouso - Salmo 61(62)

Texto: Lecionário Dominical
Música: Pe. Jocy Rodrigues

Refrão: **Só em Deus a minha alma tem repouso,**
Só ele é meu rochedo e salvação.

Só em Deus a minha alma tem repouso
Porque dele é que me vem a salvação!
Só ele é meu rochedo e salvação,
A fortaleza onde encontro segurança.

Até quando atacareis um pobre homem,
Todos juntos, procurando derrubá-lo,
Como a parede que começa a inclinar-se,
Ou um muro que está prestes a cair?

A minha glória e salvação estão em Deus;
O meu refúgio e rocha firme é o Senhor!
Povo todo, esperai sempre no Senhor
E abri diante dele o coração!

ACLAMAÇÃO AO EVANGELHO: Aleluia, eu chamei vocês de amigos

Letra: Reginaldo Veloso
Música: Everaldo Peixoto

Coro: /:Aleluia, aleluia, aleluia, aleluia!:/
Solo: Eu chamei vocês de amigos, quem nos diz é o Senhor.
Coro: Aleluia, aleluia, aleluia, aleluia!
Solo: Porque eu lhes contei tudo, quanto o Pai me revelou!
Coro: /:Aleluia, aleluia, aleluia, aleluia!:/

(Jo 15,15)

OFERENDAS: A vós, Senhor, apresentamos

Elvira Dordlom

Refrão:
A vós, Senhor, apresentamos estes dons:
O pão e o vinho, aleluia!

1.
Que poderei retribuir ao Senhor Deus
Por tudo aquilo que ele fez em meu favor?

2.
Elevo o cálice da minha salvação,
Invocando o nome santo do Senhor.

3.
Vou cumprir minhas promessas ao Senhor
Na presença de seu povo reunido.

4.
Por isso oferto um sacrifício de louvor,
Invocando o nome santo do Senhor.

COMUNHÃO: Olhai para os lírios

Frei Joaquim Fonseca de Souza, OFM

Refrão: **Olhai para os lírios, olhai para as aves,
Tão belas e alegres, sem nada faltar.
Buscai a justiça do Reino de Deus,
Melhor assistência ele há de vos dar.**

Sl 34(33)

1.
Vamos juntos dar glória ao Senhor
e ao seu nome fazer louvação.
Procurei o Senhor, me atendeu,
me livrou de uma grande aflição.

Olhem todos pra ele e se alegrem,
Todo o tempo sua boca sorria.
Este pobre gritou e ele ouviu,
Fiquei livre da minha agonia.

2.
Acampou na batalha seu anjo,
defendendo seu povo e o livrando,
provem todos, pra ver como é bom,
o Senhor que nos vai abrigando.

Santos todos, adorem o Senhor,
aos que o amam nenhum mal assalta.
O cruel ficou pobre e tem fome,
mas, a quem busca a Deus, nada falta.

3.
Ó meus filhos, escutem o que eu digo
pra aprender o temor do Senhor.
Qual o homem que ama sua vida,
Pra viver os seus dias com amor?

Tua língua preserva do mal
e não deixes tua boca mentir.
Ama o bem e detesta a maldade,
vem a paz procurar e seguir.

4.
Deus está sempre olhando o homem justo,
seu ouvido se põe a escutar;
que teus olhos se afastem dos maus,
pois ninguém deles vai se lembrar.

Deus ouviu quando os justos chamaram
e livrou-os de sua aflição.
Está perto de quem se arrepende,
e quem chora, tem dele o perdão.

5.
Para o justo há momentos amargos,
mas vem Deus pra lhe dar proteção.
Ele guarda com amor os seus ossos;
nenhum deles terá perdição.

A malícia do ímpio o liquida,
Quem persegue o inocente é arrasado.
O Senhor a seus servos liberta,
Quem o busca, não é castigado.

9º Domingo: Domingo da Casa sobre a Rocha - Mt 7,21-29

Estamos chegando ao final do nosso encontro, no alto da montanha, com o Mestre dos Mestres, o Divino Legislador, que nos entrega a Lei da Liberdade cristã, para a qual ele nos liberta. E a tacada final é clara e não deixa dúvidas; se a nossa justiça não for além da hipocrisia dos que falam bonito, mas, concretamente, pouco ou nada fazem, ou mesmo fazem o contrário do que falam, nenhum valor terão nossas belas celebrações, se é que as conseguimos fazer tão belas... falso soarão nossos cantos, se é que conseguimos cantá-los com alguma aparência de autenticidade. Talvez seja bom nos anteciparmos a ler o que está escrito no mesmo Evangelho de Mateus (25,31-46), a respeito dos critérios pelos quais seremos todos julgados, no final da História. Da verdade de nossa prática cotidiana, dependerá a verdade de nossa liturgia e o valor do nosso canto.

ABERTURA: Sê a rocha que me abriga

Letra: Reginaldo Veloso (refrão)
Pe. Jocy Rodrigues (salmo)
Música: Ir. Maria Fortunata Tavares de Miranda

Refrão: Sê a rocha que me abriga, casa forte que me salva; para a honra do teu nome és o guia que me ampara!

1 - Ponho em Deus minha esperança, que eu não seja envergonhado. Já que és justo, me defende: sei que vou ser libertado. Vem ouvir a minha voz, eu estou angustiado!

Refrão: **Sê a rocha que me abriga,
Casa forte que me salva;
Para honra do teu nome
És o guia que me ampara!**
Sl 31(30),3-4

Sl 31(30)

1.
Ponho em Deus minha esperança,
Que eu não seja envergonhado.
Já que és justo, me defende:
Sei que vou ser libertado.
Vem ouvir a minha voz,
Eu estou angustiado.

2.
Sê pra mim a rocha firme,
Sê pra mim seguro abrigo,
Sê pra mim a fortaleza.
Me orienta e eu vou contigo,
Eu te entrego o meu espírito,
Desde agora, eu te bendigo.

3.
Confiando em tua face,
Quem é justo, segue adiante.
Recebidos em tua tenda,
Proteção terão constante.
Sê bendito, meu Senhor,
Sê bendito em todo instante.

4.
Eu dizia na aflição:
"Deus não quer saber de mim".
Vejo agora que me ouviu,
Quando eu reclamava assim.
Santos todos, amem, louvem
O Senhor, até o fim!

SALMO RESPONSORIAL: Senhor, eu ponho em vós a confiança - Salmo 30(31)

Texto: Lecionário Dominical
Música: Pe. Jocy Rodrigues

Refrão: **Senhor, eu ponho em vós minha esperança;
sede uma rocha proterora para mim!**

Sl 30(31)
Senhor, eu ponho em vós minha esperança;
que eu não fique envergonhado eternamente!
Porque sois justo, defendei-me e libertai-me,
apressai-vos, ó Senhor, em socorrer-me!

Sede uma rocha protetora para mim.
um abrigo bem seguro que me salve!
Sim, sois vós a minha rocha e fortaleza;
por vossa honra orientai-me e conduzi-me!

Mostrai serena a vossa face ao vosso servo,
e salvai-me pela vossa compaixão!
Fortalecei os corações, tende coragem,
todos vós que ao Senhor vos confiais.

ACLAMAÇÃO AO EVANGELHO: Aleluia, todo aquele que me ama

Letra: Reginaldo Veloso
Música: Everaldo Peixoto

Coro: /:Aleluia, aleluia, aleluia, aleluia!:/
Solo: Todo aquele que me ama, guardará os meus dizeres.
Coro: Aleluia, aleluia, aleluia, aleluia!
Solo: E meu Pai irá amá-lo e viremos nós a ele.
Coro: /:Aleluia, aleluia, aleluia, aleluia!:/
(Jo 15,15)

OFERENDAS: A vós, Senhor, apresentamos

Elvira Dordlom

Refrão:
A vós, Senhor, apresentamos estes dons:
O pão e o vinho, aleluia!

1.
Que poderei retribuir ao Senhor Deus
Por tudo aquilo que ele fez em meu favor?

2.
Elevo o cálice da minha salvação,
Invocando o nome santo do Senhor.

3.
Vou cumprir minhas promessas ao Senhor
Na presença de seu povo reunido.

4.
Por isso oferto um sacrifício de louvor,
Invocando o nome santo do Senhor.

COMUNHÃO: Senhor, és a pedra

Frei Joaquim Fonseca de Souza, OFM

Refrão: Senhor, és a pedra, lagedo seguro,
Em que minha casa eu quero firmar.
Que o teu alimento nos dê a firmeza,
Pra sempre a vontade do Pai praticar.

Sl 34(33)

1.
Vamos juntos dar glória ao Senhor
e ao seu nome fazer louvação.
Procurei o Senhor, me atendeu,
me livrou de uma grande aflição.

Olhem todos pra ele e se alegrem,
Todo o tempo sua boca sorria.
Este pobre gritou e ele ouviu,
Fiquei livre da minha agonia.

2.
Acampou na batalha seu anjo,
defendendo seu povo e o livrando,
provem todos, pra ver como é bom,
o Senhor que nos vai abrigando.

Santos todos, adorem o Senhor,
aos que o amam nenhum mal assalta.
O cruel ficou pobre e tem fome,
mas, a quem busca a Deus, nada falta.

3.
Ó meus filhos, escutem o que eu digo
pra aprender o temor do Senhor.
Qual o homem que ama sua vida,
Pra viver os seus dias com amor?

Tua língua preserva do mal
e não deixes tua boca mentir.
Ama o bem e detesta a maldade,
vem a paz procurar e seguir.

4.
Deus está sempre olhando o homem justo,
seu ouvido se põe a escutar;
que teus olhos se afastem dos maus,
pois ninguém deles vai se lembrar.

Deus ouviu quando os justos chamaram
e livrou-os de sua aflição.
Está perto de quem se arrepende,
e quem chora, tem dele o perdão.

5.
Para o justo há momentos amargos,
mas vem Deus pra lhe dar proteção.
Ele guarda com amor os seus ossos;
nenhum deles terá perdição.

A malícia do ímpio o liquida,
Quem persegue o inocente é arrasado.
O Senhor a seus servos liberta,
Quem o busca, não é castigado.

10º Domingo: Domingo da Misericórdia - Mt 9,9-13

Numa sua carta à comunidade cristã de Corinto, Paulo, taxativamente, sentencia que quem participa da Ceia do Senhor "indignamente, come e bebe a própria condenação". Seria a Eucaristia um banquete de "puros"?... Essa idéia passa pela cabeça de uma porção de gente de Igreja. Mas a raiva de Paulo é a mesma de Jesus. Ambos não suportam quem humilha os pobres, os "pecadores", as pessoas mal vistas e malquistas. E a marca divina do Evangelho é justamente este encontro da misericórdia com a miséria, seja ela de que tipo for. Os coríntios de melhor condição, até na hora da Ceia do Senhor, faziam pouco caso da fome dos irmãos mais pobres. Os fariseus menosprezavam os discípulos e seu Mestre por sentarem à mesa com quem não prestava. Comendo e cantando, ao participarmos da Ceia do Senhor, estamos coroando mais uma semana a serviço da misericórdia, da solidariedade com quem mais andou precisando de nós?...

ABERTURA: Ó Senhor, ouve o meu grito

Letra: Reginaldo Veloso (refrão)
Pe. Jocy Rodrigues (salmo)
Música: Pe. Jocy Rodrigues

Refrão: **Ó Senhor, ouve o meu grito,**
Tu és minha proteção;
Senhor, não me abandones,
Deus, minha salvação!
Sl 27(26),7.9

1.
O Senhor é minha luz,
Ele é minha salvação.
O que é que vou temer?
Deus é minha proteção.
/:Ele guarda minha vida:
Eu não vou ter medo, não.:/

2.
Quando os maus vêm avançando,
Procurando me acuar,
Desejando ver meu fim,
Só querendo me matar,
/:Inimigos opressores
É que vão se liquidar.:/

3.
Se um exército se armar
Contra mim, não temerei.
Firme está meu coração.
Sempre firme ficarei.
/:Se estourar uma batalha,
Mesmo assim, confiarei.:/

4.
Sei que eu hei de ver, um dia,
A bondade do Senhor:
Lá, na terra dos viventes,
Viverei no seu amor.
/:'Spera em Deus! Cria coragem!
'Spera em Deus que é teu Senhor!:/

SALMO RESPONSORIAL - A todo homem que procede retamente - Salmo 49(50)

Texto: Lecionário Dominical
Música: Pe. Jocy Rodrigues

Refrão: A todo homem que procede retamente,
Eu mostrarei a salvação que vem de Deus.

Sl 49(50)
Falou o Senhor Deus, chamou a terra,
Do sol nascente ao sol poente a convocou.
"Eu não venho censurar teus sacrifícios,
Pois sempre estão perante mim teus holocaustos.

Não te diria, se com fome eu estivesse,
Porque é meu o universo e todo ser.
Porventura, comerei carne de touros?
Beberei, acaso, o sangue de carneiros?

Imola a Deus um sacrifício de louvor
E cumpre os votos que fizeste ao Altíssimo;
Invoca-me no dia da angústia
E, então, te livrarei e hás de louvar-me".

ACLAMAÇÃO AO EVANGELHO: Aleluia, Senhor, me mandaste dizer

Reginaldo Veloso

Refrão:
Solo: Aleluia, aleluia, aleluia!
Ass.: Aleluia, aleluia, aleluia!
Solo: Aleluia, aleluia, aleluia!
Ass.: Aleluia, aleluia, aleluia!

Senhor, me mandaste dizer,
A boa notícia anunciar,
Libertação aos cativos,
Ao pobre eu vou proclamar.
(Is 61,1-2)

OFERENDAS: Bendito e louvado seja

Pe. João Carlos Ribeiro

1.
Bendito e louvado seja o Pai, nosso criador:
O pão que nós recebemos é prova do seu amor!
O pão que nós recebemos, que é prova do seu amor,
É fruto de sua terra e do povo trabalhador.
O fruto de sua terra e do povo trabalhador,
Na Missa é transformado no Corpo do Salvador!

Refrão:
/:**Bendito seja Deus, bendito o seu amor!**
Bendito seja Deus, Pai Onipotente, nosso criador!:/

2.
Bendito e louvado seja o Pai, nosso criador:
O vinho que recebemos é prova do seu amor!
O vinho que recebemos, que é prova do seu amor,
É fruto de sua terra e do povo trabalhador.
O fruto de sua terra e do povo trabalhador,
Na Missa é transformado no Sangue do Salvador!

COMUNHÃO: Ó Senhor, aos doentes vieste

Letra: Pe. Jocy Rodrigues
Música: Pe. Ney Brasil Pereira

Refrão:
Ó Senhor, aos doentes vieste,
Pecadores, com ele sentaste.
O teu corpo e teu sangue lhes deste
Aos famintos tu alimentaste.

Sl 96(95)

1.
Um canto novo ao Senhor,
Ó terras todas, cantai!
Louvai seu nome bendito,
Diariamente aclamai!
Sua glória, seus grandes feitos
Aos povos todos contai.

2.
Ele é o maior dos senhores:
Merece nosso louvor;
E mais do que aos deuses todos
Nós lhe devemos temor.
Os outros deuses são nada,
Ele é do céu criador.

3.
Sabei que o Senhor é rei
E traz justiça a esta terra.
Alegrem-se o mar e os peixes
E tudo que o mundo encerra.
Os campos, plantas, montanhas
E as árvores da floresta.

4.
Ele é o Senhor do universo
E faz justiça a seu povo.
Aos povos há de julgar,
Reinando no mundo todo.
Por isso, a ele cantai,
Ó terras, um canto novo!

11º Domingo: Domingo da Compaixão - Mt 9,36-10,8

O Evangelho, o Projeto de Jesus é um "samba de uma nota só": a ternura de um coração que se compadece da dor, sob todas as suas formas, e anda à procura de gente que, por sua vez, se compadeça também, porque a dor é tanta e são poucos os que lhe são realmente sensíveis... Somente essa compaixão será capaz de redimir o mundo de todas as suas mazelas, encontrando, com a criatividade própria do amor, os jeitos e meios de libertar as pessoas e as sociedades dos males que as infelicitam. Ser cristão é essencialmente sentir-se chamado a viver a compaixão do coração de Cristo. Esta é a essência do discipulado e da missão. Oxalá nossa liturgia celebre esta experiência semanal da compaixão, e a ternura do coração de Jesus seja a fonte primeira de inspiração dos nossos cantos, como parece ter sido a do Cântico de Maria, sua Mãe.

ABERTURA: Ó Senhor, ouve o meu grito

Letra: Reginaldo Veloso (refrão)
Pe. Jocy Rodrigues (salmo)
Música: Pe. Jocy Rodrigues

Refrão: **Ó Senhor, ouve o meu grito,**
Tu és minha proteção;
Senhor, não me abandones,
Deus, minha salvação!
Sl 27(26),7.9

1.
O Senhor é minha luz,
Ele é minha salvação.
O que é que vou temer?
Deus é minha proteção.
/:Ele guarda minha vida:
Eu não vou ter medo, não.:/

2.
Quando os maus vêm avançando,
Procurando me acuar,
Desejando ver meu fim,
Só querendo me matar.
/:Inimigos opressores
É que vão se liquidar.:/

3.
Se um exército se armar
Contra mim, não temerei.
Firme está meu coração.
Sempre firme ficarei.
/:Se estourar uma batalha,
Mesmo assim, confiarei.:/

4.
Sei que eu hei de ver, um dia,
A bondade do Senhor:
Lá, na terra dos viventes,
Viverei no seu amor.
/:'Spera em Deus! Cria coragem!
'Spera em Deus que é teu Senhor!:/

SALMO RESPONSORIAL - Nós somos o povo e o rebanho do Senhor - Salmo 99(100)

Texto: Lecionário Dominical
Música: Pe. Ney Brasil Pereira

Refrão:
Nós somos o povo e o rebanho do Senhor (bis)

1.
Aclamai o Senhor, ó terra inteira,
Servi ao Senhor com alegria,
Ide a ele cantando jubilosos!

2.
Sabei que o Senhor, só ele é Deus,
Ele mesmo nos fez e somos seus,
Nós somos seu povo e seu rebanho.

3.
Sim, é bom o Senhor e nosso Deus,
Sua bondade perdura para sempre,
Seu amor é fiel eternamente!

ACLAMAÇÃO AO EVANGELHO - Aleluia, o Reino do céu está perto

Reginaldo Veloso

Solo: Aleluia, aleluia, aleluia!
Ass.: Aleluia, aleluia, aleluia!
Solo: Aleluia, aleluia, aleluia!
Ass.: Aleluia, aleluia, aleluia!

O Reino de do céu está perto,
Convertam-se, irmãos, é preciso,
Creiam todos no Evangelho,
Creiam todos no Evangelho!

(Mc 1,15)

OFERENDAS: Bendito seja Deus

Pe. João Carlos Ribeiro

1.
Bendito e louvado seja o Pai, nosso criador:
O pão que nós recebemos é prova do seu amor!
O pão que nós recebemos, que é prova do seu amor,
É fruto de sua terra e do povo trabalhador.
O fruto de sua terra e do povo trabalhador,
Na Missa é transformado no Corpo do Salvador!

Refrão:
**/:Bendito seja Deus, bendito o seu amor!
Bendito seja Deus, Pai Onipotente, nosso criador!:/**

2.
Bendito e louvado seja o Pai, nosso criador:
O vinho que recebemos é prova do seu amor!
O vinho que recebemos, que é prova do seu amor,
É fruto de sua terra e do povo trabalhador.
O fruto de sua terra e do povo trabalhador,
Na Missa é transformado no Sangue do Salvador!

COMUNHÃO: Vem, Senhor, vem curar

Letra: Pe. Jocy Rodrigues
Música: Pe. Ney Brasil Pereira

Refrão:
Vem, Senhor, vem curar nossos males,
Libertar-nos das duras correntes!
Vem trazer aos perdidos a graça
E a saúde vem dar aos doentes!

Sl 96(95)

1.
Um canto novo ao Senhor,
Ó terras todas, cantai!
Louvai seu nome bendito,
Diariamente aclamai!
Sua glória, seus grandes feitos
Aos povos todos contai.

2.
Ele é o maior dos senhores:
Merece nosso louvor;
E mais do que aos deuses todos
Nós lhe devemos temor.
Os outros deuses são nada,
Ele é do céu criador.

3.
Sabei que o Senhor é rei
E traz justiça a esta terra.
Alegrem-se o mar e os peixes
E tudo que o mundo encerra.
Os campos, plantas, montanhas
E as árvores da floresta.

4.
Ele é o Senhor do universo
E faz justiça a seu povo.
Aos povos há de julgar,
Reinando no mundo todo.
Por isso, a ele cantai,
Ó terras, um canto novo!

12º Domingo: Domingo da Perseguição - Mt 10,26-33

Seria impossível ser um fiel discípulo de Jesus e continuador de sua missão sem correr o risco da perseguição. Antes, a perseguição é inevitável e, por isso mesmo, sinal de fidelidade e marca registrada de autenticidade. O Senhor que nos convoca e nos envia, cada semana, há muito tempo que nos tem colocado em estado de alerta para o que, inevitavelmente, mais cedo ou mais tarde, de uma forma ou de outra, acontecerá. Nosso encontro semanal com o Ressuscitado é que nos ajudará a manter o coração confiante no Pai que saberá cuidar de nós, tão bem como cuidou dele. Nosso canto, então, alimentará esta fé, esta confiança, esta coragem frente ao que der e vier.

ABERTURA: Ó Senhor, ouve o meu grito

Letra: Reginaldo Veloso (refrão)
Pe. Jocy Rodrigues (salmo)
Música: Pe. Jocy Rodrigues

Refrão: **Ó Senhor, ouve o meu grito,**
Tu és minha proteção;
Senhor, não me abandones,
Deus, minha salvação!
Sl 27(26),7.9

Sl 27(26)

1.
Ó Senhor é minha luz,
Ele é minha salvação.
O que é que vou temer?
Deus é minha proteção.
/:Ele guarda minha vida:
Eu não vou ter medo, não.:/

2.
Quando os maus vêm avançando,
Procurando me acuar,
Desejando ver meu fim,
Só querendo me matar.
/:Inimigos opressores
É que vão se liquidar.:/

3.
Se um exército se armar
Contra mim, não temerei.
Firme está meu coração.
Sempre firme ficarei.
/:Se estourar uma batalha,
Mesmo assim, confiarei.:/

4.
Sei que eu hei de ver, um dia,
A bondade do Senhor:
Lá, na terra dos viventes,
Viverei no seu amor.
/:'Spera em Deus! Cria coragem!
'Spera em Deus que é teu Senhor!:/

SALMO RESPONSORIAL: Atendei-me, ó Senhor - Salmo 68(69)

Texto: Lecionário Dominical
Música: Pe. Ney Brasil Pereira

**Refrão: Atendei-me, ó Senhor,
pelo vosso imenso amor! (bis)**

Sl 68(69)
Por vossa causa é que sofri tantos insultos,
e o meu rosto se cobriu de confusão;
eu me tornei como um estranho a meus irmãos,
como estrangeiro para os filhos de mi'a mãe.
Pois meu zelo e meu amor por vossa casa
me devoram como um fogo abrasador.

Por isso elevo para vós minha oração,
neste tempo favorável, Senhor Deus!
Respondei-me pelo vosso imento amor,
Pela vossa salvação que nunca falha!
Senhor, ouvi-me, pois suave é vossa graça,
Ponde os olhos sobre mim com grande amor!

= Humildes, vede isto e alegrai-vos: + o vosso coração reviverá.
Se procurardes o Senhor continuamente!
Pois nosso Deus atende à prece dos seus pobres
e não despreza o clamor de seus cativos.
Que céus e terra glorifiquem o Senhor
Com o mar e todo ser que nele vive.

ACLAMAÇÃO AO EVANGELHO: Aleluia, o Espírito Santo, a Verdade

Reginaldo Veloso

Solo: Aleluia, aleluia, aleluia!
Ass.: Aleluia, aleluia, aleluia!
Solo: Aleluia, aleluia, aleluia!
Ass.: Aleluia, aleluia, aleluia!

O Espírito Santo, a Verdade,
De mim irá testemunhar,
E vós minhas testemunhas
Sereis em todo lugar!
(Jo 15,26b.27a)

OFERENDAS: Bendito e louvado seja

Pe. João Carlos Ribeiro

1.
Bendito e louvado seja o Pai, nosso criador:
O pão que nós recebemos é prova do seu amor!
O pão que nós recebemos, que é prova do seu amor,
É fruto de sua terra e do povo trabalhador.
O fruto de sua terra e do povo trabalhador,
Na Missa é transformado no Corpo do Salvador!

Refrão:
**/:Bendito seja Deus, bendito o seu amor!
Bendito seja Deus, Pai Onipotente, nosso criador! :/**

2.
Bendito e louvado seja o Pai, nosso criador:
O vinho que recebemos é prova do seu amor!
O vinho que recebemos, que é prova do seu amor,
É fruto de sua terra e do povo trabalhador.
O fruto de sua terra e do povo trabalhador,
Na Missa é transformado no Sangue do Salvador!

COMUNHÃO: Por tua causa nos pisam e maltratam

Letra: Pe. Jocy Rodrigues
Música: Pe. Ney Brasil Pereira

(melodia) Por tua causa nos pisam, maltratam, mas estás junto a nós, vigilante. Nenhum mal vai vencer-nos, Senhor: Esta ceia é reforço constante. 1- Um canto novo ao Senhor, ó terras todas, cantai! Louvai seu nome bendito, diariamente aclamai! Sua glória, seus grandes feitos aos povos todos contai. Por tua...

Refrão: **Por tua causa nos pisam, maltratam,**
Mas estás junto a nós, vigilante.
Nenhum mal vai vencer-nos, Senhor:
Esta ceia é reforço constante.

Sl 96(95)

1.
Um canto novo ao Senhor,
Ó terras todas, cantai!
Louvai seu nome bendito,
Diariamente aclamai!
Sua glória, seus grandes feitos
Aos povos todos contai.

2.
Ele é o maior dos senhores:
Merece nosso louvor;
E mais do que aos deuses todos
Nós lhe devemos temor.
Os outros deuses são nada,
Ele é do céu criador.

3.
Sabei que o Senhor é rei
E traz justiça a esta terra.
Alegrem-se o mar e os peixes
E tudo que o mundo encerra.
Os campos, plantas, montanhas
E as árvores da floresta.

4.
Ele é o Senhor do universo
E faz justiça a seu povo.
Aos povos há de julgar,
Reinando no mundo todo.
Por isso, a ele cantai,
Ó terras, um canto novo!

13º Domingo: Domingo do Caminho da Cruz - Mt 10,37-42

JESUS CRISTO, o Filho do Homem, o Filho de Deus, se apresenta a nós neste domingo como a referência absoluta e exclusiva de nossas existências, para ser amado e preferido como nossa paixão suprema, acima de qualquer outro amor ou paixão... E para que, em comunhão com Ele, amemos e sirvamos a todos, abracemos a causa maior da Vida, sobretudo, da vida ameaçada, marginalizada, excluída. Esse é o sentido mesmo da sua Cruz, que Ele nos entrega, para que a façamos nossa e a carreguemos todo santo dia. Esta é a compreensão mais profunda do sacerdócio cristão. Claro que não faltará quem simpatize com a nossa opção e nos acolha. E será uma alegria, cada domingo poder celebrar, cantando, com os companheiros e companheiras de caminhada, esta liberdade para a qual Ele nos libertou!

ABERTURA: Ó Senhor, ouve o meu grito

Letra: Reginaldo Veloso (refrão)
Pe. Jocy Rodrigues (salmo)
Música: Pe. Jocy Rodrigues

Refrão: **Ó Senhor, ouve o meu grito,
Tu és minha proteção;
Senhor, não me abandones,
Deus, minha salvação!**
Sl 27(26),7.9

Sl 27(26)

1.
O Senhor é minha luz,
Ele é minha salvação.
O que é que vou temer?
Deus é minha proteção.
/:Ele guarda minha vida:
Eu não vou ter medo, não.:/

2.
Quando os maus vêm avançando,
Procurando me acuar,
Desejando ver meu fim,
Só querendo me matar.
/:Inimigos opressores
É que vão se liquidar.:/

3.
Se um exército se armar
Contra mim, não temerei.
Firme está meu coração.
Sempre firme ficarei.
/:Se estourar uma batalha,
Mesmo assim confiarei:/

4.
Sei que eu hei de ver, um dia,
A bondade do Senhor:
Lá, na terra dos viventes,
Viverei no seu amor.
/:'Spera em Deus! Cria coragem!
'Spera em Deus que é teu Senhor!:/

SALMO RESPONSORIAL: Ó Senhor, eu cantarei - Salmo 88(89)

Texto: Lecionário Dominical
Música: Pe. Ney Brasil Pereira

Refrão: Ó Senhor, eu cantarei, eternamente o vosso amor! Ó Senhor, eu cantarei, eternamente o vosso amor!

1 - Ó Senhor, eu cantarei eternamente o vosso amor, de geração em geração eu cantarei vossa verdade! Porque dissestes: "O amor é garantido para sempre!" E a vossa lealdade é tão firme como os céus.

**Refrão: Ó Senhor, eu cantarei,
eternamente o vosso amor! (bis)**

Sl 88(89)

Ó Senhor, eu cantarei eternamente o vosso amor,
De geração em geração eu cantarei vossa verdade!
Porque dissestes: "O amor é garantido para sempre!"
E a vossa lealdade é tão firme como os céus.

Quão feliz é aquele povo que conhece a alegria,
Seguirá pelo caminho sempre à luz de vossa face!
Exultará de alegria em vosso nome, dia-a-dia
E com grande entusiasmo exaltará vossa justiça.

Pois sois vós, ó Senhor Deus, a sua força e sua glória,
É por vossa proteção que exaltais nossa cabeça.
Do Senhor é o nosso escudo, ele é a nossa proteção.
Ele reina sobre nós, é o Santo de Israel!

ACLAMAÇÃO AO EVANGELHO: Aleluia, vós sois uma raça escolhida

Reginaldo Veloso

Solo: Aleluia, aleluia, aleluia!
Ass.: Aleluia, aleluia, aleluia!
Solo: Aleluia, aleluia, aleluia!
Ass.: Aleluia, aleluia, aleluia!

Vós sois uma raça escolhida,
A propriedade de Deus;
Proclamai suas virtudes,
Pois de trevas luz os fez!
(1Pd 2,9)

OFERENDAS: Bendito seja Deus

L. e M.: Pe. João Carlos Ribeiro

1.
Bendito e louvado seja o Pai, nosso criador:
O pão que nós recebemos é prova do seu amor!
O pão que nós recebemos é prova do seu amor,
É o fruto de sua terra, do povo trabalhador.
É o fruto de sua terra, do povo trabalhador;
Na Missa é transformado no Corpo do Salvador!

Refrão:
/:Bendito seja Deus,
bendito o seu amor!
Bendito seja Deus,
Pai Onipotente, nosso criador! :/

2.
Bendito e louvado seja o Pai, nosso Criador:
O vinho que recebemos é prova do seu amor!
O vinho que recebemos, que é prova do seu amor,
É o fruto de sua terra, do povo trabalhador.
É o fruto de sua terra, do povo trabalhador,
Na Missa é transformado no Sangue do Salvador!

COMUNHÃO: Não é digno de mim

Letra: Pe. Jocy Rodrigues
Música: Pe. Ney Brasil Pereira

Refrão: Não é digno de mim todo aquele, que não quer carregar sua cruz... Quem, por causa de mim, perde a vida, a encontra, depois, diz Jesus.

1 - Um canto novo ao Senhor, ó terras todas, cantai! Louvai seu nome bendito, diariamente aclamai! Sua glória, seus grandes feitos aos povos todos contai. Não é...

Refrão: **Não é digno de mim todo aquele,**
Que não quer carregar sua cruz...
Quem, por causa de mim, perde a vida,
A encontra, depois, diz Jesus.

Sl 96(95)

1.
Um canto novo ao Senhor,
Ó terras todas, cantai!
Louvai seu nome bendito,
Diariamente aclamai!
Sua glória, seus grandes feitos
Aos povos todos contai.

2.
Ele é o maior dos senhores:
Merece nosso louvor;
E mais do que aos deuses todos
Nós lhe devemos temor.
Os outros deuses são nada,
Ele é do céu criador.

3.
Sabei que o Senhor é rei
E traz justiça a esta terra.
Alegrem-se o mar e os peixes
E tudo que o mundo encerra.
Os campos, plantas, montanhas
E as árvores da floresta.

4.
Ele é o Senhor do universo
E faz justiça a seu povo.
Aos povos há de julgar,
Reinando no mundo todo.
Por isso, a ele cantai,
Ó terras, um canto novo!

14º Domingo: Domingo dos Segredos do Pai - Mt 11,25-30

Nosso encontro, hoje, é com o Senhor que celebra alegremente a ternura do Pai, o qual privilegia aqueles e aquelas que o mundo menospreza e exclui. Cantaremos, com mais alegria do que nunca, "porque o Senhor é bom" e revela seus segredos àqueles que os sábios e entendidos do mundo consideram ignorantes. Se, durante a semana que passou, tivermos tido ouvidos para ouvi-los - crianças, idosos, iletrados, bêbados, prostitutas, marginais - aqueles e aquelas a quem ninguém escuta, chegaremos enriquecidos, preparados e motivados para escutar o alegre desabafo de Jesus. Cantaremos suavemente porque a ternura do coração de Cristo, "manso e humilde", nos contagia e nos faz repousar.

ABERTURA: No meio da tua casa

Letra: Reginaldo Veloso (refrão)
Pe. Jocy Rodrigues (salmo)
Música: José Américo de Lacerda Jr.

Refrão: **No meio da tua casa**
Recebemos, ó Deus, a tua graça!
Sem fim, nossa louvação,
Pois a justiça está toda em tuas mãos!

Sl 33(32)

1.
Alegrai-vos no Senhor!
Quem é bom venha louvar!
Peguem logo o violão
E o pandeiro pra tocar.
Para ele um canto novo
Vamos, gente, improvisar

2.
Ele cumpre o que promete:
Podem nele confiar!
Ele ama o que é direito
E ele sabe bem julgar.
Sua palavra fez o céu,
Fez a terra e fez o mar.

Sl 48(47),10-11

3.
Ele faz do mar um açude
E governa os oceanos.
Toda a terra a ele teme,
Mesmo os corações humanos.
Tudo aquilo que ele diz,
Não nos causa desenganos.

4.
Põe abaixo os planos todos
Desses povos poderosos.
E derruba os pensamentos
Dos malvados orgulhosos.
Mas os planos que ele faz
Vão sair vitoriosos.

SALMO RESPONSORIAL: Bendirei, eternamente vosso nome - Salmo 144(145)

Texto: Lecionário Dominical
Música: Pe. Ney Brasil Pereira

Refrão: Bendirei, eternamente o vosso nome, ó Senhor! (bis)

Sl 144(145)

Ó meu Deus, quero exaltar-vos, ó meu Rei,
E bendizer o vosso nome pelos séculos.
Todos os dias haverei de bendizer-vos.
Hei de louvar o vosso nome para sempre.

Misericórdia e piedade é o Senhor,
Ele é amor, é paciência, é compaixão.
O Senhor é muito bom para com todos,
Sua ternura abraça toda criatura.

Que vossas obras, ó Senhor, vos glorifiquem
E os vossos santos com louvores vos bendigam!
Narrem a glória e o esplendor de vosso reino
E saibam proclamar vosso poder!

O Senhor é amor fiel em sua palavra,
É santidade em toda obra que ele faz.
Ele sustenta todo aquele que vacila
E levanta todo aquele que tombou.

ACLAMAÇÃO AO EVANGELHO: Aleluia, eu te louvo, ó Pai Santo

Letra: Reginaldo Veloso
Música: Everaldo Peixoto

Coro: /:Aleluia, aleluia, aleluia, aleluia!:/
Solo: Eu te louvo, ó Pai santo, Deus do céu, Senhor da terra:
Coro: Aleluia, aleluia, aleluia, aleluia!
Solo: Os mistérios do teu Reino, aos pequenos, Pai, revelas!
Coro: /:Aleluia, aleluia, aleluia, aleluia!:/

(Mt 11,25)

OFERENDAS: A mesa santa

Letra: Pe. Almir G. dos Reis
Música: Valtair Francisco da Silva

1.
A mesa santa que preparamos,
Mãos que se elevam a ti, ó Senhor.
O pão e o vinho, frutos da terra,
Duro trabalho, carinho e amor!
Ô ô ô, recebe, Senhor!
Ô ô, recebe, Senhor!

2.
Flores, espinhos, dor e alegria,
Pais, mães e filhos diante do altar.
A nossa oferta em nova festa,
A nossa dor vem, Senhor, transformar!
Ô ô ô, recebe, Senhor!
Ô ô, recebe, Senhor!

3.
A vida nova, nova família,
Que celebramos, aqui tem lugar.
Tua bondade vem com fartura,
É só saber, reunir, partilhar.
Ô ô ô, recebe, Senhor!
Ô ô, recebe, Senhor!

COMUNHÃO: Venham todos a mim

Letra: Pe. Jocy Rodrigues
Música: Pe. Ney Brasil Pereira

**Refrão: Venham todos a mim, venham todos,
Vocês todos que estão fatigados,
Pelo fardo da vida oprimidos,
Que eu darei o repouso almejado!**
Mt 11,28

Sl 96(95)

1.
Um canto novo ao Senhor,
ó terra todas, cantai!
Louvai seu nome bendito,
diariamente aclamai!
Sua glória, seus grandes feitos
aos povos todos contai.

2.
Ele é o maior dos senhores:
merece nosso louvor;
e mais do que aos deuses todos
nós lhe devemos temor.
Os outros deuses são nada,
ele é do céu criador.

3.
Sabei que o Senhor é rei
e traz justiça a esta terra.
Alegrem-se o mar e os peixes
e tudo o que o mundo encerra.
Os campos, plantas, montanhas
e as árvores da floresta.

4.
Ele é o Senhor do universo
e faz justiça a seu povo.
Aos povos hás de julgar,
reinando no mundo todo.
Por isso, a ele cantai,
ó terras, um canto novo!

15º Domingo: Domingo do Semeador - Mt 13,1-23

Jesus parabenizou, um dia, "os que têm fome e sede de justiça". Somente estes e estas serão capazes de entender a linguagem poética das parábolas: gente tocada pelo Mistério de Deus que se esconde por trás de cada coisa, de cada pessoa, de cada acontecimento, dos sinais da História e dos encantos da Natureza... Gente, como Maria, "que meditava todas essas coisas em seu coração". Os entendidos do mundo, os que se consideram "realistas", acreditam apenas no que vêem, isto é, na superfície das coisas, na exatidão dos cálculos, no único valor que interessa a sua cobiça, o lucro material. Para estes, os poetas vivem "no mundo da lua" e, com certeza, nossa liturgia, nosso canto é mera ilusão e perda de tempo. Nós, porém, nos alegramos porque as sementes do Reino brotam em nossas vidas e cantamos uma "esperança que não engana".

ABERTURA: No meio da tua casa

Letra: Reginaldo Veloso (refrão)
Pe. Jocy Rodrigues (salmo)
Música: José Américo de Lacerda Jr.

Refrão: **No meio da tua casa**
Recebemos, ó Deus, a tua graça!
Sem fim, nossa louvação,
Pois a justiça está toda em tuas mãos!
Sl 48(47),10-11

Sl 33(32)

1.
Alegrai-vos no Senhor!
Quem é bom venha louvar!
Peguem logo o violão
E o pandeiro pra tocar.
Para ele um canto novo
Vamos, gente, improvisar!

2.
Ele cumpre o que promete:
Podem nele confiar!
Ele ama o que é direito
E ele sabe bem julgar.
Sua palavra fez o céu,
Fez a terra e fez o mar.

3.
Ele faz do mar um açude
E governa os oceanos.
Toda a terra a ele teme,
Mesmo os corações humanos.
Tudo aquilo que ele diz,
Não nos causa desenganos.

4.
Põe abaixo os planos todos
Desses povos poderosos.
E derruba os pensamentos
Dos malvados orgulhosos.
Mas os planos que ele faz
Vão sair vitoriosos.

SALMO RESPONSORIAL: A semente caiu - Salmo 64(65)

Texto: Lecionário Dominical
Música: D.R.

Refrão:
A semente caiu em terra boa e deu fruto.

Visitais a nossa terra com as chuvas,
e transborda de fartura.
Rios de Deus que vêm do céu derramam águas,
e preparais o nosso trigo.

É assim que preparais a nossa terra:
Vós a regais e aplainais,
Os seus sulcos com a chuva amoleceis
E abençoais as sementeiras.

O ano todo coroais com vossos dons,
Os vossos passos são fecundos;
Transborda a fatura onde passais,
Brotam pastos no deserto.

As colinas se enfeitam de alegria,
E os campos, de rebanhos;
nossos vales se revestem de trigais;
Tudo canta de alegria!

ACLAMAÇÃO AO EVANGELHO: Aleluia, a Palavra é a semente

Letra: Reginaldo Veloso
Música: Everaldo Peixoto

Coro: /:Aleluia, aleluia, aleluia, aleluia!:/
Solo: A Palavra é a semente, Cristo é o semeador.
Coro: Aleluia, aleluia, aleluia, aleluia!
Solo: Todo aquele que o encontra, vida eterna encontrou.
Coro: /:Aleluia, aleluia, aleluia, aleluia!:/

(Lc 8,11)

OFERENDAS: A mesa santa que preparamos

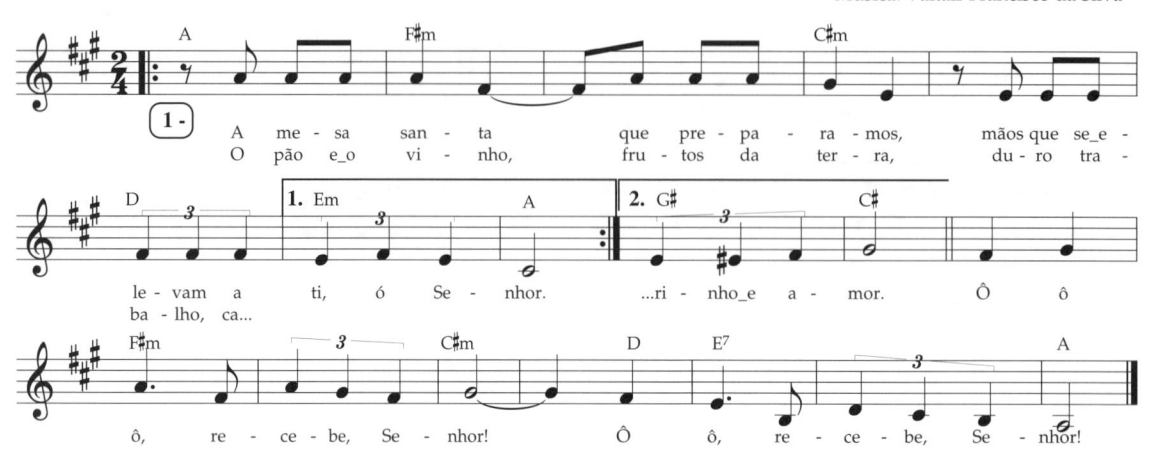

Letra: Pe. Almir G. dos Reis
Música: Valtair Francisco da Silva

1.
A mesa santa que preparamos,
Mãos que se elevam a ti, ó Senhor.
O pão e o vinho, frutos da terra,
Duro trabalho, carinho e amor.
Ô ô ô, recebe, Senhor!
Ô ô, recebe, Senhor!

2.
Flores, espinhos, dor e alegria,
Pais, mães e filhos diante do altar.
A nossa oferta em nova festa,
A nossa dor vem, Senhor, transformar!
Ô ô ô, recebe, Senhor!
Ô ô, recebe, Senhor!

3.
A vida nova, nova família,
Que celebramos, aqui tem lugar.
Tua bondade vem com fartura,
É só saber, reunir, partilhar.
Ô ô ô, recebe, Senhor!
Ô ô, recebe, Senhor!

COMUNHÃO: Terra boa é aquela que ouviu

Letra: Pe. Jocy Rodrigues
Música: Ir. Miria Therezinha Kolling

Refrão: Terra boa é aquele que ouviu
E a Palavra de Deus praticou:
/: A semente na terra caiu
E de terra tão boa brotou! :/

Sl 119(118)

1.
Feliz quem anda com a verdade,
Na lei de Deus, com integridade.
Feliz quem guarda seu mandamento
No coração, no pensamento!

2.
Quem a maldade sabe evitar,
A estrada certa vai encontrar!
Senhor, tu deste os teus mandados,
Para que sejam sempre guardados!

3.
Ah! Quem me dera, que, em meu andar,
Teus mandamentos possa eu guardar!
Se os mandamentos obedecer,
Não vai o mal me acontecer!

4.
Quando tuas leis eu aprender,
Vou te louvar e agradecer!
Eu vou guardar teu mandamento,
Mas, não me deixes no esquecimento.

16º Domingo: Domingo do Joio e do Trigo - Mt 13,24-43

O mundo é um campo imenso, onde há lugar para tudo e para todos, bons e maus. A vida é um processo, onde tudo é possível, inclusive, o mal e a morte. Fácil, mas superficial e irresponsável, é a atitude de quem vê tudo em preto e branco, e se apressa em querer separar o joio do trigo, condenar os erros e os errados, em nome de uma sociedade de bons e corretos, de uma igreja de justos e santos. Difícil e exigente é agir com espírito de discernimento e paciência histórica, em meio a todas as contradições da existência, das pessoas e da História. Mas somente assim seremos seguidores d'Aquele que veio como médico para os "doentes", e filhos daquele Pai que faz chover sobre bons e maus. Com certeza, nos alegraremos com as surpresas que a História e o Espírito nos preparam, cada semana, e teremos razões para caminhar e cantar o Mistério da Fé.

ABERTURA: No meio da tua casa

Letra: Reginaldo Veloso (refrão)
Pe. Jocy Rodrigues (salmo)
Música: José Américo de Lacerda Jr.

Refrão: **No meio da tua casa**
Recebemos, ó Deus, a tua graça!
Sem fim, nossa louvação,
Pois a justiça está toda em tuas mãos!
Sl 48(47),10-11

1. Sl 33(32)
Alegrai-vos no Senhor!
Quem é bom venha louvar!
Peguem logo o violão
E o pandeiro pra tocar.
Para ele um canto novo
Vamos, gente, improvisar

2.
Ele cumpre o que promete:
Podem nele confiar!
Ele ama o que é direito
E ele sabe bem julgar.
Sua palavra fez o céu,
Fez a terra e fez o mar.

3.
Ele faz do mar um açude
E governa os oceanos.
Toda a terra a ele teme,
Mesmo os corações humanos.
Tudo aquilo que ele diz,
Não nos causa desenganos.

4.
Põe abaixo os planos todos
Desses povos poderosos.
E derruba os pensamentos
Dos malvados orgulhosos.
Mas os planos que ele faz
Vão sair vitoriosos.

SALMO RESPONSORIAL - Ó Senhor, vós sois bom - Salmo 85(86)

Texto: Lecionário Dominical
Música: D.R.

Refrão: **Ó Senhor, vós sois bom, sois clemente e fiel, Senhor!**

Ó Senhor, vós sois bom e clemente,
sois perdão para quem vos invoca.
Escutai, ó Senhor, minha prece,
o lamento da minha oração!

As nações que criastes virão
adorar e louvar vosso nome.
Sois tão grande e fazeis maravilhas;
vós somente sois Deus e Senhor!

Vós, porém, sois clemente e fiel,
sois amor, paciência e perdão.
Tende pena e olhai para mim!
Confirmai com vigor vosso servo.

ACLAMAÇÃO AO EVANGELHO: Aleuia, eu te louvo

Letra: Reginaldo Veloso
Música: Everaldo Peixoto

Coro: /:Aleluia, aleluia, aleluia, aleluia!:/
Solo: Eu te louvo, ó Pai Santo,
Deus do céu, Senhor da terra:

Coro: Aleluia, aleluia, aleluia, aleluia!
Solo: Os mistérios do teu Reino,
Aos pequenos, Pai, revelas! Aleluia...
(Mt 11,25)

OFERENDAS: A mesa santa que preparamos

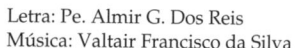

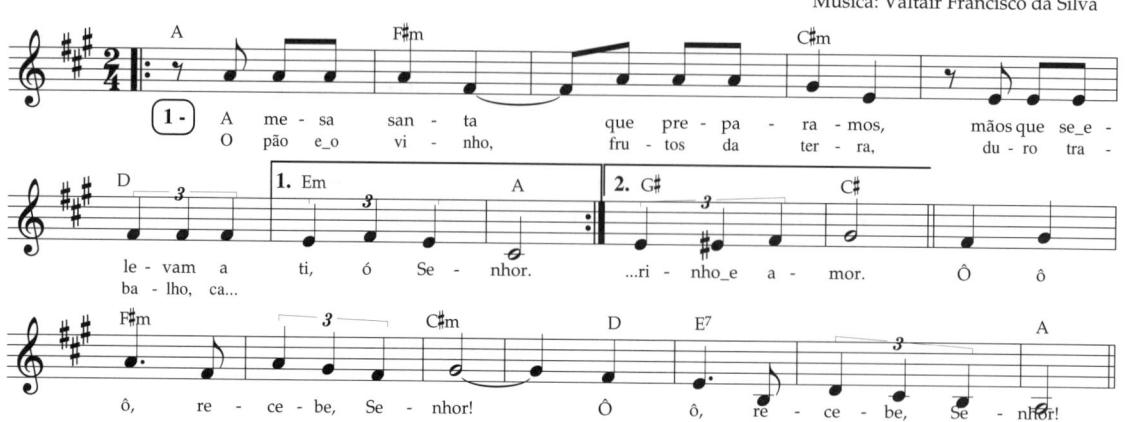

Letra: Pe. Almir G. Dos Reis
Música: Valtair Francisco da Silva

1.
A mesa santa que preparamos,
Mãos que se elevam a ti, ó Senhor.
O pão e o vinho, frutos da terra,
Duro trabalho, carinho e amor.
Ô ô ô, recebe, Senhor!
Ô ô, recebe, Senhor!

2.
Flores, espinhos, dor e alegria,
Pais, mães e filhos diante altar.
A nossa oferta em nova festa,
A nossa dor vem, Senhor, transformar!
Ô ô ô, recebe, Senhor!
Ô ô, recebe, Senhor!

3.
A vida nova, nova família,
Que celebramos, aqui tem lugar.
Tua bondade vem com fartura,
É só saber, reunir, partilhar.
Ô ô ô, recebe, Senhor!
Ô ô, recebe, Senhor!

COMUNHÃO: Quem pertence ao Reino de Deus

Letra: Pe. Jocy Rodrigues
Música: Ir. Miria Therezinha Kolling

Refrão: Quem pertence ao Reino de Deus,
É a boa semente, é farol:
/: Quando os tempos chegarem ao fim,
Os fiéis brilharão como o sol :/

Salmo 119(118)

1.
Feliz quem anda
Com a verdade,
Na lei de Deus,
Com integridade!
Feliz quem guarda
Seu mandamento
No coração,
No pensamento!

2.
Quem a maldade
Sabe evitar,
A estrada certa
Vai encontrar!
Senhor, tu deste
Os teus mandados,
Para que sejam
Sempre guardados!

3.
Ah! Quem me dera,
Que, em meu andar,
Teus mandamentos
Possa eu guardar!
Se os mandamentos
Obedecer,
Não vai o mal
Me acontecer!

4.
Quando tuas leis
Eu aprender,
Vou te louvar
E agradecer!
Eu vou guardar
Teu mandamento,
Mas, não me deixes
No esquecimento.

17º Domingo: Domingo do Tesouro - Mt 13,44-52

Aqueles e aquelas que hoje nos encontramos em torno da Mesa do Senhor, somos gente que descobriu o tesouro, a pérola preciosa?... Somos gente que está investindo tudo, toda a sua vida, todas as suas energias numa opção total por Jesus e seu Reino?... É este o sentido que estamos dando a nossa vida?... É esta opção fundamental que inspira cada uma de nossas atitudes, gestos e iniciativas, na vida de família, no ambiente de trabalho, no exercício cotidiano da cidadania, em toda a nossa convivência, onde quer que estejamos?...É com esta avidez que escutamos hoje sua Palavra e comemos da sua Ceia?... Dependendo dessa nossa busca, dessa escolha cotidiana, um dia seremos seus escolhidos para sempre. E o nosso canto expressa e reforça essa nossa opção e sustenta essa esperança.

ABERTURA: No meio da tua casa

Letra: Reginaldo Veloso (refrão)
Pe. Jocy Rodrigues (salmo)
Música: José Américo de Lacerda Jr.

Refrão: **No meio da tua casa**
Recebemos, ó Deus, a tua graça!
Sem fim, nossa louvação,
Pois a justiça está toda em tuas mãos!

Sl 33(32)

1.
Alegrai-vos no Senhor!
Quem é bom venha louvar!
Peguem logo o violão
E o pandeiro pra tocar.
Para ele um canto novo
Vamos, gente, improvisar

2.
Ele cumpre o que promete:
Podem nele confiar!
Ele ama o que é direito
E ele sabe bem julgar.
Sua palavra fez o céu,
Fez a terra e fez o mar.

Sl 48(47),10-11

3.
Ele faz do mar um açude
E governa os oceanos.
Toda a terra a ele teme,
Mesmo os corações humanos.
Tudo aquilo que ele diz,
Não nos causa desenganos.

4.
Põe abaixo os planos todos
Desses povos poderosos.
E derruba os pensamentos
Dos malvados orgulhosos.
Mas os planos que ele faz
Vão sair vitoriosos.

SALMO RESPONSORIAL: Como eu amo, ó Senhor - Salmo 118(119)

Texto: Lecionário Dominical
Música: D.R.

Refrão:
Como eu amo, ó Senhor, a vossa Lei, vossa Palavra!

1.
É esta a parte que escolhi por minha herança:
Observar vossas palavras, ó Senhor!
A lei de vossa boca, para mim,
Vale mais do que milhões em ouro e prata.

2.
Vosso amor seja um consolo para mim,
Conforme ao vosso servo prometestes.
Venha a mim o vosso amor, e viverei,
Porque tenho em vossa lei o meu prazer.

3.
Por isso amo os mandamentos que nos destes,
Mais que o ouro, muito mais que o ouro fino!
Por isso eu sigo bem direito as vossas leis,
Detesto todos os caminhos da mentira.

4.
Maravilhosos são os vossos testemunhos,
Eis por que meu coração os observa!
Vossa palavra, ao revelar-se, me ilumina,
Ela dá sabedoria aos pequeninos.

ACLAMAÇÃO AO EVANGELHO: Aleluia, eu te louvo

Letra: Reginaldo Veloso
Música: Everaldo Peixoto

Coro: /:Aleluia, aleluia, aleluia, aleluia!:/
Solo: Eu te louvo, ó Pai Santo,
Deus do céu, Senhor da terra:

Coro: Aleluia, aleluia, aleluia, aleluia!
Solo: Os mistérios do teu Reino,
Aos pequenos, Pai, revelas! Aleluia...

(Mt 11,25)

OFERENDAS: A mesa santa que preparamos

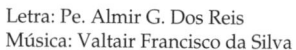

Letra: Pe. Almir G. Dos Reis
Música: Valtair Francisco da Silva

1.
A mesa santa que preparamos,
Mãos que se elevam a ti, ó Senhor.
O pão e o vinho, frutos da terra,
Duro trabalho, carinho e amor.
Ô ô ô, recebe, Senhor!
Ô ô, recebe, Senhor!

2.
Flores, espinhos, dor e alegria,
Pais, mães e filhos diante do altar.
A nossa oferta em nova festa,
A nossa dor vem, Senhor, transformar!
Ô ô ô, recebe, Senhor!
Ô ô, recebe, Senhor!

3.
A vida nova, nova família,
Que celebramos, aqui tem lugar.
Tua bondade vem com fartura,
É só saber, reunir, partilhar.
Ô ô ô, recebe, Senhor!
Ô ô, recebe, Senhor!

COMUNHÃO: Quando os tempos chegarem ao fim

Ir. Miria Therezinha Kolling

Refrão: Quando os tempos chegarem ao fim,
Enviados, os anjos virão
/: Separar os que mal procederam
Acolhendo os justos e bons:/

Salmo 119(118)

1.
Feliz quem anda
Com a verdade,
Na lei de Deus,
Com integridade!
Feliz quem guarda
Seu mandamento
No coração,
No pensamento!

2.
Quem a maldade
Sabe evitar,
A estrada certa
Vai encontrar!
Senhor, tu deste
Os teus mandados,
Para que sejam
Sempre guardados!

3.
Ah! Quem me dera,
Que, em meu andar,
Teus mandamentos
Possa eu guardar!
Se os mandamentos
Obedecer,
Não vai o mal
Me acontecer!

4.
Quando tuas leis
Eu aprender,
Vou te louvar
E agradecer!
Eu vou guardar
Teu mandamento,
Mas, não me deixes
No esquecimento.

18º Domingo: Domingo da Multiplicação - Mt 14,13-21

Da partilha do "pão nosso de cada dia" à partilha fraterna do Pão da Ceia do Senhor, há um caminho por ser percorrido, onde as etapas não poderão ser queimadas, sob pena de invalidar-se o que há de mais caro à fé dos cristãos. Desde o tempo de Paulo e da comunidade cristã de Corinto que uma exigente certeza nos deveria acompanhar, o tempo todo, em nossa caminhada eclesial: se cada um de nós não se dispuser a compartilhar o que tem com os demais, sobretudo com os que passam necessidades, não adianta celebrar a Eucaristia. Seria mera enganação, blasfema alienação. Por outro lado, podemos sonhar com uma comunidade, em permanente "campanha da fraternidade", onde todos cuidam uns dos outros, todo dia, e no final da semana, podem repartir o Pão da Ceia do Senhor, com uma alegria e um canto que fazem a diferença, como se diz das primeiras comunidades.

ABERTURA: Acolhe os oprimidos

Letra: Reginaldo Veloso (refrão)
Pe. Jocy Rodrigues (salmo)
Música: Hamilton Florentino dos Santos

Refrão: **Acolhe os oprimidos**
Em sua casa, o Senhor, é seu abrigo!
Só ele se faz temer,
Pois a seu povo dá força e poder!

Sl 68(67),6-7.36

Sl 33(32)

1.
A nação que ele governa,
É feliz com tal Senhor.
Lá do céu ele vê tudo,
Vê o homem e seu valor.
Fez o nosso coração,
Forte e contemplador.

2.
O que dá vitória ao rei,
Não é ter muitos soldados.
O valente não se livra
Por sua força ou seus cuidados.
Quem confia nos cavalos
Vai, no fim, ser derrotado.

3.
O Senhor protege sempre
Quem espera em seu amor,
Pra livrar da triste morte
E, na fome, dar vigor.
No Senhor é que esperamos,
Ele é escudo protetor.

4.
Nele nosso coração
Encontrou sempre alegria.
No seu nome sacrossanto
Quem é bom, sempre confia.
Traz, Senhor, com teu amor,
Esperança e alegria!

SALMO RESPONSORIAL: Vós abris a vossa mão - Salmo 144(145)

Texto: Lecionário Dominical
Música: D.R.

Refrão: Vós abris a vossa mão, e saciais os vossos filhos

Sl 144(145)

Misericórdia e piedade é o Senhor,
ele é amor, é paciência, é compaixão.
O Senhor é muito bom para com todos,
sua ternura abraça toda criatura.

Todos os olhos, ó Senhor, em vós esperam
e vós lhes dais no tempo certo o alimento;
vós abris a vossa mão prodigamente
e saciais todo ser vivo com fartura.

É justo o Senhor em seus caminhos,
é santo em toda obra que ele faz.
Ele está perto da pessoa que o invoca,
de todo aquele que o invoca lealmente.

ACLAMAÇÃO AO EVANGELHO: Aleluia, ó vocês que estão fatigados

Letra: Reginaldo Veloso
Música: Tradic.: "Eu confio em nosso Senhor"

Refrão: A-le-lu-ia, a-le-lu-ia. A-le-lu-ia, a-le-lu-ia. A-le-lu-ia, a-le-lu-ia. A-le-lu-ia, a-le-lu-ia!

1 - Ó vocês que estão fatigados, vocês oprimidos, eu sei, venham todos a mim, meus queridos, e eu os aliviarei!

Refrão: **Aleluia, aleluia, aleluia, aleluia!**
Aleluia, aleluia, aleluia, aleluia!

Oh! Vocês que estão fatigados,
Vocês, oprimidos, eu sei,
Venham todos a mim, meus queridos,
E eu os aliviarei!
(Mt 11,28)

OFERENDAS: As mesmas mãos que plantaram a semente

Zé Vicente

1.
As mesmas mãos que plantaram a semente aqui estão.
O mesmo pão que a mulher preparou aqui está.
O vinho novo que a uva sangrou jorrará no nosso altar!

Refrão:
A liberdade haverá, a igualdade haverá,
/: E nesta festa onde a gente é irmão,
O Deus da vida se faz comunhão! :/

2.
Na flor do altar brilha o sonho da paz mundial.
A luz acesa é a fé que palpita hoje em nós.
Do livro aberto o amor se derrama total no nosso altar!

3.
Benditos sejam os frutos da terra de Deus,
Benditos sejam o trabalho e a nossa união,
Bendito seja Jesus que conosco estará além do altar!

COMUNHÃO: Os pães e os peixes tomou

Frei J. A. Fontanella

Refrão: Os pães e os peixes tomou; bendisse e deu-os nas mãos; reparte-se o alimento e farta-se a multidão! Reparte-se o alimento e farta-se a multidão!

1 - Louvar eu quero a ti, meu Deus e Rei, teu nome eternamente vou louvar. Eu digo, cada dia, teu louvor, vou bendizer teu nome, sem parar. A ti, grande Senhor, todo louvor! Ninguém pode medir tua grandeza. As gerações ensinam, uma à outra, o que fizeste e a tua fortaleza, o que fizeste e a tua fortaleza!

Refrão: Os pães e os peixes tomou;
Bendisse e deu-os nas mãos;
/: Reparte-se o alimento
E farta-se a multidão! :/

Salmo 145(144)

1.
Louvar eu quero a ti, meu Deus, meu Rei,
Teu nome, eternamente, vou cantar
Eu digo, cada dia, teu louvor,
Vou bendizer teu nome, sem parar.
A ti, grande Senhor, todo louvor!
Ninguém pode medir tua grandeza.
As gerações ensinam, uma à outra,
/:O que fizeste e a tua fortaleza.:/

2.
O teu poder e glória todos cantem
E espalhem maravilhas que operaste.
os teus terríveis feitos se divulguem
E os mil prodígios que tu praticaste.
Bondoso é o Senhor para com todos,
Com tudo que criou toma cuidado.
Senhor, as criaturas te agradeçam
/:e te bendiga todo ser criado!:/

3.
Teu Reino vai durar eternamente
E tu dominas todas as idades.
Tu és fiel àquilo que prometes
E tudo realizas com bondade.
Sustentas quem tropeça, por fraqueza,
E quem anda curvado, tu consertas.
Pra ti se voltam todos os olhares
/:E o pão concedes tu na hora certa.:/

4.
A mão abres pra todos, sem medida
E todos os viventes ficam fartos.
É muito justo Deus em seus caminhos
E sempre santo em todos os seus atos.
Senhor, sempre estás perto de quem chama,
Dos que na vida têm sinceridade.
Escutas quem te chama e vens salvar
/:E a quem te ama, fazes a vontade.:/

19º Domingo: Domingo da Tempestade - Mt 14,22-23

Quem já não fez, em algum momento de sua vida, a experiência desafiante de sentir-se em meio a ondas de um mar agitado, a ponto de afogar-se?... Pode ter sido um experiência individual, pode ter sido uma experiência coletiva... Há momentos em que até quem nos vem ao encontro para ajudar, parece um fantasma, tal é nossa angústia, nosso embaraço... Este é, porém, o momento da fé, por excelência: o momento de experimentar a verdade fundamental do Deus que está sempre conosco; de poder discernir sua presença nas pessoas e nos acontecimentos, apesar dos pesares; do acreditar que, não obstante o poder do mal, "apesar de você, amanhã há de ser outro dia". E sentiremos, aos poucos, se fazer a bonança, e, na celebração dominical, especialmente, escutaremos de novo Aquele que nos vem dizer: "A paz esteja com vocês!". E nossa fé ganhará um novo alento, e nosso canto, uma nova vibração.

ABERTURA: Acolhe os oprimidos

Letra: Reginaldo Veloso (refrão)
Pe. Jocy Rodrigues (salmo)
Música: Hamilton Florentino dos Santos

Refrão: Acolhe os oprimidos
Em sua casa, o Senhor, é seu abrigo!
Só ele se faz temer,
Pois a seu povo dá força e poder!

Sl 68(67),6-7.36

Sl 33(32)

1.
A nação que ele governa,
É feliz com tal Senhor.
Lá do céu ele vê tudo,
Vê o homem e seu valor.
Fez o nosso coração,
Forte e contemplador.

2.
O que dá vitória ao rei,
Não é ter muitos soldados.
O valente não se livra
Por sua força ou seus cuidados.
Quem confia nos cavalos
Vai, no fim, ser derrotado.

3.
O Senhor protege sempre
Quem espera em seu amor,
Pra livrar da triste morte
E, na fome, dar vigor.
No Senhor é que esperamos,
Ele é escudo protetor.

4.
Nele nosso coração
Encontrou sempre alegria.
No seu nome sacrossanto
Quem é bom, sempre confia.
Traz, Senhor, com teu amor,
Esperança e alegria!

SALMO RESPONSORIAL: Mostrai-nos, ó Senhor - Salmo 84(85)

Texto: Lecionário Dominical
Música: Reginaldo Veloso

Refrão: **Mostrai-nos, ó Senhor, vossa bondade,
e a vossa salvação nos concedei!**

Sl 84(85)

Quero ouvir o que o Senhor irá falar,
é a paz que ele vai anunciar.
Está perto a salvação dos que o temem.
e a glória habitará em nossa terra.

A verdade e o amor se encontrarão,
a justiça e a paz se abraçarão;
da terra brotará a fidelidade,
e a justiça olhará dos altos céus.

O Senhor nos dará tudo o que é bom,
e a nossa terra nos dará suas colheitas;
a justiça andará na sua frente
e a salvação há de seguir os passos seus.

ACLAMAÇÃO AO EVANGELHO: Aleluia, eu confio em nosso Senhor

Letra: Reginaldo Veloso
Música: Tradic.: "Eu confio em nosso Senhor"

Refrão: A-le-lu-ia, a-le-lu-ia. A-le-lu-ia, a-le-lu-ia. A-le-lu-ia, a-le-lu-ia. A-le-lu-ia, a-le-lu-ia!

1 - Eu con-fi-o em Nos-so Se-nhor com fé, es-pe-ran-ça e a-mor, eu es-pe-ro em su-a Pa-la-vra, Ho-sa-na, ó Se-nhor, vem me sal-va!

Refrão:
Aleluia, aleluia, aleluia, aleluia!
Aleluia, aleluia, aleluia, aleluia!

Eu confio em nosso Senhor,
Com fé, esperança e amor,
Eu espero em sua Palavra,
Hosana, ó Senhor, vem me salva!

(Sl 130(129),5)

OFERENDAS: As mesmas mãos que plantaram a semente

Zé Vicente

1.
As mesmas mãos que plantaram a semente aqui estão.
O mesmo pão que a mulher preparou aqui está.
O vinho novo que a uva sangrou jorrará no nosso altar!

Refrão:
A liberdade haverá, a igualdade haverá,
/: E nesta festa onde a gente é irmão,
O Deus da vida se faz comunhão! :/

2.
Na flor do altar brilha o sonho da paz mundial.
A luz acesa é a fé que palpita hoje em nós.
Do livro aberto o amor se derrama total no nosso altar!

3.
Benditos sejam os frutos da terra de Deus,
Benditos sejam o trabalho e a nossa união,
Bendito seja Jesus que conosco estará além do altar!

COMUNHÃO: Na barca estão os discípulos

Letra: Pe. Jocy Rodrigues
Música: Frei J. A. Fontanella

Refrão: Na barca estão os discípulos, de joelhos, a Cristo a adorar: o Filho de Deus tu és, Senhor, tua mão vem nos dar! "Tu és o Filho de Deus!" Senhor tua mão vem nos dar! **1 -** Louvar eu quero a ti, meu Deus e Rei, teu nome, eternamente vou louvar. Eu digo, cada dia, teu louvor, vou bendizer teu nome, sem parar. A ti, grande Senhor, todo louvor! Ninguém pode medir tua grandeza. As gerações ensinam, uma à outra, o que fizeste e a tua fortaleza, o que fizeste e a tua fortaleza!

Refrão: **Na barca estão os discípulos**
De joelhos, a Cristo adorar:
"O Filho de Deus tu és,
Senhor, tua mão vem nos dar!
Tu és o Filho de Deus!
Senhor, tua mão vem nos dar!"

Salmo 145(144)

1.
Louvar eu quero a ti, meu Deus, meu Rei,
Teu nome, eternamente, vou cantar
Eu digo, cada dia, teu louvor,
Vou bendizer teu nome, sem parar.
A ti, grande Senhor, todo louvor!
Ninguém pode medir tua grandeza.
As gerações ensinam, uma à outra,
/:O que fizeste e a tua fortaleza.:/

2.
O teu poder e glória todos cantem
E espalhem maravilhas que operaste.
os teus terríveis feitos se divulguem
E os mil prodígios que tu praticaste.
Bondoso é o Senhor para com todos,
Com tudo que criou toma cuidado.
Senhor, as criaturas te agradeçam
/:e te bendiga todo ser criado!:/

3.
Teu Reino vai durar eternamente
E tu dominas todas as idades.
Tu és fiel àquilo que prometes
E tudo realizas com bondade.
Sustentas quem tropeça, por fraqueza,
E quem anda curvado tu consertas.
Pra ti se voltam todos os olhares
/:E o pão concedes tu na hora certa.:/

4.
A mão abres pra todos, sem medida
E todos os viventes ficam fartos.
É muito justo Deus em seus caminhos
E sempre santo em todos os seus atos.
Senhor, sempre estás perto de quem chama,
Dos que na vida têm sinceridade.
Escutas quem te chama e vens salvar
/:E a quem te ama, fazes a vontade.:/

20º Domingo: Domingo da Cananéia - Mt 15,21-28

Quando a Vida é o que interessa, uma mãe jamais se dá por vencida. Quando a Vida é o que está em jogo, todas as barreiras desabam. Assim foi a persistência da mulher Cananéia. Assim foram os preconceitos culturais com que Jesus de Nazaré conviveu. No final das contas, para a mulher e para Jesus, a única coisa que prevaleceu foi a Vida, a vida ameaçada, a vida em perigo, a vida que gritava pela Vida. Se essa foi nossa prioridade, durante toda a semana que passou, se essa foi, todo o tempo, a nossa atitude fundamental frente a pessoas e situações que exigiam nossa solidariedade, nosso encontro com o Ressuscitado, hoje, será o mais natural e o mais prazeroso. Será, aliás, a celebração daquela real presença em nós, a semana toda. Será um canto à Vida, capaz de nos motivar para uma entrega ainda mais generosa, em Jesus e com Jesus. Cume e fonte.

ABERTURA: Acolhe os oprimidos

Letra: Reginaldo Veloso (refrão)
Pe. Jocy Rodrigues (salmo)
Música: Hamilton Florentino dos Santos

Refrão: Acolhe os oprimidos
Em sua casa, o Senhor, é seu abrigo!
Só ele se faz temer,
Pois a seu povo dá força e poder!

Sl 68(67),6-7.36

Sl 33(32)

1.
A nação que ele governa,
É feliz com tal Senhor.
Lá do céu ele vê tudo,
Vê o homem e seu valor.
Fez o nosso coração,
Forte e contemplador.

2.
O que dá vitória ao rei,
Não é ter muitos soldados.
O valente não se livra
Por sua força ou seus cuidados.
Quem confia nos cavalos
Vai, no fim, ser derrotado.

3.
O Senhor protege sempre
Quem espera em seu amor,
Pra livrar da triste morte
E, na fome, dar vigor.
No Senhor é que esperamos,
Ele é escudo protetor.

4.
Nele nosso coração
Encontrou sempre alegria.
No seu nome sacrossanto
Quem é bom, sempre confia.
Traz, Senhor, com teu amor,
Esperança e alegria!

SALMO RESPONSORIAL: Que as nações vos glorifiquem - Salmo 66(67)

Texto: Lecionário Dominical
Música: Reginaldo Veloso

**Refrão: Que as nações vos glorifiquem, ó Senhor,
que todas as nações vos glorifiquem!**

Sl 66(67)

Que Deus nos dê a sua graça e sua bênção,
e sua face resplandeça sobre nós!
Que na terra se conheça o seu caminho,
e a sua salvação por entre os povos.

Exulte de alegria a terra inteira,
pois julgais o universo com justiça;
os povos governais com retidão,
e guiais, em toda a terra, as nações.

Que as nações vos glorifiquem, ó Senhor,
que todas as nações vos glorifiquem!
Que o Senhor e nosso Deus nos abençoe,
e o respeitem os confins de toda a terra!

ACLAMAÇÃO AO EVANGELHO: Jesus Cristo pregava o evangelho

Letra: Reginaldo Veloso
Música: Tradic.: "Eu confio em nosso Senhor"

Refrão: A-le-lu-ia, a-le-lu-ia. A-le-lu-ia, a-le-lu-ia. A-le-lu-ia, a-le-lu-ia. A-le-lu-ia, a-le-lu-ia!

1 - Jesus Cristo pregava o evangelho, a boa notícia do Reino, e curava seu povo doente, de todos os males, sua gente!

Refrão:
Aleluia, aleluia, aleluia, aleluia!
Aleluia, aleluia, aleluia, aleluia!

Jesus Cristo pregava o evangelho,
a boa notícia do Reino,
e curava seu povo doente,
de todos os males, sua gente!
(Mt 4,23)

OFERENDAS: As mesmas mãos que plantaram a semente

Zé Vicente

1.
As mesmas mãos que plantaram a semente aqui estão.
O mesmo pão que a mulher preparou aqui está.
O vinho novo que a uva sangrou jorrará no nosso altar!

Refrão:
A liberdade haverá, a igualdade haverá,
/: **E nesta festa onde a gente é irmão,**
O Deus da vida se faz comunhão! :/

2.
Na flor do altar brilha o sonho da paz mundial.
A luz acesa é a fé que palpita hoje em nós.
Do livro aberto o amor se derrama total no nosso altar!

3.
Benditos sejam os frutos da terra de Deus,
Benditos sejam o trabalho e a nossa união,
Bendito seja Jesus que conosco estará além do altar!

COMUNHÃO: Mulher, quão grande é tua crença

Letra: Pe. Jocy Rodrigues
Música: Frei J. A. Fontanella

Refrão: Mulher, quão grande é tua crença, mulher, quão grande é tua fé! Por isso, diz o Senhor, se faça o que você quer! Por isso, diz o Senhor, se faça o que você quer! 1- Louvar eu quero a ti, meu Deus e Rei, teu nome, eternamente vou louvar. Eu digo, cada dia, teu louvor, vou bendizer teu nome, sem parar. A ti, grande Senhor, todo louvor! Ninguém pode medir tua grandeza. As gerações ensinam, uma à outra, o que fizeste e a tua fortaleza, o que fizeste e a tua fortaleza!

Refrão: **Mulher, grande é tua crenças,**
Mulher, grande é tua fé!
/: Por isso, diz o Senhor,
Se faça o que você quer! :/

Salmo 145(144)

1.
Louvar eu quero a ti, meu Deus, meu Rei,
Teu nome, eternamente, vou cantar
Eu digo, cada dia, teu louvor,
Vou bendizer teu nome, sem parar.
A ti, grande Senhor, todo louvor!
Ninguém pode medir tua grandeza.
As gerações ensinam, uma à outra,
/:O que fizeste e a tua fortaleza.:/

2.
O teu poder e glória todos cantem
E espalhem maravilhas que operaste.
os teus terríveis feitos se divulguem
E os mil prodígios que tu praticaste.
Bondoso é o Senhor para com todos,
Com tudo que criou toma cuidado.
Senhor, as criaturas te agradeçam
/:e te bendiga todo ser criado!:/

3.
Teu Reino vai durar eternamente
E tu dominas todas as idades.
Tu és fiel àquilo que prometes
E tudo realizas com bondade.
Sustentas quem tropeça, por fraqueza,
E quem anda curvado tu consertas.
Pra ti se voltam todos os olhares
/:E o pão concedes tu na hora certa.:/

4.
A mão abres pra todos, sem medida
E todos os viventes ficam fartos.
É muito justo Deus em seus caminhos
E sempre santo em todos os seus atos.
Senhor, sempre estás perto de quem chama,
Dos que na vida têm sinceridade.
Escutas quem te chama e vens salvar
/:E a quem te ama, fazes a vontade.:/

21º Domingo: Domingo de Pedro - Mt 16,13-20

Simão, o primeiro a confessar solenemente sua fé em Jesus, "o Cristo, o Filho de Deus vivo" é, por esta razão, o "príncipe dos apóstolos", encarregado por Jesus de fortalecer a fé de seus irmãos, e "a pedra" sobre a qual será edificada a sua Igreja. Muito embora seja ele o mesmo "filho de Jonas" que, num momento seguinte, vai discordar de Jesus, diante do anúncio antecipado da sua morte, e, pior ainda, mais adiante, quando as coisas acontecerem, irá negá-lo, por medo de ser pego juntamente com "o galileu" condenado. Que bom que, entre várias e "melhores" possibilidades, Jesus escolhe justamente a Pedro para ser o grande companheiro de todos nós. Como a gente, tantas vezes gente "de pouca fé", se sente mais à vontade, por exemplo, no momento da celebração, e o nosso canto se faz mais confiante e até mais alegre.

ABERTURA: Acolhe os oprimidos

Letra: Reginaldo Veloso (refrão)
Pe. Jocy Rodrigues (salmo)
Música: Hamilton Florentino dos Santos

Refrão: Acolhe os oprimidos
Em sua casa, o Senhor, é seu abrigo!
Só ele se faz temer,
Pois a seu povo dá força e poder!

Sl 68(67),6-7.36

Sl 33(32)

1.
A nação que ele governa,
É feliz com tal Senhor.
Lá do céu ele vê tudo,
Vê o homem e seu valor.
Fez o nosso coração,
Forte e contemplador.

2.
O que dá vitória ao rei,
Não é ter muitos soldados.
O valente não se livra
Por sua força ou seus cuidados.
Quem confia nos cavalos
Vai, no fim, ser derrotado.

3.
O Senhor protege sempre
Quem espera em seu amor,
Pra livrar da triste morte
E, na fome, dar vigor.
No Senhor é que esperamos,
Ele é escudo protetor.

4.
Nele nosso coração
Encontrou sempre alegria.
No seu nome sacrossanto
Quem é bom, sempre confia.
Traz, Senhor, com teu amor,
Esperança e alegria!

SALMO RESPONSORIAL: Ó Senhor, vossa bondade - Salmo 137(138)

Texto: Lecionário Dominical
Música: Reginaldo Veloso

Refrão: Ó Senhor, vossa bondade é para sempre!
Completai em mim a obra começada!

Sl 137(138)

Ó Senhor, de coração eu vos dou graças,
porque ouvistes as palavras dos meus lábios!
Perante os vossos anjos vou cantar-vos
e ante o vosso templo vou prostrar-me.

Eu agradeço vosso amor, vossa verdade,
porque fizestes muito mais que promestestes;
naquele dia em que gritei, vós me escutastes
e aumentastes o vigor da minha alma.

Altíssimo é o Senhor, mas olha os pobres,
e de longe reconhece os orgulhosos.
= Ó Senhor, vossa bondade é para sempre! +
Eu vos peço, não deixeis inacabada
esta obra que fizeram vossa mãos!

ACLAMAÇÃO AO EVANGELHO: Aleluia, tu és Pedro

Letra: Reginaldo Veloso
Música: Tradic.: "Eu confio em nosso Senhor"

Refrão: Aleluia, aleluia. Aleluia, aleluia. Aleluia, aleluia. Aleluia, aleluia!

1 - Tu és Pedro e sobre esta pedra
Edificarei minha Igreja,
e os poderes do reino das trevas
jamais poderão contra ela!

Refrão: **Aleluia, aleluia, aleluia, aleluia!**
Aleluia, aleluia, aleluia, aleluia!

Tu és Pedro e sobre esta pedra
Edificarei minha Igreja,
E os poderes do reino das trevas
Jamais poderão contra ela!
(Mt 16,18)

OFERENDAS: As mesmas mãos que plantaram a semente

Zé Vicente

1.
As mesmas mãos que plantaram a semente aqui estão.
O mesmo pão que a mulher preparou aqui está.
O vinho novo que a uva sangrou jorrará no nosso altar!

Refrão:
A liberdade haverá, a igualdade haverá,
/: E nesta festa onde a gente é irmão,
O Deus da vida se faz comunhão! :/

2.
Na flor do altar brilha o sonho da paz mundial.
A luz acesa é a fé que palpita hoje em nós.
Do livro aberto o amor se derrama total no nosso altar!

3.
Benditos sejam os frutos da terra de Deus,
Benditos sejam o trabalho e a nossa união,
Bendito seja Jesus que conosco estará além do altar!

COMUNHÃO: Agora, vocês me digam

Letra: Pe. Jocy Rodrigues
Música: Frei J. A. Fontanella

Refrão: Agora, vocês me digam,
Me digam vocês quem sou!
/: O Filho és do Deus vivo,
Messias, libertador! :/

Sl 145(144)

1.
Louvar eu quero a ti, meu Deus, meu Rei,
Teu nome, eternamente, vou cantar
Eu digo, cada dia, teu louvor,
Vou bendizer teu nome, sem parar.
A ti, grande Senhor, todo louvor!
Ninguém pode medir tua grandeza.
As gerações ensinam, uma à outra,
/:O que fizeste e a tua fortaleza.:/

2.
O teu poder e glória todos cantem
E espalhem maravilhas que operaste.
os teus terríveis feitos se divulguem
E os mil prodígios que tu praticaste.
Bondoso é o Senhor para com todos,
Com tudo que criou toma cuidado.
Senhor, as criaturas te agradeçam
/:e te bendiga todo ser criado!:/

3.
Teu Reino vai durar eternamente
E tu dominas todas as idades.
Tu és fiel àquilo que prometes
E tudo realizas com bondade.
Sustentas quem tropeça, por fraqueza,
E quem anda curvado tu consertas.
Pra ti se voltam todos os olhares
/:E o pão concedes tu na hora certa.:/

4.
A mão abres pra todos, sem medida
E todos os viventes ficam fartos.
É muito justo Deus em seus caminhos
E sempre santo em todos os seus atos.
Senhor, sempre estás perto de quem chama,
Dos que na vida têm sinceridade.
Escutas quem te chama e vens salvar
/:E a quem te ama, fazes a vontade. :/

22º Domingo: Domingo do "Vai para trás!" – Mt 16,21-27

Quem diria que alguém, que fizera tão firme e bela profissão de fé, haveria de demonstrar tanta ignorância a respeito do seu Mestre e dos planos de Deus! A fé de Simão, mesmo inspirada pelo Pai de Jesus, ainda estava misturada com os temperos culturais do triunfalismo de sua gente, que só conseguia imaginar um Messias glorioso, descendo do céu. Em vez disso, Jesus se apresenta muito mais como o "servo sofredor" anunciado por Isaías, que irá realizar a redenção do seu povo e de todo a humanidade, morrendo como vítima dos pecados deste mesmo povo. E o mais sério é que, quem quiser segui-lo, tem que ir pelo mesmo caminho, "tomar a cruz" da fidelidade ao Pai, do compromisso com a justiça e com os injustiçados da terra... Foi essa, a nossa experiência durante a semana que passou?... Que temos para celebrar e cantar?...

ABERTURA: Deus, nosso Pai protetor

Letra: Reginaldo Veloso (refrão)
Música: Pe. Jocy Rodrigues (salmo)
Música: Frei Emílio Scheid, OFM

Refrão: **Deus, nosso Pai protetor,**
Dá-nos hoje um sinal de tua graça!
Por teu Ungido, ó Senhor,
Estejamos pra sempre em tua casa!

Sl 84(83),10-11

Sl 86(85)

1.
Ó Senhor, põe teu ouvido
Bem aqui, pra me escutar.
Infeliz eu sou e pobre,
Vem depresse me ajudar!
Teu amigo eu sou, tu sabes,
Só em ti vou confiar.

2.
Compaixão de mim, Senhor!
Eu te chamo, noite e dia.
Vem me dar força e coragem
E aumentar minha alegria.
Eu te faço minha prece,
Pois minh'alma em ti confia.

3.
Tu és bom e compassivo
E a quem pede, dás perdão.
Dá ouvido a meus pedidos:
Meu lamento é oração.
Na hora amarga eu te procuro,
Sei que não te chamo em vão.

4.
Não existe nenhum deus,
Pra contigo se igualar,
Nem no mundo existe nada
Que se possa comparar
Às belezas que na terra
Teu amor soube criar.

SALMO RESPONSORIAL: A minh'alma tem sede de vós - Salmo 62(63)

Texto: Lecionário Dominical
Música: Reginaldo Veloso

**Refrão: A minh'alma tem sede de vós
como a terra sedenta, ó meu Deus!**

Sl 62(63)
Sois vós, ó Senhor, o meu Deus!
desde a aurora ansioso vos busco!
= A minh'alma tem sede de vós, +
Minha carne também vos deseja,
como terra sedenta e sem água!

Venho, assim, contemplar-vos no templo,
para ver vossa glória e poder.
Vosso amor vale mais do que a vida;
e por isso meus lábios vos louvam.

Quero, pois, vos louvar pela vida,
e elevar para vós minhas mãos!
A minh'alma será saciada,
como em grande banquete de festa;
cantará a alegria em meus lábios,
ao cantar para vós meu louvor!

Para mim fostes sempre um socorro;
de vossas asas à sombra eu exulto!
Minha alma se agarra em vós;
com poder vossa mão me sustenta.

ACLAMAÇÃO AO EVANGELHO: Aleluia, que o Pai de Jesus, nosso Senhor

Folcmúsica Religiosa

Refrão: Aleluia, aleluia, aleluia!
Aleluia, aleluia, aleluia!

Que o Pai de Jesus, Nosso Senhor,
Do Saber nos conceda o seu Espírito.
E, assim, conheçamos a esperança
Para a qual nos chamou desde o princípio.

(Ef 1,17-18)

OFERENDAS: Bendito seja Deus Pai

Letra e música: Pe. José Cândido da Silva

1.
Bendito seja Deus Pai,
Do universo criador,
Pelo pão que nós recebemos,
Foi de graça e com amor.

Refrão:
O homem que trabalha
Faz a terra produzir.
O trabalho multiplica os dons
Que nós vamos repartir.

2.
Bendito seja Deus Pai,
Do universo criador,
Pelo vinho que nós recebemos,
Foi de graça e com amor.

3.
E nós participamos
Da construção do mundo novo,
Com Deus, que jamais despreza
Nossa imensa pequenez.

COMUNHÃO: Na glória do Pai Eterno

Letra: Reginaldo Veloso (refrão)
Pe. Jocy Rodrigues (salmo)
Música: Pe. José Cândido da Silva

Refrão:
Na glória do Pai Eterno,
O Filho do Homem virá,
Em companhia dos anjos seus
E a cada um vai pagar:
/: Por quanto fez nesta vida,
Igual retribuirá! :/

Sl 103(102)

1.
Bendiz minh'alma o Senhor!
Seu nome seja louvado!
Minh'alma louva o Senhor,
Por tudo que me tem dado!
Me cura as enfermidades
E me perdoa os pecados.

2.
Me tira da triste morte,
Me dá carinho e amor.
Com sua misericórdia
Do abismo ele me tirou,
E, como se eu fosse águia,
Vem renovar meu vigor.

3.
Consegue fazer justiça
A todos os oprimidos.
Guiou Moisés no deserto
A Israel escolhido.
Tem pena, tem compaixão
E não se sente ofendido.

4.
Não fica guardando mágoa
E é lento em castigar.
É sempre cheio de amor
E gosta de perdoar.
Não usa de nossos erros
Pra vir de nós se vingar.

5.
Distância da terra ao céu,
Medida do seu amor,
E do poente ao nascente,
As nossas faltas vai pôr.
Qual pai que tem dó dos filhos,
De nós tem pena o Senhor.

6.
Conhece nossa fraqueza,
Que somos como poeira.
A nossa vida é uma planta,
Uma pobre erva rasteira:
O vento vem e a desfolha,
Já não se sabe onde era.

7.
O amor de Deus aos que o temem
Se mostra em cada momento.
Também, a sua justiça
Protege eternamente
A quem se apega à aliança
E cumpre seus mandamentos.

8.
Firmou no céu o seu trono
E ao mundo vai dominar.
Seus anjos cantam sua glória
E fazem o que ele mandar.
Que a terra e todos os homens
Comigo o venham louvar!

23º Domingo: Domingo da Presença Real - Mt 18,15-20

JESUS hoje nos congrega para revelar um dos seus segredos mais caros, um dos dogmas fundamentais da sua proposta eclesial: sua real presença em meio àqueles e aquelas que se encontram "em seu nome", porque o relembram com amor, porque o têm como Mestre, porque são, hoje, seus discípulos e discípulas. É nesse encontro de irmãos e irmãs que tudo de melhor pode acontecer: aí, na dinâmica da roda, é que se robustece a fé e a fraternidade; aí se resolvem, em última instância, todas as pendências de uma convivência fraterna, mas, mesmo assim, conflituosa... Todos são responsáveis por todos, todos se escutam e, juntos, buscam o melhor para todos e para cada um. É nisso que deve consistir o poder de tudo ligar e desligar, na terra e no céu. E a alegria do Salmo 133 naturalmente brotará do nosso cantar na celebração da fé e da fraternidade.

ABERTURA: Deus, nosso Pai protetor

Letra: Reginaldo Veloso (refrão)
Música: Pe. Jocy Rodrigues (salmo)
Música: Frei Emílio Scheid, OFM

Refrão: **Deus, nosso Pai protetor,**
Dá-nos hoje um sinal de tua graça!
Por teu Ungido, ó Senhor,
Estejamos pra sempre em tua casa!

Sl 84(83),10-11

Salmo 86(85)

1.
As nações que tu criaste,
Virão todas te adorar,
Pois fizeste maravilhas,
Que nos levam a te louvar.
Tu somente és o Senhor,
Só tu sabes governar.

2.
Vem, me ensina teus caminhos:
Só por eles quero andar.
Guia bem meu coração,
Pra contigo eu sempre estar.
O teu nome, meu Senhor,
Quero sempre respeitar.

3.
Meu Senhor, eu te agradeço,
Vou louvar-te, sem cessar.
Tu me amas, de verdade,
Vais da morte me livrar.
Os malvados me perseguem,
Querem mesmo me matar.

4.
Salva o filho de tua serva!
A teu servo dá coragem.
Vem provar que me proteges
E não dás aos maus vantagem,
Pra que todos reconheçam
O valor da tua mensagem.

SALMO RESPONSORIAL: Não fecheis o coração - Salmo 94(95)

Texto: Lecionário Dominical
Música: Série "Povo de Deus"

Refrão:
Não fecheis o coração, ouvi, hoje, a voz de Deus!

Sl 94(95)
Vinde, exultemos de alegria no Senhor,
aclamemos o Rochedo que nos salva!
Ao seu encontro caminhemos com louvores,
e com cantos de alegria o celebremos!

Vinde, adoremos e prostremos-nos, por terra,
e ajoelhemos ante o Deus que nos criou!
= Porque ele é o nosso Deus, nosso Pastor, +
E nós somos o seu povo e seu rebanho,
as ovelhas que conduz com sua mão.

Oxalá ouvísseis hoje a sua voz;
não fecheis os corações com em Meriba,
= como em Massa, no deserto, aquele dia, +
em que outrora vossos pais me provocaram,
apesar de terem visto as minhas obras.

ACLAMAÇÃO AO EVANGELHO: Aleluia, o Senhor reconciliou o mundo

Folc-Música-Religiosa

Refrão: Aleluia, aleluia, aleluia!
Aleluia, aleluia, aleluia!

O Senhor reconciliou o mundo em Cristo,
Confiando-nos sua Palavra,
A Palavra da reconciliação,
A Palavra que hoje aqui nos salva!
(2Cor 5,19)

OFERENDAS: Bendito seja Deus Pai

Letra e música: Pe. José Cândido da Silva

1.
Bendito seja Deus Pai,
Do universo criador,
Pelo pão que nós recebemos,
Foi de graça e com amor.

Refrão:
**O homem que trabalha
Faz a terra produzir.
O trabalho multiplica os dons
Que nós vamos repartir.**

2.
Bendito seja Deus Pai,
Do universo criador,
Pelo vinho que nós recebemos,
Foi de graça e com amor.

3.
E nós participamos
Da construção do mundo novo,
Com Deus, que jamais despreza
Nossa imensa pequenez.

COMUNHÃO: Vá e mostre o erro do seu irmão

Letra: Pe. Jocy Rodrigues
Música: Pe. José Cândido da Silva

Refrão:
Vá e mostre o erro do seu irmão,
Quando ele, um dia, pecar!
Vá e mostre o erro que ele fez,
Mas isso em particular...
/: Se ele ouvidos quiser lhe dar,
Um irmão você vai ganhar.:/

Sl 103(102)

1.
Bendiz minh'alma o Senhor!
Seu nome seja louvado!
Minh'alma louva o Senhor,
Por tudo que me tem dado!
Me cura as enfermidades
E me perdoa os pecados.

2.
Me tira da triste morte,
Me dá carinho e amor.
Com sua misericórdia
Do abismo ele me tirou,
E, como se eu fosse águia,
Vem renovar meu vigor.

3.
Consegue fazer justiça
A todos os oprimidos.
Guiou Moisés no deserto
A Israel escolhido.
Tem pena, tem compaixão
E não se sente ofendido.

4.
Não fica guardando mágoa
E é lento em castigar.
É sempre cheio de amor
E gosta de perdoar.
Não usa de nossos erros
Pra vir de nós se vingar.

5.
Distância da terra ao céu,
Medida do seu amor.
E do poente ao nascente,
As nossas faltas vai pôr.
Qual pai que tem dó dos filhos,
De nós tem pena o Senhor.

6.
Conhece nossa fraqueza,
Que somos como poeira.
A nossa vida é uma planta,
Uma pobre erva rasteira:
O vento vem e a desfolha,
Já não se sabe onde era.

7.
O amor de Deus aos que o temem
Se mostra em cada momento.
Também, a sua justiça
Protege eternamente
A quem se apega à aliança
E cumpre seus mandamentos.

8.
Firmou no céu o seu trono
E ao mundo vai dominar.
Seus anjos cantam sua glória
E fazem o que ele mandar.
Que a terra e todos os homens
Comigo o venham louvar!

24º Domingo: Domingo do Perdão - Mt 18,21-35

Quem ama não faz contas, não cobra dívidas, não "passa na cara". Quem ama perdoa, só e sempre. E é uma questão, antes de tudo, de bom senso. É só olhar-se no espelho da própria consciência. Afinal, somos farinha do mesmo saco, bonecos do mesmo barro. Se há em nós um sopro de vida, alguma inspiração para o bem, é coisa de Deus, dom do seu gratuito amor. Ele, primeiramente, é aquele que não se cansa de nos perdoar, de nos dar a mão, de repetir o "levanta-te e anda!", todos os dias. Esse jeito divino de ser é o milagre maior, que tem de multiplicar-se através de nossas atitudes e gestos cotidianos de compreensão, misericórdia e perdão. Menos do que isso é a "lei da selva", a insensatez de uma convivência estressante, insuportável. Não é por nada que nosso encontro com o Ressuscitado começa com um momento de revisão de vida, um pedido de perdão, um canto de arrependimento e de confiança na divina misericórdia, que nos perdoa "assim como nós perdoamos".

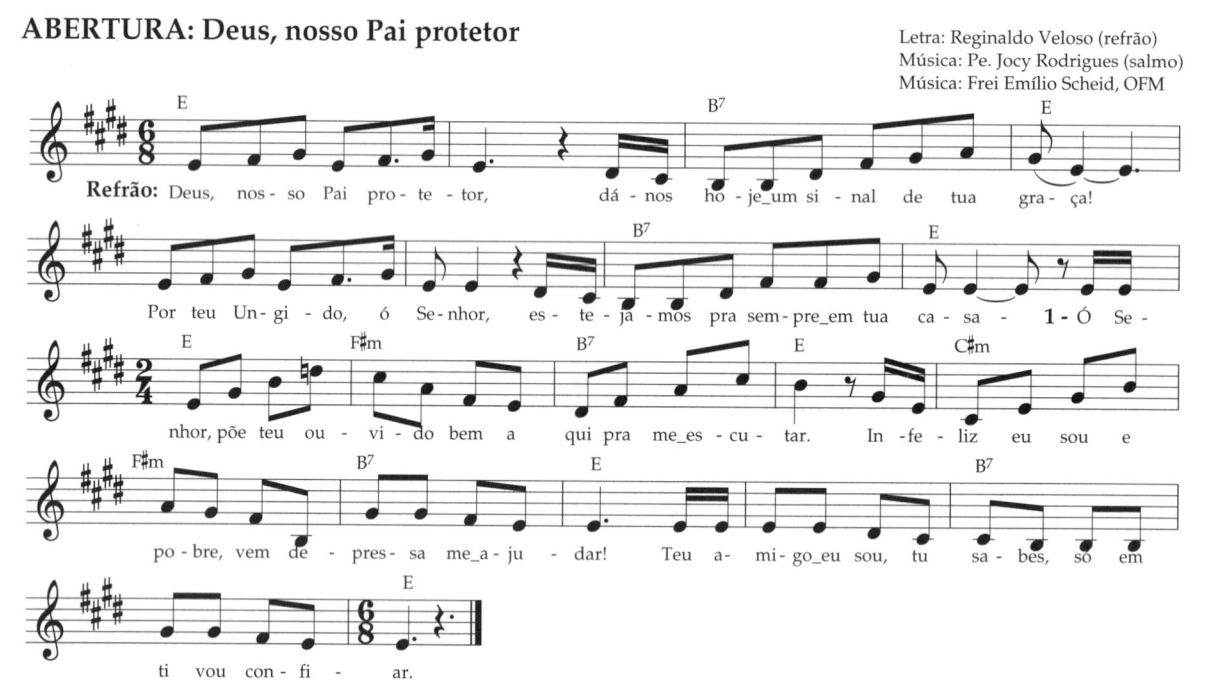

ABERTURA: Deus, nosso Pai protetor

Letra: Reginaldo Veloso (refrão)
Música: Pe. Jocy Rodrigues (salmo)
Música: Frei Emílio Scheid, OFM

Refrão: Deus, nosso Pai protetor, dá-nos hoje um sinal de tua graça! Por teu Ungido, ó Senhor, estejamos pra sempre em tua casa

1 - Ó Senhor, põe teu ouvido bem aqui pra me_escutar. Infeliz eu sou e pobre, vem depressa me_ajudar! Teu amigo_eu sou, tu sabes, só em ti vou confiar.

Refrão: **Deus, nosso Pai protetor,
Dá-nos hoje um sinal de tua graça!
Por teu Ungido, ó Senhor,
Estejamos pra sempre em tua casa!**

Sl 84(83),10-11

Salmo 86(85)

1.
As nações que tu criaste,
Virão todas te adorar,
Pois fizeste maravilhas,
Que nos levam a te louvar.
Tu somente és o Senhor,
Só tu sabes governar.

2.
Vem, me ensina teus caminhos:
Só por eles quero andar.
Guia bem meu coração,
Pra contigo eu sempre estar.
O teu nome, meu Senhor,
Quero sempre respeitar.

3.
Meu Senhor, eu te agradeço,
Vou louvar-te, sem cessar.
Tu me amas, de verdade,
Vais da morte me livrar.
Os malvados me perseguem,
Querem mesmo me matar.

4.
Salva o filho de tua serva!
A teu servo dá coragem.
Vem provar que me proteges
E não dás aos maus vantagem,
Pra que todos reconheçam
O valor da tua mensagem.

SALMO RESPONSORIAL: O Senhor é bondoso - Salmo 102(103)

Texto: Lecionário Dominical
Música: Série "Povo de Deus"

Refrão:
O Senhor é bondoso, compassivo e carinhoso.

Sl 102(103)
Bendize, ó minha alma, ao Senhor,
e todo o meu ser, santo nome!
Bendize, ó minha alma, ao Senhor,
não te esqueças de nenhum de seus favores!

Pois ele te perdoa toda culpa,
e cura toda a tua enfermidade;
da sepultura ele salva a tua vida
e te cerca de carinho e compaixão.

Não fica sempre repetindo as suas queixas,
nem guarda eternamente o seu rancor.
Não nos trata como exigem nossas faltas,
nem nos pune em proporção às nossas culpas.

Quanto os céus por sobre a terra se elevam,
tanto é grande o seu amor aos que o temem;
quanto dista o nascente do poente,
tanto afasta para longe nossos crimes.

ACLAMAÇÃO AO EVANGELHO: Aleluia, eu lhes dou este novo Mandamento

Folcmúsica Religiosa

Refrão: Aleluia, aleluia, aleluia! Aleluia, aleluia, aleluia!

1 - Eu lhes dou este novo Mandamento, nova ordem, agora eu lhes dou, que se amem vocês mutuamente, como eu os amei, diz o Senhor!

Refrão: **Aleluia, aleluia, aleluia!**
Aleluia, aleluia, aleluia!

Eu lhes dou este novo Mandamento,
Nova ordem, agora, eu lhes dou,
Que se amem vocês mutuamente,
Como eu os amei, diz o Senhor!
(Jo 13,34)

OFERENDAS: Bendito seja Deus Pai

Letra e música: Pe. José Cândido da Silva

Bendito seja Deus Pai, do universo criador, pelo pão que nós recebemos, foi de graça e com amor.

Refrão: O homem que trabalha faz a terra produzir. O trabalho multiplica os dons que nós vamos repartir.

1.
Bendito seja Deus Pai,
Do universo criador,
Pelo pão que nós recebemos,
Foi de graça e com amor.

Refrão:
O homem que trabalha
Faz a terra produzir.
O trabalho multiplica os dons
Que nós vamos repartir.

2.
Bendito seja Deus Pai,
Do universo criador,
Pelo vinho que nós recebemos,
Foi de graça e com amor.

3.
E nós participamos
Da construção do mundo novo
Com Deus, que jamais despreza
Nossa imensa pequenez.

COMUNHÃO: Meu Pai não vai perdoar

Letra: Pe. Jocy Rodrigues
Música: Pe. José Cândido da Silva

Refrão:
Meu Pai não vai perdoar, jamais,
Meu Pai não perdoa, não.
Se a seu irmão você vai negar
O seu sincero perdão,
/:Se o coração você vai fechar
E não perdoa o irmão.:/

Sl 103(102)

1.
Bendiz minh'alma o Senhor!
Seu nome seja louvado!
Minh'alma louva o Senhor,
Por tudo que me tem dado!
Me cura as enfermidades
E me perdoa os pecados.

2.
Me tira da triste morte,
Me dá carinho e amor.
Com sua misericórdia
Do abismo ele me tirou,
E, como se eu fosse águia,
Vem renovar meu vigor.

3.
Consegue fazer justiça
A todos os oprimidos.
Guiou Moisés no deserto
A Israel escolhido.
Tem pena, tem compaixão
E não se sente ofendido.

4.
Não fica guardando mágoa
E é lento em castigar.
É sempre cheio de amor
E gosta de perdoar.
Não usa de nossos erros
Pra vir de nós se vingar.

5.
Distância da terra ao céu,
Medida do seu amor,
E do poente ao nascente,
As nossas faltas vai pôr.
Qual pai que tem dó dos filhos,
De nós tem pena o Senhor.

6.
Conhece nossa fraqueza,
Que somos como poeira.
A nossa vida é uma planta,
Uma pobre erva rasteira:
O vento vem e a desfolha,
Já não se sabe onde era.

7.
O amor de Deus aos que o temem
Se mostra em cada momento.
Também, a sua justiça
Protege eternamente
A quem se apega à aliança
E cumpre seus mandamentos.

8.
Firmou no céu o seu trono
E ao mundo vai dominar.
Seus anjos cantam sua glória
E fazem o que ele mandar.
Que a terra e todos os homens
Comigo o venham louvar!

25º Domingo: Domingo dos Últimos! - Mt 20,1-16

Na matemática da vida, gosta-se muito de somar ou subtrair, quando a operação traz vantagens. Multiplicar sempre, contanto que não se precise dividir. Dentro dessa lógica egoísta e voraz, não há espaço para a lógica do amor, da generosidade, da mão estendida a quem está se afogando, do priorizar aquele que mais precisa, aquele que foi sempre escanteado, relegado ao último lugar, esquecido, abandonado, marginalizado. E esta é a lógica do Evangelho, a marca inconfundivelmente divina da presença e da missão de Jesus. Esta é a essência da sua mensagem, a característica principal do Reino que ele vem anunciar. Esta é a questão de fundo, presente em todos os conflitos entre ele e os poderosos da religião do seu tempo. A causa principal da sua morte na cruz. Revendo a semana que passou, chegamos para o encontro com o Ressuscitado, com a alegria de quem passou a semana "com os mesmos sentimentos de Cristo Jesus"?... Seremos capazes de cantar-lhe "um cântico novo", "porque ele é bom"?..

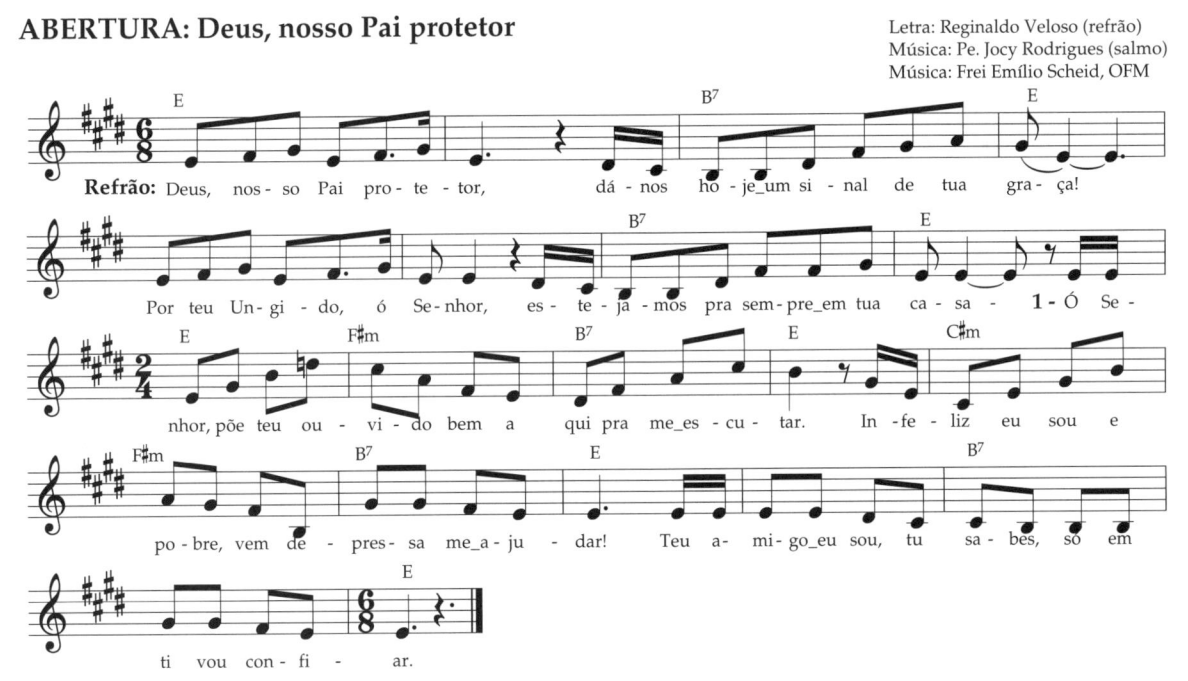

ABERTURA: Deus, nosso Pai protetor

Letra: Reginaldo Veloso (refrão)
Música: Pe. Jocy Rodrigues (salmo)
Música: Frei Emílio Scheid, OFM

Refrão: **Deus, nosso Pai protetor,
Dá-nos hoje um sinal de tua graça!
Por teu Ungido, ó Senhor,
Estejamos pra sempre em tua casa!**

Sl 84(83),10-11

Salmo 86(85)

1.
As nações que tu criaste,
Virão todas te adorar,
Pois fizeste maravilhas,
Que nos levam a te louvar.
Tu somente és o Senhor,
Só tu sabes governar.

2.
Vem, me ensina teus caminhos:
Só por eles quero andar.
Guia bem meu coração,
Pra contigo eu sempre estar.
O teu nome, meu Senhor,
Quero sempre respeitar.

3.
Meu Senhor, eu te agradeço,
Vou louvar-te, sem cessar.
Tu me amas, de verdade,
Vais da morte me livrar.
Os malvados me perseguem,
Querem mesmo me matar.

4.
Salva o filho de tua serva!
A teu servo dá coragem.
Vem provar que me proteges
E não dás aos maus vantagem,
Pra que todos reconheçam
O valor da tua mensagem.

SALMO RESPONSORIAL: O Senhor está perto - Sl 144(145)

Texto: Lecionário Dominical
Música: Série "Povo de Deus"

Refrão: O Senhor está perto da pessoa que o invoca.

1. Todos os dias havereis de bendizer-vos,
hei de louvar o vosso nome para sempre.
Grande é o Senhor e muito digno de louvores,
e ninguém pode medir sua grandeza.

Refrão:
O Senhor está perto da pessoa que o invoca!

Sl 144(145)
Todos os dias haverei de bendizer-vos,
hei de louvar o vosso nome para sempre.
Grande é o Senhor e muito digno de louvores,
e ninguém pode medir sua grandeza.

Misericórdia e piedade é o Senhor,
ele é amor, é paciência, é compaixão.
O Senhor é muito bom para com todos,
sua ternura abraça toda criatura.

É justo o Senhor em seus caminhos,
é santo em toda obra que ele faz.
Ele está perto da pessoa que o invoca,
de todo aquele que o invoca lealmente.

ACLAMAÇÃO AO EVANGELHO: Aleluia, vem abrir nosso coração

Folcmúsica Religiosa

Refrão: Aleluia, aleluia, aleluia! Aleluia, aleluia, aleluia! 1 - Vem abrir nosso coração, Senhor. Ó Senhor, abre o nosso coração, e, então, da Palavra do teu Filho, vamos ter, ó Senhor, compreensão!

Refrão: **Aleluia, aleluia, aleluia!**
Aleluia, aleluia, aleluia!

Vem abrir nosso coração, Senhor,
Ó Senhor, abre o nosso coração,
E, então, da Palavra do teu Filho,
Vamos ter, ó Senhor, compreensão!
(At 16,14)

OFERENDAS: Bendito seja Deus Pai

Letra e música: Pe. José Cândido da Silva

1.
Bendito seja Deus Pai,
Do universo criador,
Pelo pão que nós recebemos,
Foi de graça e com amor.

Refrão:
O homem que trabalha
Faz a terra produzir.
O trabalho multiplica os dons
Que nós vamos repartir.

2.
Bendito seja Deus Pai,
Do universo criador,
Pelo vinho que nós recebemos,
Foi de graça e com amor.

3.
E nós participamos
Da construção do mundo novo
Com Deus, que jamais despreza
Nossa imensa pequenez.

COMUNHÃO: Quem são, quem são, quem serão

Letra: Pe. Jocy Rodrigues
Música: Pe. José Cândido da Silva

Refrão:
Quem são, quem são, quem serão, no fim,
Do Reino teu os herdeiros?...
Senhor, já nos ensinaste:
"Os últimos são primeiros!"
/:E quem à frente quiser ficar
No Reino são derradeiros!:/

Sl 103(102)

1.
Bendiz minh'alma o Senhor!
Seu nome seja louvado!
Minh'alma louva o Senhor,
Por tudo que me tem dado!
Me cura as enfermidades
E me perdoa os pecados.

2.
Me tira da triste morte,
Me dá carinho e amor.
Com sua misericórdia
Do abismo ele me tirou,
E, como se eu fosse águia,
Vem renovar meu vigor.

3.
Consegue fazer justiça
A todos os oprimidos.
Guiou Moisés no deserto
A Israel escolhido.
Tem pena, tem compaixão
E não se sente ofendido.

4.
Não fica guardando mágoa
E é lento em castigar.
É sempre cheio de amor
E gosta de perdoar.
Não usa de nossos erros
Pra vir de nós se vingar.

5.
Distância da terra ao céu,
Medida do seu amor,
E do poente ao nascente,
As nossas faltas vai pôr.
Qual pai que tem dó dos filhos,
De nós tem pena o Senhor.

6.
Conhece nossa fraqueza,
Que somos como poeira.
A nossa vida é uma planta,
Uma pobre erva rasteira:
O vento vem e a desfolha,
Já não se sabe onde era.

7.
O amor de Deus aos que o temem
Se mostra em cada momento.
Também, a sua justiça
Protege eternamente
A quem se apega à aliança
E cumpre seus mandamentos.

8.
Firmou no céu o seu trono
E ao mundo vai dominar.
Seus anjos cantam sua glória
E fazem o que ele mandar.
Que a terra e todos os homens
Comigo o venham louvar!

26º Domingo: Domingo dos Publicanos e Prostitutas - Mt 28,21-32

Quem não conhece alguma história surpreendente, de momentos decisivos, em que ninguém se dispôs a fazer alguma coisa, todos ficaram de braços encruzados, sequer quiseram ver o que se passava, e eis que, de repente, aparece alguém que se lança desprendidamente ao encontro de quem precisa, correndo risco de vida quem é socorrido e quem socorre?... E era gente de quem menos se esperava um tal gesto, uma tal iniciativa. O Ressuscitado nos convida hoje a celebrar o amor que aposta, até o fim, nas reservas de bondade escondidas no coração de todo e qualquer ser humano. Afinal, não há ninguém tão bom, que não tenha defeito, nem tão ruim que não tenha algo de bom. Muitas vezes, é só questão de oportunidade e, não raro, "as aparências enganam". E o nosso canto hoje celebrará as finezas do coração de Cristo, bem como suas repercussões em nossos corações.

ABERTURA: Senhor, escuta as preces

Reginaldo Veloso

Refrão: **Senhor, escuta as preces
Do servo teu, do povo teu,
Eleito e bem-amado;
Dá paz aos que em ti creem
E verdadeiros teus mensageiros
Se achem comprovados!**
Eclo 36,18

Salmo 125(124)

1.
Quem confia no Senhor,
É qual monte de Sião:
Não tem medo, não se abala,
'Stá bem firme no seu chão.

2.
As montanhas arrodeiam
A feliz Jerusalém.
O Senhor cerca seu povo,
Para não temer ninguém.

3.
A mão dura dos malvados
Não esmague as criaturas,
Para os justos não mancharem
Suas mãos em aventuras.

4.
Venha a paz para o teu povo,
O teu povo de Israel.
Venha a paz para o teu povo,
Pois tu és um Deus fiel!

SALMO RESPONSORIAL: Recordai, Senhor, meu Deus - Salmo 24(25)

Texto: Lecionário Dominical
Música: Série "Povo de Deus"

Refrão:
Recordai, Senhor meu Deus, vossa ternura e compaixão!

Mostrai-me, ó Senhor, vossos caminhos,
e fazei-me conhecer a vossa estrada!
Vossa verdade me oriente e me conduza,
porque sois o Deus da minha salvação;
em vós espero, ó Senhor, todos os dias,
em vós espero, ó Senhor, todos os dias!

Recordai, Senhor meu Deus, vossa ternura
e a vossa compaixão que são eternas!
Não recordeis os meus pecados quando jovem,
nem vos lembreis de minhas faltas e delitos!
De mim lembrai-vos, porque sois misericórdia
e sois bondade sem limites, ó Senhor!

O Senhor é piedade e retidão,
e reconduz ao bom caminho os pecadores.
Ele dirige os humildes na justiça,
e aos pobres ele ensina o seu caminho.

ACLAMAÇÃO AO EVANGELHO: Aleluia, as minhas ovelhas

Reginaldo Veloso

Refrão:
Aleluia, aleluia, aleluia, aleluia! (bis)

As minhas ovelhas escutam mi'a voz,
A voz do pastor estão a escutar,
As minhas ovelhas eu bem as conheço,
Pois elas me seguem comigo a andar!

(Jo 10,27)

OFERENDAS: A ti, ó Deus, celebra a criação

Letra: Maria de Fátima Oliveira
Música: Frei Beraldo José Hanlon, OFM

(Solene)

Refrão:
A ti, ó Deus, celebra a criação,
Que aqui trazemos neste vinho e pão! (bis)

1.
Conversão, esperança de vida,
Renovada na fé e no amor,
Com os frutos colhidos na terra,
Colocamos no altar do Senhor.

2.
O infinito dos céus e dos mares,
A beleza e perfume da flor,
A magia dos nossos luares,
A ti cantam, por nós, seu louvor.

3.
Tu ao homem confiaste o universo,
Nós queremos cumprir a missão
De tornar nosso mundo fraterno,
Preservando o que deste ao irmão.

4.
Por um mundo mais justo e habitável
Cada dia queremos lutar.
E o produto do nosso trabalho
Em pão vivo se vai transformar!

COMUNHÃO: Não basta chamar-me: "Senhor!"

Letra: Reginaldo Veloso (refrão)
Pe. Jocy Rodrigues (estrofes)
Música: Frei Joel Postma, OFM

Refrão:
Não basta chamar-me: "Senhor!"
Pro Reino do Pai alcançar,
Melhor é você converter-se,
Em vez de o irmão condenar"

Sl 116B (115)

1.
Tenho fé, mesmo dizendo,
Quando estava angustioso:
"Eu não vou aguentar mais!"
E, sentindo-me, ansioso,
/:Eu dizia, claramente:
"Todo mundo é mentiroso!":/

2.
Que darei ao meu Senhor,
Pelo bem que ele me fez?
Cálice da salvação,
Em louvor, elevarei,
/:Invocando o santo nome
Do Senhor, mais uma vez.:/

3.
Vou cumprir minhas promessas,
Para o povo todo ver.
Custa muito a ti, Senhor,
Ver um filho teu morrer.
/:Sou teu servo e de tua serva
Filho sou. Vem me valer!:/

4.
Vou, então, te oferecer
Sacrifício de louvor.
Cumprirei diante do povo
Votos feitos ao Senhor,
/:Em Jerusalém, no templo,
Demonstrando meu amor.:/

5.
Glória ao Pai que nos acolhe
E a seu Filho, Salvador.
Igualmente demos glória
Ao Espírito de amor.
/:Hoje e sempre, eternamente,
Cantaremos seu louvor.:/

27º Domingo: Domingo do Filho Assassinado - Mt 21,33-43

Cuidar de vinhas, colher uvas, fazer o vinho é, com certeza, uma das mais nobres expressões do trabalho rural. Carrega em si a expectativa da festa. É presságio de alegria, de bons tempos, de felizes momentos. Mas os vinhateiros da parábola, ao contrário, são protagonistas de uma secular história de maldades, de uma tradição de hipocrisia e perversidade. Surpreendentemente, todos os profetas de Israel foram vítimas de seus chefes políticos e religiosos. Eles cobraram os direitos de Deus, a respeito de sua vinha, o povo: a fidelidade aos mandamentos, a honestidade, a prática da justiça, o cuidado com os necessitados. Os chefes, porém, cuidavam só de si, dos seus interesses egoístas. Jesus, o Filho do Dono da vinha, chega para anunciar os tempos da colheita e da festa. Vão fazer com ele o que sempre fizeram no passado, com os justos e os profetas. Nós, porém, no brilho da sua Ressurreição, cantamos a vitória do amor e a esperança de um novo tempo.

ABERTURA: Senhor, escuta as preces

Reginaldo Veloso

Refrão: **Senhor, escuta as preces
Do servo teu, do povo teu,
Eleito e bem-amado;
Dá paz aos que em ti creem
E verdadeiros teus mensageiros
Se achem comprovados!**

Eclo 36,18

Salmo 125(124)

1.
Quem confia no Senhor,
É qual monte de Sião:
Não tem medo, não se abala,
'Stá bem firme no seu chão.

2.
As montanhas arrodeiam
A feliz Jerusalém.
O Senhor cerca seu povo,
Para não temer ninguém.

3.
A mão dura dos malvados
Não esmague as criaturas,
Para os justos não mancharem
Suas mãos em aventuras.

4.
Venha a paz para o teu povo,
O teu povo de Israel.
Venha a paz para o teu povo,
Pois tu és um Deus fiel!

SALMO RESPONSORIAL: A vinha do Senhor - Salmo 79(80)

Texto: Lecionário Dominical
Música: Série "Povo de Deus"

Refrão: A vinha do Senhor é a casa de Israel.

1 - Arrancastes do Egito esta videira
e expulsastes muita gente pra plantá-la.
Até o mar se estenderam seus sarmentos,
até o rio seus rebentos se espalharam.

Refrão:
A vinha do Senhor é a casa de Israel.

Sl 79(80)

Arrancastes do Egito esta videira,
e expulsastes as nações para plantá-la;
até o mar se estenderam seus sarmentos,
até o rio os seus rebentos se espalharam.

Por que razão vós destruístes sua cerca,
para que todos os passantes a vindimem,
o javali da mata virgem a devaste,
e os animais do descampado nela pastem?

= Voltai-vos para nós, Deus do universo! +
Olhai dos altos céus e observai.
Visitai a vossa vinha e protegei-a!
Foi a vossa mão direita que a plantou;
protegei-a e ao rebento que firmastes!

E nunca mais vos deixaremos, Senhor Deus!
Dai-nos vida e louvaremos vosso nome!
= Convertei-nos, ó Senhor, Deus do universo, +
e sobre nós iluminai a vossa face!
Se voltardes para nós, seremos salvos!

ACLAMAÇÃO AO EVANGELHO: Aleluia, eu sou a videira

Reginaldo Veloso

(partitura musical)

Refrão:
Aleluia, aleluia, aleluia, aleluia! (bis)

Eu sou a videira, vocês são os ramos,
Um fruto maduro vocês hão de dar.
Ligados em mim e eu em vocês,
Se assim permanecem, bem muito será!

(Jo 15,5)

OFERENDAS: A ti, ó Deus, celebra a criação

Letra: Maria de Fátima Oliveira
Música: Frei Beraldo José Hanlon, OFM

Refrão:
A ti, ó Deus, celebra a criação,
Que aqui trazemos neste vinho e pão! (bis)

1.
Conversão, esperança de vida,
Renovada na fé e no amor,
Com os frutos colhidos na terra,
Colocamos no altar do Senhor.

2.
O infinito dos céus e dos mares,
A beleza e perfume da flor,
A magia dos nossos luares,
A ti cantam, por nós, seu louvor.

3.
Tu ao homem confiaste o universo,
Nós queremos cumprir a missão
De tornar nosso mundo fraterno,
Preservando o que deste ao irmão.

4.
Por um mundo mais justo e habitável
Cada dia queremos lutar.
E o produto do nosso trabalho
Em pão vivo se vai transformar!

COMUNHÃO: Ó Pai, somos nós esta vinha

Letra: Reginaldo Veloso (refrão)
Pe. Jocy Rodrigues (estrofes)
Música: Frei Joel Postma, OFM

Refrão:
Ó Pai, somos nós esta vinha,
Que tu com carinho plantaste.
A fim de colher os seus frutos,
A nós o teu Filho enviaste.

Sl 116 B (115)

1.
Tenho fé, mesmo dizendo,
Quando estava angustioso:
"Eu não vou aguentar mais!"
E, sentindo-me, ansioso,
/:Eu dizia, claramente:
"Todo mundo é mentiroso!":/

2.
Que darei ao meu Senhor,
Pelo bem que ele me fez?
Cálice da salvação,
Em louvor, elevarei,
/:Invocando o santo nome
Do Senhor, mais uma vez.:/

3.
Vou cumprir minhas promessas,
Para o povo todo ver.
Custa muito a ti, Senhor,
Ver um filho teu morrer.
/:Sou teu servo e de tua serva
Filho sou. Vem me valer!:/

4.
Vou, então, te oferecer
Sacrifício de louvor.
Cumprirei diante do povo
Votos feitos ao Senhor,
/:Em Jerusalém, no templo,
Demonstrando meu amor.:/

5.
Glória ao Pai que nos acolhe
E a seu Filho, Salvador.
Igualmente demos glória
Ao Espírito de amor.
/:Hoje e sempre, eternamente,
Cantaremos seu louvor.:/

28º Domingo: Domingo do Banquete - Mt 22,1-14

Convidados, toda semana, ao banquete do Senhor, à sua Santa Ceia, não podemos esquecer a preparação. Esta, acontece no dia-a-dia de cada um, de cada uma, a cada momento, que traz sempre consigo algum misterioso apelo a abrir as mãos, a compartilhar o banquete da vida, a viver a fraternidade. E é aí que muita gente se nega e se engana. Ao caminharmos para a missa, olhemos bem para nossas mãos... Quantos convites podem ter ficado para trás, sem resposta... Ao da missa, só vale a pena atender, se, primeiro, soubemos atender aos outros.... Será que outra gente deveria sentar-se à Mesa, gente aparentemente sem qualquer valor, mas que, na simplicidade, ama muito mais generosamente que nós?... Nosso canto será o canto alegre de um povo que aprendeu a dizer sim aos convites de Deus, na convivência cotidiana com os outros?

ABERTURA: Senhor, escuta as preces

Reginaldo Veloso

Refrão:
**Senhor, escuta as preces
Do servo teu, do povo teu,
Eleito e bem-amado;
Dá paz aos que em ti creem
E verdadeiros teus mensageiros
Se achem comprovados!**
Eclo 36,18

Salmo 125(124)

1. Quem confia no Senhor,
 É qual monte de Sião:
 Não tem medo, não se abala,
 'Stá bem firme no seu chão.

2. As montanhas arrodeiam
 A feliz Jerusalém.
 O Senhor cerca seu povo,
 Para não temer ninguém.

3. A mão dura dos malvados
 Não esmague as criaturas,
 Para os justos não mancharem
 Suas mãos em aventuras.

4. Venha a paz para o teu povo,
 O teu povo de Israel.
 Venha a paz para o teu povo,
 Pois tu és um Deus fiel!

SALMO RESPONSORIAL: Na casa do Senhor - Salmo 22(23)

Texto: Lecionário Dominical
Música: Série "Povo de Deus"

Refrão: Na casa do Senhor habitarei eternamente.

1 - O Senhor é o pastor que me conduz; não me falta coisa alguma.
Pelos prados e campinas verdejantes ele me leva a descansar.
Para as águas repousantes me encaminha e restauras as minhas forças.

Refrão:
Na casa do Senhor habitarei eternamente.

Sl 22(23)

O Senhor é o pastor que me conduz;
não me falta coisa alguma.
Pelos prados e campinas verdejantes
ele me leva a descansar.
Para as águas repousantes me encaminha,
e restaura as minhas forças.

Ele me guia no caminho mais seguro,
pela honra do seu nome.
Mesmo que eu passe pelo vale tenebroso,
nenhum mal eu temerei;
estais comigo com bastão e com cajado;
eles me dão a segurança!

Preparais à minha frente uma mesa,
bem à vista do inimigo
E com óleo vós ungis minha cabeça;
o meu cálice transborda.

Felicidade e todo bem hão de seguir-me
por toda a minha vida;
e na casa do Senhor habitarei
pelos tempos infinitos.

ACLAMAÇÃO AO EVANGELHO: Aleluia, que o Pai de Jesus

Reginaldo Veloso

Refrão:
Aleluia, aleluia, aleluia, aleluia! (bis)

Que o Pai de Jesus, o Cristo Senhor,
Nos dê do Espírito a sabedoria,
E, assim, conheçamos a qual esperança
O Pai nos chamou, ó bem-aventurança.

(Ef 1,17-18)

OFERENDAS: A ti, ó Deus, celebra a criação

Letra: Maria de Fátima Oliveira
Música: Frei Beraldo José Hanlon, OFM

Refrão:
A ti, ó Deus, celebra a criação,
Que aqui trazemos neste vinho e pão! (bis)

1.
Conversão, esperança de vida,
Renovada na fé e no amor,
Com os frutos colhidos na terra,
Colocamos no altar do Senhor.

2.
O infinito dos céus e dos mares,
A beleza e perfume da flor,
A magia dos nossos luares,
A ti cantam, por nós, seu louvor.

3.
Tu ao homem confiaste o universo,
Nós queremos cumprir a missão
De tornar nosso mundo fraterno,
Preservando o que deste ao irmão.

4.
Por um mundo mais justo e habitável
Cada dia queremos lutar.
E o produto do nosso trabalho
Em pão vivo se vai transformar!

COMUNHÃO: Um rei fez um grande banquete

Letra: Reginaldo Veloso (refrão)
Pe. Jocy Rodrigues (estrofes)
Música: Frei Joel Postma, OFM

Refrão:
Um rei fez um grande banquete,
O povo já foi convidado,
A mesa já está preparada,
Já foi o cordeiro imolado.

Sl 116 B (115)

1.
Tenho fé, mesmo dizendo,
Quando estava angustioso:
"Eu não vou aguentar mais!"
E, sentindo-me, ansioso,
/:Eu dizia, claramente:
"Todo mundo é mentiroso!":/

2.
Que darei ao meu Senhor,
Pelo bem que ele me fez?
Cálice da salvação,
Em louvor, elevarei,
/:Invocando o santo nome
Do Senhor, mais uma vez.:/

3.
Vou cumprir minhas promessas,
Para o povo todo ver.
Custa muito a ti, Senhor,
Ver um filho teu morrer.
/:Sou teu servo e de tua serva
Filho sou. Vem me valer!:/

4.
Vou, então, te oferecer
Sacrifício de louvor.
Cumprirei diante do povo
Votos feitos ao Senhor,
/:Em Jerusalém, no templo,
Demonstrando meu amor.:/

5.
Glória ao Pai que nos acolhe
E a seu Filho, Salvador.
Igualmente demos glória
Ao Espírito de amor.
/:Hoje e sempre, eternamente,
Cantaremos seu louvor.:/

29º Domingo: Domingo da Honestidade - Mt 22,15-21

Quando o que está em questão são nossos deveres de cidadãos e nossos deveres de religiosos, de crentes, o que é realmente decisivo para nós, quais são os critérios do nosso discernimento?... Estamos realmente empenhados na busca da vontade do Pai, ou por trás de nossa teologia ou da aparência de religião se escondem outros interesses?... Por trás de nossos discursos políticos, há um sincero compromisso com o bem comum, com o interesse público, com prioridade para os que mais precisam, ou busca de poder, de privilégios e vantagens para nós e para o nosso grupo?... Jesus, hoje, está nos convidando a uma revisão sincera de nossos esquemas e estratégias, enquanto crentes, religiosos e políticos... Sermos honestos com Deus e com o nosso Povo, eis a questão! E a nossa liturgia precisa celebrar esta honestidade. E o nosso canto ter essa pureza.

ABERTURA: Senhor, escuta as preces

Reginaldo Veloso

Refrão:
Senhor, escuta as preces
Do servo teu, do povo teu,
Eleito e bem-amado;
Dá paz aos que em ti creem
E verdadeiros teus mensageiros
Se achem comprovados!
Eclo 36,18

Salmo 125(124)

1. Quem confia no Senhor,
   É qual monte de Sião:
   Não tem medo, não se abala,
   'Stá bem firme no seu chão.

2. As montanhas arrodeiam
   A feliz Jerusalém.
   O Senhor cerca seu povo,
   Para não temer ninguém.

3. A mão dura dos malvados
   Não esmague as criaturas,
   Para os justos não mancharem
   Suas mãos em aventuras.

4. Venha a paz para o teu povo,
   O teu povo de Israel.
   Venha a paz para o teu povo,
   Pois tu és um Deus fiel!

SALMO RESPONSORIAL: Ó família das nações - Salmo 95(96)

Texto: Lecionário Dominical
Música: Série "Povo de Deus"

Refrão:
Ó família das nações, dai ao Senhor poder e glória!

Sl 95(96)

Cantai ao Senhor um canto novo,
cantai ao Senhor Deus, ó terra inteira!
manifestai a sua glória entre as nações,
e entre os povos do universo seus prodígios!

Pois Deus é grande e muito digno de louvor,
é mais terrível e maior que os outros deuses,
porque um nada são os deuses dos pagãos.
Foi o Senhor e nosso Deus que fez os céus.

Ó família das nações, dai ao Senhor,
Ó nações, dai ao Senhor poder e glória,
Dai-lhe a glória que é devida ao seu nome,
Oferecei-lhe um sacrifício nos seus átrios.

Adorai-o no esplendor da santidade,
terra inteira, estremecei diante dele!
Publicai entre as nações: "Reina o Senhor!",
pois os povos ele julga com justiça.

ACLAMAÇÃO AO EVANGELHO: Aleluia, como astros no mundo

Reginaldo Veloso

Refrão:
Aleluia, aleluia, aleluia, aleluia! (bis)

Como astros, no mundo, vocês resplandeçam,
Mensagem de vida ao mundo anunciem,
Da vida a Palavra ao mundo proclamem,
Quais astros luzentes no mundo rebrilhem!

(Fl 2,15-16)

OFERENDAS: A ti, ó Deus, celebra a criação

(Solene)

Letra: Maria de Fátima Oliveira
Música: Frei Beraldo José Hanlon, OFM

Refrão:
A ti, ó Deus, celebra a criação,
Que aqui trazemos neste vinho e pão! (bis)

1.
Conversão, esperança de vida,
Renovada na fé e no amor,
Com os frutos colhidos na terra,
Colocamos no altar do Senhor.

2.
O infinito dos céus e dos mares,
A beleza e perfume da flor,
A magia dos nossos luares,
A ti cantam, por nós, seu louvor.

3.
Tu ao homem confiaste o universo,
Nós queremos cumprir a missão
De tornar nosso mundo fraterno,
Preservando o que deste ao irmão.

4.
Por um mundo mais justo e habitável
Cada dia queremos lutar.
E o produto do nosso trabalho
Em pão vivo se vai transformar!

COMUNHÃO: A César darão o que é dele

Letra: Reginaldo Veloso (refrão)
Pe. Jocy Rodrigues (estrofes)
Música: Frei Joel Postma, OFM

Refrão:
A César darão o que é dele,
Se a ele é que estão a servir!
A Deus o que é dele ofereçam,
Se querem justiça cumprir!

Sl 116 B (115)

1.
Tenho fé, mesmo dizendo,
Quando estava angustioso:
"Eu não vou aguentar mais!"
E, sentindo-me, ansioso,
/:Eu dizia, claramente:
"Todo mundo é mentiroso!":/

2.
Que darei ao meu Senhor,
Pelo bem que ele me fez?
Cálice da salvação,
Em louvor, elevarei,
/:Invocando o santo nome
Do Senhor, mais uma vez.:/

3.
Vou cumprir minhas promessas,
Para o povo todo ver.
Custa muito a ti, Senhor,
Ver um filho teu morrer.
/:Sou teu servo e de tua serva
Filho sou. Vem me valer!:/

4.
Vou, então, te oferecer
Sacrifício de louvor.
Cumprirei diante do povo
Votos feitos ao Senhor,
/:Em Jerusalém, no templo,
Demonstrando meu amor.:/

5.
Glória ao Pai que nos acolhe
E a seu Filho, Salvador.
Igualmente demos glória
Ao Espírito de amor.
/:Hoje e sempre, eternamente,
Cantaremos seu louvor.:/

30º Domingo: Domingo do Único Mandamento - Mt 22,34-40

As coisas de Deus são simples, claras e verdadeiras. Nós é que complicamos tudo, por conta de nossos instintos, de nossos medos e do nosso entranhado egoísmo. O medo de perder, então, fruto do nosso instinto de conservação, nos leva a encontrar, a cada situação e desafio, novas razões e argumentos para nos fecharmos aos apelos de Deus e aos clamores da Humanidade... No entanto, insiste Jesus, tudo quanto se encontra na Bíblia, no Antigo e no Novo Testamento, tudo se resume num único Mandamento, que tem duas faces: AMAR A DEUS e AMAR O IRMÃO. E um outro evangelista, João, numa sua carta, vai nos tirar qualquer dúvida: quem não for capaz de amar o irmão, tão à vista, e diz que ama a um Deus que não se vê, é mentiroso! Em toda celebração, é a verdade dessa prática que está em jogo, e o nosso canto é consequência.

ABERTURA: Não me abandones, Senhor!

Letra: Reginaldo Veloso (refrão)
Pe. Jocy Rodrigues (estrofes)
Música: Ir. Miria Therezinha Kolling

Refrão: **Não me abandones, Senhor,**
Vem socorrer, vem socorrer,
Vem socorrer,
Depressa, vem,
Meu salvador!

Sl 38(37),22-23

Sl 143(142)

1.
Ó Senhor, escuta a prece
Que te faço e o meu pedido!
Vem me atende, Deus fiel!
Eu preciso ser ouvido.
Se vieres nos julgar,
Todo mundo está perdido.

2.
Lembro os dias do passado,
Os teus feitos que me alentam.
Eu te estendo as minhas mãos,
A minh'alma está sedenta
Como terra esturricada,
Ressequida e poeirenta.

3.
Vem, depressa, meu Senhor!
Vem, depressa, me escutar!
Meu espírito está fraco,
Eu já estou pra desmaiar.
Não me escondas o teu rosto,
Para eu não me arrasar.

4.
Vem, me ensina a fazer sempre,
Ó Senhor, tua vontade!
Teu Espírito me guia
A uma terra conquistada.
Vem, renova minha vida,
Das angústias libertada.

SALMO RESPONSORIAL: Eu vos amo, ó Senhor - Salmo 17(18)

Texto: Lecionário Dominical
Música: Série "Povo de Deus"

Refrão:
Eu vos amo, ó Senhor,
Sois minha força e salvação!

Sl 18(17)

1.
Eu vos amo, ó Senhor, sois minha força,
Minha rocha, meu refúgio e Salvador!
Ó meu Deus, sois o rochedo que me abriga,
Minha força e poderosa salvação!

2.
Ó meu Deus, sois o rochedo que me abriga,
Sois meu escudo e proteção: em vós espero!
Invocarei o meu Senhor: a ele a glória,
E dos meus perseguidores serei salvo!

3.
Viva o Senhor! Bendito seja o meu rochedo!
E louvado seja Deus, meu Salvador!
Concedeis ao vosso rei, grandes vitórias,
E mostrais misericórdia ao vosso Ungido.

ACLAMAÇÃO AO EVANGELHO: Aleluia, eu te louvo, ó Pai Santo

Letra: Reginaldo Veloso
Música: Everaldo Peixoto

Coro: /:Aleluia, aleluia, aleluia, aleluia!:/
Solo: Eu te louvo, ó Pai Santo, Deus do céu, Senhor da terra:
Coro: Aleluia, aleluia, aleluia, aleluia!
Solo: Os mistérios do teu Reino, aos pequenos, Pai, revelas!
Coro: Aleluia, aleluia, aleluia, aleluia!

(Mt 11,25)

OFERENDAS: Bendito sejas, Senhor Deus

Letra: Maria de Fátima Oliveira
Música: Giovanni Rodrigues

Refrão:
Bendito sejas, Senhor Deus,
Pelo vinho e pelo pão:
Vão tornar-se no caminho
Alimento e salvação!

1.
Ó Senhor, neste altar colocamos,
Com ofertas de pão e de vinho,
Alegria, esperança e angústia,
Que são partes de nosso caminho.

2.
Mesmo quando forçado a partir
E deixar sua terra natal,
Este povo caminha contigo,
Com vigor, combatendo o mal!

3.
Se os estranhos nos vêm perguntar:
"Povo errante, pra onde tu vais?"
Nós dizemos: "Com Deus caminhamos,
Para o amor, a verdade e a paz".

4.
És um Deus, peregrino na História,
Deus fiel, que caminhas à frente
Do teu povo, que luta, à procura
Do seu chão, com coragem valente!

COMUNHÃO: A teu Deus e Senhor amarás

Letra: Reginaldo Veloso (refrão)
Pe. Jocy Rodrigues (estrofes)
Música: Hamilton Florentino dos Santos

Refrão:
A teu Deus e Senhor amarás
Com o teu coração por inteiro,
Amarás ao irmão igualmente,
Só assim entrarás em meu Reino!

Sl 62(61)

1.
Só em Deus acho repouso,
Dele espero a salvação, a salvação.
Ele é a Rocha que me salva,
Força, pra eu não ir ao chão.
Até quando vocês juntos
Contra um só atacarão?

2.
Contra um muro se inclina
Ou parede a desabar, a desabar.
Já tramaram derrubar-me
E não sabem se calar.
Sua boca diz louvores,
Dentro, pensam em condenar.

3.
Povo, espera no Senhor,
Abre a ele o coração, o coração.
Todo homem é só um sopro,
Mesmo os bons falam ilusão.
Se botarmos na balança,
Sobem mais de que um balão.

4.
"Só Deus tem poder e glória!"
Foi assim que eu entendi, que eu entendi.
A bondade, só tu tens,
O amor se encontra em ti.
Dás conforme a gente faz,
Também isto eu entendi.

31º Domingo: Domingo da Fraternidade - Mt 23,1-12

Numa comunidade de periferia urbana, a certa altura da caminhada, as pessoas se sentaram para definir as regras básicas da convivência comunitária e terminaram cantando: "Ninguém é melhor do que ninguém, todo mundo está caminhando. Ninguém é o mestre de ninguém, todo mundo está aprendendo. Ninguém é senhor de ninguém. Todo mundo está pra dar, pra servir e amar, na liberdade. O jeito melhor de aprender é saber ouvir. O jeito melhor de amar é servir na liberdade". Parece ter sido esse o sonho de Jesus. Mas, enquanto a celebração do Batismo for, em tantos casos, algo tão inexpressível, fica difícil, senão impossível, entender o sonho de Jesus. Vamos escutá-lo atentamente, com muita vontade de acertar nosso passo com o dele, de afinar nosso canto com o seu sonho.

ABERTURA: Não me abandones, Senhor!

Letra: Reginaldo Veloso (refrão)
Pr. Jocy Rodrigues (estrofes)
Música: Ir. Miria Therezinha Kolling

Refrão: **Não me abandones, Senhor,**
Vem socorrer, vem socorrer,
Vem socorrer,
Depressa, vem,
Meu salvador!

Sl 38(37),22-23

Sl 143(142)

1.
Ó Senhor, escuta a prece
Que te faço e o meu pedido!
Vem me atende, Deus fiel!
Eu preciso ser ouvido.
Se vieres nos julgar,
Todo mundo está perdido.

2.
Lembro os dias do passado,
Os teus feitos que me alentam.
Eu te estendo as minhas mãos,
A minh'alma está sedenta
Como terra esturricada,
Ressequida e poeirenta.

3.
Vem, depressa, meu Senhor!
Vem, depressa, me escutar!
Meu espírito está fraco,
Eu já estou pra desmaiar.
Não me escondas o teu rosto,
Para eu não me arrasar.

4.
Vem, me ensina a fazer sempre,
Ó Senhor, tua vontade!
Teu Espírito me guia
A uma terra conquistada.
Vem, renova minha vida,
Das angústias libertada.

SALMO RESPONSORIAL: Guardai-me, ó Senhor - Salmo 130(131)

Texto: Lecionário Dominical
Música: Série "Povo de Deus"

Refrão: Guardai-me, ó Senhor, convosco em vossa paz!

1 - Senhor, meu coração não é orgulhoso,
nem se eleva arrogante o meu olhar;
não ando à procura de grandezas,
nem tenho pretensões ambiciosas!

Refrão:
Guardai-me, ó Senhor, covosco, em vossa paz!

Sl 130(131)

Senhor, meu coração não é orgulhoso,
nem se eleva arrogante o meu olhar;
não ando à procura de grandezas,
nem tenho pretensões ambiciosas!

Fiz calar e sossegar a minha alma;
ela está em grande paz dentro de mim,
como a criança bem tranquila, amamentada
no regaço acolhedor de sua mãe.

Confia no Senhor, ó Israel,
desde agora e por toda a eternidade!
Confia no Senhor, ó Israel,
desde agora e por toda a eternidade!

ACLAMAÇÃO AO EVANGELHO: Aleluia, sejam servos bem fiéis

Letra: Reginaldo Veloso
Música: Everaldo Peixoto

Coro: /:Aleluia, aleluia, aleluia, aleluia!:/
Solo: Sejam servos bem fiéis, vigilantes na oração.
Coro: Aleluia, aleluia, aleluia, aleluia!
Solo: Para um dia receberem de Jesus a premiação!
Coro: /:Aleluia, aleluia, aleluia, aleluia!:/

(Mt Lc 21,36)

OFERENDAS: Bendito sejas, Senhor Deus

Letra: Maria de Fátima Oliveira
Música: Giovanni Rodrigues

Refrão:
Bendito sejas, Senhor Deus,
Pelo vinho e pelo pão:
Vão tornar-se no caminho
Alimento e salvação!

1.
Ó Senhor, neste altar colocamos,
Com ofertas de pão e de vinho,
Alegria, esperança e angústia,
Que são partes de nosso caminho.

2.
Mesmo quando forçado a partir
E deixar sua terra natal,
Este povo caminha contigo,
Com vigor, combatendo o mal!

3.
Se os estranhos nos vêm perguntar:
"Povo errante, pra onde tu vais?"
Nós dizemos: "Com Deus caminhamos,
Para o amor, a verdade e a paz".

4.
És um Deus, peregrino na História,
Deus fiel, que caminhas à frente
Do teu povo, que luta, à procura
Do seu chão, com coragem valente!

COMUNHÃO: Um só é o Pai de vocês

Letra: Reginaldo Veloso (refrão)
Pe. Jocy Rodrigues (estrofes)
Música: Frei Joel Postma, OFM

Refrão:
Um só é o Pai de vocês,
Um só é Guia: Jesus!
Quem quiser ir à glória com ele,
Carregue com ele sua cruz!

Sl 116 B (115)

1.
Tenho fé, mesmo dizendo,
Quando estava angustioso:
"Eu não vou aguentar mais!"
E, sentindo-me, ansioso,
/:Eu dizia, claramente:
"Todo mundo é mentiroso!":/

2.
Que darei ao meu Senhor,
Pelo bem que ele me fez?
Cálice da salvação,
Em louvor, elevarei,
/:Invocando o santo nome
Do Senhor, mais uma vez.:/

3.
Vou cumprir minhas promessas,
Para o povo todo ver.
Custa muito a ti, Senhor,
Ver um filho teu morrer.
/:Sou teu servo e de tua serva
Filho sou. Vem me valer!:/

4.
Vou, então, te oferecer
Sacrifício de louvor.
Cumprirei diante do povo
Votos feitos ao Senhor,
/:Em Jerusalém, no templo,
Demonstrando meu amor.:/

5.
Glória ao Pai que nos acolhe
E a seu Filho, Salvador.
Igualmente demos glória
Ao Espírito de amor.
/:Hoje e sempre, eternamente,
Cantaremos seu louvor.:/

32º Domingo: Domingo da Vigilância - Mt 25,1-13

A vida cristã imaginada como espera ansiosa de alguém que pode chegar a qualquer momento pode se tornar algo realmente apaixonante. Se, porém, não nos engaja a ponto de mobilizar nossas energias todas a serviço do Rei e do Reino que vem, para que ele aconteça, aqui e agora, "assim na terra como no céu", com certeza, será uma bela, mas perigosa alienação. Nossa vigilância, então, consiste em estarmos o tempo todo alertas e motivados para não perder uma oportunidade sequer de realizar a vontade do Pai, de permitir que sua passagem transformadora nos liberte de tudo quanto nos escraviza, de acolher o Verbo e deixar transparecer Jesus em nossas atitudes, de realizar a sua Paz. Somente assim, estaremos prontos para qualquer surpresa, venha de onde vier, chegue quando chegar. Saberemos, em qualquer circunstância, cantar o Cântico dos redimidos.

ABERTURA: Não me abandones, Senhor!

Letra: Reginaldo Veloso (refrão)
Pr. Jocy Rodrigues (estrofes)
Música: Ir. Miria Therezinha Kolling

Refrão: **Não me abandones, Senhor,**
Vem socorrer, vem socorrer,
Vem socorrer,
Depressa, vem,
Meu salvador!

Sl 38(37),22-23

Sl 143(142)

1.
Ó Senhor, escuta a prece
Que te faço e o meu pedido!
Vem me atende, Deus fiel!
Eu preciso ser ouvido.
Se vieres nos julgar,
Todo mundo está perdido.

2.
Lembro os dias do passado,
Os teus feitos que me alentam.
Eu te estendo as minhas mãos,
A minh'alma está sedenta
Como terra esturricada,
Ressequida e poeirenta.

3.
Vem, depressa, meu Senhor!
Vem, depressa, me escutar!
Meu espírito está fraco,
Eu já estou pra desmaiar.
Não me escondas o teu rosto,
Para eu não me arrasar.

4.
Vem, me ensina a fazer sempre,
Ó Senhor, tua vontade!
Teu Espírito me guia
A uma terra conquistada.
Vem, renova minha vida,
Das angústias libertada.

SALMO RESPONSORIAL: A minh'alma tem sede de vós - Salmo 62(63)

Texto: Lecionário Dominical
Música: Ir. Maria Fortunata Tavares de Miranda

Refrão:
A minh'alma tem sede de vós,
E vos deseja, ó Senhor!

1.
Sois vós, ó Senhor, o meu Deus!
Desde a aurora, ansioso vos busco!
= A minh'alma tem sede de vós, +
Minha carne também vos deseja
Como terra sedenta e sem água..

2.
Venho, assim, contemplar-vos no templo,
Para ver vossa glória e poder.
Vosso amor vale mais do que a vida,
E por isso meus lábios vos louvam.

3.
Quero, pois, vos louvar pela vida,
E elevar para vós minhas mãos.
= A minh'alma será saciada, +
Como em grande banquete de festa;
Cantará a alegria em meus lábios.

4.
Penso em vós no meu leito, de noite,
Nas vigílias suspiro por vós!
Para mim fostes sempre um socorro;
De vossas asas à sombra eu exulto!

ACLAMAÇÃO AO EVANGELHO: Aleluia, sê fiel até a morte

Letra: Reginaldo Veloso
Música: Everaldo Peixoto

Coro: /:Aleluia, aleluia, aleluia, aleluia! :/
Solo: Sê fiel até a morte, foi Jesus quem nos falou!
Coro: Aleluia, aleluia, aleluia, aleluia!
Solo: E da vida o grande prêmio, te darei, diz o Senhor!
Coro: /:Aleluia, aleluia, aleluia, aleluia!:/

(Ap 2,10)

OFERENDAS: Bendito sejas, Senhor Deus

Letra: Maria de Fátima Oliveira
Música: Giovanni Rodrigues

Refrão:
Bendito sejas, Senhor Deus,
Pelo vinho e pelo pão:
Vão tornar-se no caminho
Alimento e salvação!

1.
Ó Senhor, neste altar colocamos,
Com ofertas de pão e de vinho,
Alegria, esperança e angústia,
Que são partes de nosso caminho.

2.
Mesmo quando forçado a partir
E deixar sua terra natal,
Este povo caminha contigo,
Com vigor, combatendo o mal!

3.
Se os estranhos nos vêm perguntar:
"Povo errante, pra onde tu vais?"
Nós dizemos: "Com Deus caminhamos,
Para o amor, a verdade e a paz".

4.
És um Deus, peregrino na História,
Deus fiel, que caminhas à frente
Do teu povo, que luta, à procura
Do seu chão, com coragem valente!

COMUNHÃO: É preciso ficar acordado

Letra: Pe. Jocy Rodrigues
Música: Hamilton Florentino dos Santos

Refrão: É preciso ficar acordado,
Para entrar no banquete festivo.
Estás sempre chegando, Senhor,
Pra te unires a nós no Pão vivo.

Sl 62(61)

1.
Só em Deus acho repouso,
Dele espero a salvação, a salvação.
Ele é a Rocha que me salva,
Força, pra eu não ir ao chão.
Até quando vocês juntos
Contra um só atacarão?

2.
Contra um muro se inclina
Ou parede a desabar, a desabar.
Já tramaram derrubar-me
E não sabem se calar.
Sua boca diz louvores,
Dentro, pensam em condenar.

3.
Povo, espera no Senhor,
Abre a ele o coração, o coração.
Todo homem é só um sopro,
Mesmo os bons falam ilusão.
Se botarmos na balança,
Sobem mais de que um balão.

4.
"Só Deus tem poder e glória!"
Foi assim que eu entendi, que eu entendi.
A bondade, só tu tens,
O amor se encontra em ti.
Dás conforme a gente faz,
Também isto eu entendi.

33º Domingo: Domingo dos Talentos - Mt 25,14-30

Começando pelo dom da vida, o Criador e Pai nos tem dado tanto. As oportunidades todas da vida têm sido, cada uma delas, uma graça de Deus, para nosso crescimento humano, nosso progresso material e espiritual. Ao longo da vida, vamos acumulando todo um cabedal de experiências, de condições, de aprendizados, de competências... Seria muito triste, e até trágico, imaginar que tudo isso vá ser simplesmente sepultado conosco, sem maiores conseqüências. Jesus nos alerta hoje para a necessidade de fazermos bom uso de toda esta riqueza de dons, colocando-os a serviço do Reino, a serviço de Deus e da Humanidade. Até porque haverá uma rigorosa prestação de contas... É preciso estar atento às oportunidades que a vida vai oferecendo. E chegar de mãos cheias para o ofertório da missa de cada domingo. Só assim poderemos ir "caminhando e cantando", confiantes, ao encontro do Senhor da História.

ABERTURA: Não me abandones, Senhor!

Letra: Reginaldo Veloso (refrão)
Pr. Jocy Rodrigues (estrofes)
Música: Ir. Miria Therezinha Kolling

Refrão: **Não me abandones, Senhor,**
Vem socorrer,
Vem socorrer,
Vem socorrer,
Depressa, vem, meu Salvador!

Sl 38(37),22-23

Sl 143(142)

1.
Ó Senhor, escuta a prece
Que te faço e o meu pedido!
Vem, me atende, Deus fiel!
Eu preciso ser ouvido,
Se vieres nos julgar,
Todo mundo está perdido.

2.
Lembro os dias do passado:
Os teus feitos que me alentam.
Eu te estendo as minhas mãos,
A minh'alma está sedenta
Como terra esturricada,
Ressequida e poeirenta.

3.
Vem, depressa, meu Senhor!
Vem, depressa, me escutar!
Meu espírito está fraco,
Eu já estou pra desmaiar.
Não me escondas o teu rosto,
Para eu não me arrasar.

4.
Vem, me ensina a fazer sempre,
Ó Senhor, tua vontade!
Teu Espírito me guia
A uma terra conquistada.
Vem, renova minha vida,
Das angústias libertada.

SALMO RESPONSORIAL: Felizes os que temem o Senhor - Salmo 127(128)

Texto: Lecionário Dominical
Música: Ir. Maria Fortunata Tavares de Miranda

Refrão:
**Felizes os que temem o Senhor
e trilham seus caminhos!**

1.
Feliz és tu, se temes o Senhor
E trilhas seus caminhos!
Do trabalho de tuas mãos hás de viver,
Serás feliz, tudo irá bem!

2.
A tua esposa é uma videira bem fecunda
No coração da tua casa;
Os teus filhos são rebento de oliveira
Ao redor de tua mesa.

3.
Será assim abençoado todo homem
Que teme o Senhor.
O Senhor te abençoe de Sião,
Cada dia de tua vida.

ACLAMAÇÃO AO EVANGELHO: Aleluia, é preciso vigiar

Letra: Reginaldo Veloso
Música: Everaldo Peixoto

Refrão: Aleluia, aleluia, aleluia, aleluia! Aleluia!

Vers.: É preciso vigiar e ficar de prontidão! Aleluia, aleluia, aleluia, aleluia! Em que dia o Senhor há de vir, não sabem, não! Ale...

Coro: /:Aleluia, aleluia, aleluia, aleluia!:/
Solo: É preciso vigiar e ficar de prontidão!
Coro: Aleluia, aleluia, aleluia, aleluia!
Solo: Em que dia o Senhor há de vir, não sabem, não!
Coro: /:Aleluia, aleluia, aleluia, aleluia!:/

(Mt 24,42.44)

OFERENDAS: Bendito sejas, Senhor Deus

Letra: Maria de Fátima Oliveira
Música: Giovanni Rodrigues

Refrão:
Bendito sejas, Senhor Deus,
Pelo vinho e pelo pão:
Vão tornar-se no caminho
Alimento e salvação!

1.
Ó Senhor, neste altar colocamos,
Com ofertas de pão e de vinho,
Alegria, esperança e angústia,
Que são partes de nosso caminho.

2.
Mesmo quando forçado a partir
E deixar sua terra natal,
Este povo caminha contigo,
Com vigor, combatendo o mal!

3.
Se os estranhos nos vêm perguntar:
"Povo errante, pra onde tu vais?"
Nós dizemos: "Com Deus caminhamos,
Para o amor, a verdade e a paz".

4.
És um Deus, peregrino na História,
Deus fiel, que caminhas à frente
Do teu povo, que luta, à procura
Do seu chão, com coragem valente!

COMUNHÃO: Muito bem, servidor tão fiel

Letra: Pe. Jocy Rodrigues
Música: Hamilton Florentino dos Santos

Refrão:
Muito bem, servidor tão fiel,
Que tão pouco, tão bem governou!
Muito mais eu lhe vou confiar,
Minha alegria você conquistou!

Sl 62(61)

1.
Só em Deus acho repouso,
Dele espero a salvação, a salvação.
Ele é a Rocha que me salva,
Força, pra eu não ir ao chão.
Até quando vocês juntos
Contra um só atacarão?

2.
Contra um muro se inclina
Ou parede a desabar, a desabar.
Já tramaram derrubar-me
E não sabem se calar.
Sua boca diz louvores,
Dentro, pensam em condenar.

3.
Povo, espera no Senhor,
Abre a ele o coração, o coração.
Todo homem é só um sopro,
Mesmo os bons falam ilusão.
Se botarmos na balança,
Sobem mais de que um balão.

4.
"Só Deus tem poder e glória!"
Foi assim que eu entendi, que eu entendi.
A bondade, só tu tens,
O amor se encontra em ti.
Dás conforme a gente faz,
Também isto eu entendi.

34º Domingo: Solenidade de Cristo Rei - Mt 25,31-45

Faz bem terminar o Ano Litúrgico descortinando o cenário do Juízo Final e nos deixando tocar pela simplicidade do discurso do supremo Juiz, que se resume em uma única frase, um alerta absolutamente claro, capaz de eliminar qualquer dúvida ou equívoco: tudo quanto vocês fizeram ou deixaram de fazer a um dos meus irmãos, por mais pequeno que seja, foi a mim que vocês fizeram ou deixaram de fazer. Tudo mais é acessório, é dispensável. Claro que o tamanho da solidariedade que de cada um se espera é o tamanho mesmo da percepção que cada um tem da dimensão dos problemas da humanidade e das possibilidades de ação frente aos mesmos. Mas só dá para imaginar a Igreja e todas as Religiões, então, como um grande mutirão em favor dos excluídos da terra, em busca da Paz. Essa é a condição básica do direito à esperança de um dia escutarmos de sua boca: "Venham, benditos de meu Pai, tomar posse do Reino!"

ABERTURA: O Senhor vai falar-nos de paz

Letra: Reginaldo Veloso (refrão)
Pr. Jocy Rodrigues (estrofes)
Música: Pe. Jocy Rodrigues

Refrão: **O Senhor vai falar-nos de paz,**
A seu povo e a todos amigos,
Paz a quantos a ele se achegam
E se alegre o teu povo contigo!
Sl 85(84),9.7

Salmo 149

1.
Ao Senhor vamos cantar,
Canto novo em seu louvor.
Na assembleia dos fiéis
Celebremos seu amor.
Israel todo se alegre
Em seu Deus, seu Criador!

2.
O seu nome glorifiquem
Com cantares e com danças.
Toquem flautas e pandeiros,
Ao sentir sua lembrança.
o seu povo, a ele unido,
A vitória sempre alcança.

3.
Festejemos sua glória
Em alegre procissão,
Com louvores na garganta
Entoando a louvação,
Relembrando que a seu povo
Ele deu a proteção.

4.
Ele vence os infelizes,
Que praticam mil horrores.
Ele prende os inimigos,
Acorrenta os malfeitores.
É por isso que ao Senhor
Festejamos com louvores.

SALMO RESPONSORIAL: O Senhor é o pastor que me conduz - Salmo 22(23)

Texto: Lecionário Dominical
Música: Ir. Maria Fortunata Tavares de Miranda

Refrão:
O Senhor é o pastor que me conduz;
Não me falta coisa alguma.

1.
Pelos prados e campinas verdejantes
Ele me leva a descansar.
Para as águas repousantes me encaminha
E restaura as minhas forças.

2.
Preparais à minha frente uma mesa,
Bem à vista do inimigo
E com óleo vós ungis minha cabeça;
O meu cálice transborda.

3.
Felicidade e todo o bem hão de seguir-me
Por toda a minha vida;
E na casa do Senhor habitarei
Pelos tempos infinitos.

ACLAMAÇÃO AO EVANGELHO: Aleluia, é bendito aquele que vem vindo

Reginaldo Veloso

Refrão:
Aleluia, aleluia, aleluia, aleluia, aleluia, aleluia!

É bendito aquele que vem vindo,
Que vem vindo em nome do Senhor;
E o Reino que vem, seja bendito;
Ao que vem e a seu Reino, o louvor.

OFERENDAS: Preparo esta mesa

Pe. Jocy Rodrigues

Solo: Pre-paro esta mesa do povo cristão. **Ass.:** Preparo esta mesa do povo cristão.
S.: Cantando, apresento o vinho e o pão. **A.:** Cantando, apresento o vinho e o pão.
S.: Preparo mi'a casa: Jesus vai chegar. **A.:** Preparo mi'a casa Jesus vai chegar.
S.: Vou ver o que falta na vida do lar! **A.:** Vou ver o que falta na vida do lar!

1.
Solo: Preparo esta mesa do povo cristão.
Ass.: Preparo esta mesa do povo cristão.
Solo: Cantando, apresento o vinho e o pão.
Ass.: Cantando, apresento o vinho e o pão.
Solo: Preparo minha casa, Jesus vai chegar.
Ass.: Preparo minha casa, Jesus vai chegar.
Solo: Vou ver o que falta na vida do lar.
Ass.: Vou ver o que falta na vida do lar.

2.
Solo: Preparo minha rua, mostrando alegria.
Ass.: Prepara minha rua, mostrando alegria.
Solo: Vou ser bom vizinho, de noite e de dia.
Ass.: Vou ser bom vizinho, de noite e de dia.
Solo: Preparo meu bairro e a minha cidade.
Ass.: Preparo meu bairro e a minha cidade.
Solo: Mostrando na vida minha caridade.
Ass.: Mostrando na vida minha caridade.

3.
Solo: Preparo este mundo, pra ser de Jesus.
Ass.: Preparo este mundo, pra ser de Jesus.
Solo: Vivendo a justiça da qual vem a luz.
Ass.: Vivendo a justiça da qual vem a luz.
Solo: Preparo também o meu coração.
Ass.: Preparo também o meu coração.
Solo: Jesus sempre chega em qualquer irmão.
Ass.: Jesus sempre chega em qualquer irmão.

COMUNHÃO: O Filho do Homem virá

Letra: Pe. Jocy Rodrigues
Música: Frei Joel Postma, OFM

Refrão:
O Filho do Homem virá, virá,
Na sua glória virá, virá,
Para julgar, virá, virá,
Todos os povos e reinará!

Sl 50(49)

1.
Falou Deus, o Senhor, chamou a terra,
Do nascente ao poente a convocou.
/:Deus refulge em Sião, beleza plena,
Não se cala ante nós que ele chamou.:/

2.
"Reuni, na minha frente, os meus eleitos,
Que a aliança selaram, ante o altar".
/:Testemunho será o próprio céu,
Porque Deus, ele mesmo, vai julgar.:/

3.
Eu não vim criticar teus sacrifícios,
Estão diante de mim teus holocaustos.
/:Não preciso do gado de teus campos,
Nem dos muitos carneiros de teus pastos.:/

4.
Se tu vês um ladrão, foges com ele
E com os grupos de adúlteros te juntas.
/:Tua boca utilizas para o mal.
Tramam os lábios as fraudes que são muitas.:/

5.
Faze a Deus sacrifício de louvor,
Cumpre os votos que a ele tu fizeste.
/:Vem, me invoca na hora das angústias,
Eu virei te livrar do que sofreste.:/

Domingo da Santíssima Trindade

As Comunidades Eclesiais de Base, desde o 6º Encontro Intereclesial, em Trindade – GO (1986), nos têm ajudado a encarar a Santíssima Trindade com um novo olhar, mais de que como "mistério" incompreensível: "A Santíssima Trindade é a melhor Comunidade". Espelhar-se em Deus, não tanto como o Eterno, o Infinito, o Absoluto, mas como o Encontro mais perfeito de Pessoas que se amam, que comungam da mesma vida sem fim, o Pai e o Filho, na amorosidade do Espírito Santo... saber que se chegam para junto de nós e nos convidam a participar da sua intimidade, da sua amorosa convivência, é algo maravilhoso! E a consequência dessa experiência poderá ser, de repente, seu transbordamento, sua multiplicação, em todos os espaços e ambientes onde convivemos com outras pessoas: uma busca permanente de comunhão, o prazer do encontro, o gosto da amizade, a alegria da fraternidade. Eis aí a essência da nossa experiência litúrgica, todo domingo. A fonte mais rica de inspiração do nosso cantar.

ABERTURA: Bendito sejas Tu

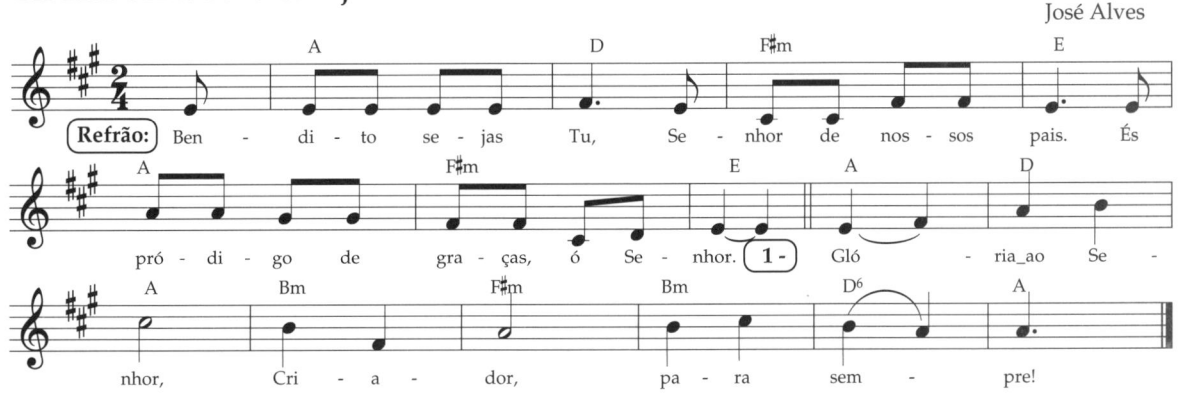

José Alves

1. Bendito sejas Tu, Senhor de nossos pais.
   És pródigo de graças, ó Senhor.

   Refrão:
   Glória ao Senhor, Criador para sempre!

2. Bendito sejas Tu, ó Verbo de Deus Pai:
   A morte que sofreste nos deu vida.

3. Bendito sejas Tu, Espírito de Deus,
   Operas na Igreja a salvação.

SALMO RESPONSORIAL: A vós louvor, honra e glória - Dn 3

Texto: Lecionário Dominical
Música: D.R.

Refrão:
A Vós louvor, honra e glória eternamente!

1. Sede bendito, Senhor Deus de nossos pais.
2. Sede bendito, nome santo e glorioso.
3. No templo santo onde refulge a vossa glória.
4. E em vosso trono de poder vitorioso.
5. Sede bendito, que sondais as profundezas.
6. E superior aos querubins vos assentais.
7. Sede bendito no celeste firmamento.

ACLAMAÇÃO AO EVANGELHO: Aleluia, glória ao Pai

Reginaldo Veloso

Refrão:
Aleluia, aleluia, aleluia, aleluia, aleluia, aleluia!

Glória ao Pai e ao Filho e ao Espírito,
Deus que é, Deus que era e que vem.
Glória ao Pai e ao Filho e ao Espírito,
Pelos séculos dos séculos. Amém!
(Ap 1,8)

OFERENDAS: Ó Trindade, imensa e una

Letra: Liturgia das horas
Melodia: Ir. Miria T. Kolling

1.
Ó Trindade imensa e una,
Vossa força tudo cria;
Vossa mão que rege os tempos,
Antes deles existia.

2.
Pai, da graça fonte viva,
Luz da glória de Deus Pai,
Santo Espírito da vida,
Que no amor nos enlaçais.

3.
Só por vós, Trindade Santa,
Suma origem, todo bem,
Todo ser, toda beleza,
Toda vida se mantém.

4.
Nós os filhos adotivos,
Pela graça consagrados,
Nos tornemos templos vivos,
A vós sempre dedicados.

COMUNHÃO: Deus amou tanto o mundo

Letra: Reginaldo Veloso (refrão)
Geraldo Leite Bastos - estrofes, versão do Sl 67(66)
Música: Geraldo Leite Bastos

**Refrão: Deus amou tanto o mundo que lhe deu
O seu único Filho, o Filho seu...
/: Quem acreditar não se perderá,
Mas vida eterna em Cristo terá! :/**

1.
Deus se compadece e de nós se compraz,
Em nós resplandece seu rosto de paz.

2.
Pra que o povo encontre, Senhor, teu caminho
E os povos descubram teu terno carinho!

3.
Que todos os povos te louvem, Senhor,
Que todos os povos te cantem louvor!

4.
Por tua justiça se alegram as nações,
Com ela governas da praia aos sertões.

5.
Que todos os povos te louvem, Senhor,
Que todos os povos te cantem louvor!

6.
O chão se abra em frutos, é Deus que abençoa!
E brotem dos cantos do mundo esta loa!

Festa do Santíssimo Sacramento do Corpo e Sangue de Cristo

Nós de mais idade fomos incentivados, desde criança, à adoração ao Santíssimo Sacramento... Nos últimos tempos, esta devoção se retoma com toda a força, por entre tradicionais e festivas procissões, solenes exposições e bênçãos.. Importante, para os que viemos de longe e para os que estão chegando agora é contextualizar a Hóstia de nossos dourados ostensórios no coração da Ceia do Senhor. Que a Festa do Santíssimo Corpo e Sangue do Senhor nos coloque existencialmente na profundidade do Mistério da Fé, em comunhão com a grandeza do Memorial da Morte-e-Ressurreição do Senhor, na alegria de cantar ao Amor dos Amores, animando-nos a prolongar, no tempo e no espaço, através de nossas atitudes e iniciativas esta história sublime de entrega da própria vida, pela vida do mundo.

ABERTURA: Cristo, pão dos pobres

Pe. José Freitas Campos

1.
Todos convidados
Cheguem ao banquete do Senhor
Festa preparada, bem participada,
Venham partilhar do pão do amor.

Refrão: /: **Cristo, pão dos pobres,**
Juntos nesta mesa
Pois a Eucaristia faz a Igreja. :/

2.
Vejam quanta fome
Muitos lares sem ternura e pão
Dor e violência, quanta resistência
Vamos acolher a cada irmão.

3.
Vamos, gente unida,
Resgatar a paz nesta cidade
Ser o sal da terra, ser a luz do mundo
Espalhar justiça e caridade.

4.
Jovens e famílias
Vida nova venham assumir
Evangelizando, Cristo anunciando
Para o mundo novo construir.

5.
Páscoa celebrada
Nosso testemunho é conversão
Corpo ofertado, sangue derramado
Vou ser solidário na missão.

SALMO RESPONSORIAL: Glorifica o Senhor, Jerusalém - Salmo 147

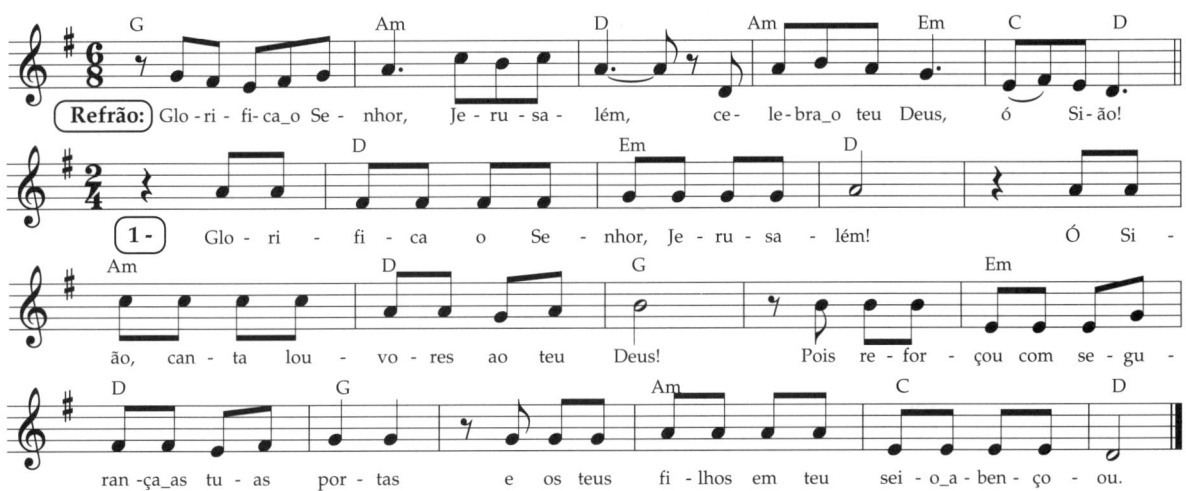

Texto: Lecionário Dominical
Música: Pe. Joseph Gelineau, sj

Refrão:
Glorifica o Senhor, Jerusalém;
Celebra o teu Deus, ó Sião!

1.
Glorifica o Senhor, Jerusalém!
Ó Sião, canta louvores a teu Deus!
Pois reforçou com segurança as tuas portas,
E os teus filhos em teu seio abençoou.

2.
A paz em teus limites garantiu
E te dá como alimento a flor do trigo.
Ele envia suas ordens para a terra,
E a palavra que ele diz corre veloz.

3.
Anuncia a Jacó sua palavra,
Seus preceitos e suas leis a Israel.
Nenhum povo recebeu tanto carinho,
A nenhum outro revelou os seus preceitos.

SEQUÊNCIA

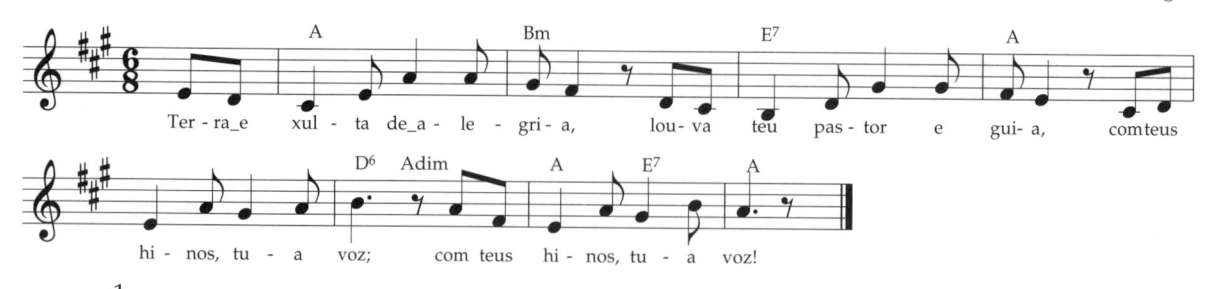

Letra: Lecionário Dominical
Música: Ir. Miria T. Kolling

1.
Terra, exulta de alegria,
Louva teu pastor e guia,
Com teus hinos, tua voz;
Com teus hinos, tua voz;

2.
Tanto possas, tanto ouses,
Em louvá-lo não repouses:
Sempre excede o teu louvor!
Sempre excede o teu louvor!

3.
Hoje a Igreja te convida:
Ao pão vivo que dá vida,
Vem com ela celebrar!
Vem com ela celebrar!

4.
Este pão, que o mundo o creia!
Por Jesus, na Santa Ceia,
Foi entregue aos que escolheu,
Foi entregue aos que escolheu!

5.
Nosso júbilo cantemos,
Nosso amor manifestemos,
Pois transborda o coração!
Pois transborda o coração!

6.
Quão solene a festa, o dia,
Que da Santa Eucaristia
Nos recorda a instituição!
Nos recorda a instituição!

7.
Novo Rei e nova mesa,
Nova Páscoa e realeza,
Foi-se a Páscoa dos judeus,
Foi-se a Páscoa dos judeus.

8.
Era sombra o antigo povo,
O que é velho cede ao novo:
Foge a noite, chega a luz,
Foge a noite, chega a luz.

9.
O que o Cristo fez na ceia,
Manda à Igreja que o rodeia.
Repeti-lo até voltar,
Repeti-lo até voltar.

10.
Seu preceito conhecemos:
Pão e vinho consagremos
Para nossa salvação,
Para nossa salvação.

ACLAMAÇÃO AO EVANGELHO: Aleluia, eu sou o pão

Letra: Lecionário Dominical
Música: Ir. Janete Stürmer

Refrão: Aleluia, aleluia, aleluia, aleluia!
Eu sou o pão descido do céu.
Quem deste pão come, sempre há de viver.

OFERENDAS: Bendito és Tu, ó Deus Criador

Letra: Fr. J. M. Cadenassi, ofmcap
Música: Pe. Ney Brasil Pereira

1.
Bendito és Tu, ó Deus Criador,
Revestes o mundo da mais fina flor;
Restauras o fraco que a Ti se confia
E junto aos irmãos, em paz, o envias.

Refrão:
**/:Ó Deus do Universo, és Pai e Senhor,
Por Tua bondade recebe o louvor! :/**

2.
Bendito és Tu, ó Deus Criador,
Por quem aprendeu o gesto de amor:
Colher a fartura e ter a beleza
De ser a partilha dos frutos na mesa!

3.
Bendito és Tu, ó Deus Criador,
Fecundas a terra com vida e amor!
A quem aguardava um canto de festa,
A mesa promete eterna seresta!

COMUNHÃO: Eu sou o pão

Pe. José Cândido da Silva

Refrão:
Eu sou o pão, que vem do céu,
Quem crer em mim, irá viver!

1.
Nós reconhecemos o Senhor, partindo o pão,
Mistério de amor, a nossa refeição. (Lc 24,13)

2.
O Senhor Jesus no Sacramento nos deixou
Memorial da cruz: morte e ressurreição.

3.
Tão grande mistério adoramos, neste altar,
Que nossa fé sustente o nosso caminhar!

4.
Ao Povo de Deus, lá no deserto, sem pão, sem lar,
Deus fez cair do céu comida salutar.

5.
Todos se assentaram, todos comeram, até fartar,
Glória e louvor a Deus, que vem nos saciar!

6.
Corpo do Senhor é o pão que temos no altar
E o vinho consagrado é o sangue redentor.

Festa do Sagrado Coração de Jesus

Há passagens de um evangelista que facilmente nos remetem ao estilo, às compreensões e sentimentos de outro evangelista. Este final do capítulo 11 de Mateus, por exemplo, rapidamente nos transporta àquele momento supremo da Última Ceia, quando o "Discípulo Amado" repousou sua cabeça sobre o peito do Mestre e pôde sondar-lhe as batidas e os segredos do coração. Desse privilégio, Jesus vem nos dizer hoje, gozam os pequeninos, os que têm seus corações abertos e dóceis para quanto o Deus da Vida e da História vai lhes ensinando, através dos "sinais dos tempos". Moídos e curvados sob o peso das opressões de um mundo preconceituoso, discriminador, injusto e cruel, eles e elas têm "fome e sede da justiça" e, facilmente, encontram na pessoa, nas palavras e gestos de Jesus uma novidade boa, uma esperança de vida e felicidade, num mundo onde todos cabem, têm vez e voz, e se sentem abraçados pela divina misericórdia.

ABERTURA: De geração em geração

Versão do Sl 33
Melodia: Reginaldo Veloso

Refrão:
De geração em geração perpassam
Os pensamentos do seu coração,
Para da morte os filhos seus salvar,
E quando há fome os seus alimentar.

1.
Alegres vibrem no Senhor, ó justos,
Pois a vocês fica tão bem louvar,
Com a guitarra ao Senhor celebrem,
Com violões pra ele vão tocar!

2.
Um canto novo cantem ao Senhor,
Toquem com arte na festividade,
Pois a Palavra do Senhor é certa
E sua obra toda é verdade!

3.
Fala o Senhor e as coisas acontecem,
E o que ele manda, faz-se de repente;
Ele desfaz os planos das nações,
Mas seu projeto dura eternamente!

4.
Feliz nação, que tem Deus por Senhor,
Feliz o povo que o tem por herança!
De lá do céu contempla o mundo todo
E os corações o seu olhar alcança!

5.
Por isso nós por ele esperamos,
É nosso auxílio e nossa proteção!
E no seu nome é que nós confiamos,
Nele se alegra o nosso coração!

SALMO RESPONSORIAL: O amor do Senhor Deus por quem o teme - Salmo 102(103)

Texto: Lecionário Dominical
Música (refrão): Série "Povo de Deus"
Música (estrofes): Pe. José Weber, svd

Refrão:
**O amor do Senhor Deus por quem o teme
é de sempre e perdura para sempre!**

Sl 102(103)

1.
Bendize, ó minh'alma, ao Senhor,
E todo o meu ser seu santo nome!
Bendize, ó minh'alma, ao Senhor,
Não te esqueças de nenhum do seus favores!

2.
Pois ele te perdoa toda culpa,
E cura toda a tua enfermidade;
Da sepultura ele salva a tua vida
E te cerca de carinho e compaixão.

3.
O Senhor realiza obras de justiça
E garante o direito aos oprimidos;
Revelou seus caminhos a Moisés,
E aos filhos de Israel, seus grandes feitos.

4.
O Senhor é indulgente, é favorável,
É paciente, é bondoso e compassivo.
Não nos trata como exigem nossas faltas,
Nem nos pune em proporção às nossas culpas.

ACLAMAÇÃO AO EVANGELHO: Aleluia, como o Pai me amou

Letra: Dom Carlos Alberto Navarro
Música: Waldeci Farias

Refrão: Aleluia, aleluia! Como o Pai me amou, assim também eu vos amei! Aleluia, aleluia, como estou no Pai, permanecei em mim!

Vers.: Vós todos que sofreis aflitos, vinde a mim! Repouso encontrarão os vossos corações! Dou graças a meu Pai que revelou ao pobre, ao pequenino seu grande amor!

1ª opção:

Refrão: **Aleluia, aleluia!**
Como o Pai me amou,
Assim também eu vos amei!
Aleluia, aleluia!
Como estou no Pai,
Permanecei em mim!

2ª opção: Reginaldo Veloso

Refrão: **Aleluia, aleluia!**
Sejam meus discípulos,
Nos diz nosso Senhor!
Aleluia, aleluia!
Pois de coração
Manso e humilde eu sou!

Vós todos que sofreis, aflitos, vinde a mim!
Repouso encontratão os vossos corações!
Dou graças a meu pai que revelou
Ao pobre, ao pequenino seu grande amor!
(Jo 15,9-10; Mt 11,25-30)

OFERENDAS: A vós, Senhor, apresentamos

Elvira Dordlom

Refrão:
A vós, Senhor, apresentamos estes dons:
O pão e o vinho, aleluia!

1.
Que poderei retribuir ao Senhor Deus
Por tudo aquilo que ele fez em meu favor?

2.
Elevo o cálice da minha salvação,
Invocando o nome santo do Senhor.

3.
Vou cumprir minhas promessas ao Senhor
Na presença de seu povo reunido.

4.
Por isso oferto um sacrifício de louvor,
Invocando o nome santo do Senhor.

COMUNHÃO: Venha a mim quem 'stá cansado

Reginaldo Veloso

Refrão:
Venha a mim quem 'stá cansado sob o peso da opressão, tome sobre si meu jugo e aprenda mi'a lição, pois sou manso e humilde, é assim meu coração.

1.
Ansioso eu esperei pelo Senhor:
O Senhor se abaixou e ouviu meu grito.
De um profundo lamaçal ele tirou-me;
Pôs meus pés sobre u rochedo, onde eu me firmo.

2.
Ele pôs na minha boca um canto novo,
Um louvor a nosso Deus irei cantar.
Vendo isso muita gente vai temer,
Muita gente no Senhor vai confiar!

3.
É feliz quem pôs em Deus sua confiança
E não vai atrás do engano dos soberbos;
Incontáveis são, Senhor, tuas maravilhas,
Eu quisera enumerá-las, mas me perco.

4.
Tu não queres sacrifício, nem oferta,
Mas em troca me abriste o ouvido:
"Eis-me aqui para fazer tua vontade"!
Tua Lei, dentro em meu peito, está escrita.

5.
E na grande assembléia eu não calei,
Não calei tu bem o sabes, ó Senhor,
Proclamei tua justiça e salvação,
Disse a todos tua verdade e teu amor.

Refrão:
Venha a mim quem 'stá cansado
Sob o peso da opressão
Tome sobre si meu jugo
E aprenda mi'a lição,
Pois sou manso e humilde,
É assim meu coração!

6.
Não me negues, ó Senhor, tua compaixão,
Teu amor, tua verdade me protejam;
As desgraças e os pecados me acurralam,
Minhas forças e meu coração fraquejam.

7.
Ó Senhor, vem socorrer-me, vem depressa!
Com mi'a vida eles querem acabar;
Eles tramam contra mim, de mim se riem,
Mudos, mortos de vergonha hão de ficar.

8.
Quem te busca, salte e dance de alegria:
"O Senhor, sim, que é grande"! É voz dos pobres;
Um coitado eu sei que sou, mas tu me amas,
Ó meu Deus, meu Salvador, vem, não demores!

9.
Glória ao Pai, que em Jesus nos escolheu,
Glória a Cristo, que por nós se entregou
E ao Espírito, que um dia nos ungiu,
Deste povo consagrado o louvor!

CANTOS OPCIONAIS

Eis-me aqui, Senhor
Abertura

Letra: D. Pedro Brito Guimarães
Música: Fr. Fabreti

Eis-me aqui, Senhor! Eis-me aqui, Senhor!
Pra fazer tua vontade, pra viver do teu amor,
Pra fazer tua vontade, pra viver do teu amor,
Eis-me aqui, Senhor!

1. O Senhor é o pastor que me conduz,
   Por caminhos nunca vistos me enviou;
   Sou chamado a ser fermento, sal e luz,
   E por isso respondi: "Aqui estou"!

2. Ele pôs em minha boca uma canção,
   Me ungiu como profeta e trovador
   Da história e da vida do meu povo,
   E por isso respondi: "Aqui estou"!

3. Ponho a minha confiança no Senhor,
   Da esperança sou chamado a ser sinal;
   Seu ouvido se inclinou ao meu clamor,
   E por isso respondi: "Aqui estou"!

De todos cantos viemos
Abertura

Zé Vicente

[partitura musical]

**/:Glorificado seja,
Bendito seja Jesus Redentor!:/**

1. De todos cantos viemos
   Para louvar o Senhor,
   Pai de eterna bondade,
   Deus vivo, libertador.
   Todo o povo reunido
   Num canto novo, um louvor:

2. Os pais e mães de família
   Venham todos celebrar,
   A força nova da vida
   Vamos alegres cantar.
   A juventude e as crianças,
   Todos reunidos no amor.

3. Lavradores e operários,
   Todo o povo lutador,
   Trazendo nas mãos os frutos,
   E as marcas de sofredor.
   A vida e a luta ofertamos
   No altar de Deus Criador.

4. Do passado nós trazemos
   Toda lembrança de quem
   Deu sua vida e seu sangue,
   Como Jesus fez também.
   Do presente, todo esforço
   Por um futuro sem dor.

5. Bendito o Deus da esperança,
   Que ensina a gente a andar!
   Bendito o Cristo da vida,
   Que ensina a gente a amar!
   Bendito o Espírito Santo,
   Que faz o povo criador!

Aqui chegando, Senhor
Abertura

Letra: Simei Monteiro
Música: Albete Corrêa

/:Aqui chegando, Senhor, que poderemos te dar?:/
/:Um simples coração e uma vontade de cantar.:/
/:Recebe nosso louvor e tua paz vem nos dar.:/
/:A tua graça, Senhor, melhor que a vida será.:/
/:E o teu amor em nós será manancial.:/
/:De água boa a jorrar, pra nossa sede estancar.:/

Hoje é dia de reza
Abertura

Reginaldo Veloso

1. Solo: Hoje é dia de reza!
   Todos: Hoje é dia de reza!
   Solo: É o dia do Senhor!
   Todos: É o dia do Senhor
   Solo: Aqui vimos, ó Pai, te adorar!
   Todos: Aqui vimos, ó Pai, te adorar!
   Solo: De mãos dadas teu nome invocar...

2. S.: Hoje é dia de festa! T.: Hoje é dia...
   S.: Entre nós estás, Senhor! T.: Entre nós estás,...
   S.: Tua Palavra nos vai recriar, T.: Tua Palavra...
   S.: Teu Espírito a nos irmanar...

3. S.: Hoje é dia de ceia! T.: Hoje é dia de ceia!
   S.: Em memória do Senhor! T.: Em memória...
   S.: Pão do céu vamos nós partilhar, T.: Pão do céu...
   S.: De teu vinho beber e brindar! T.: De teu vinho...

4. S.: Hoje é dia de entrega! T.: Hoje é dia de entrega!
   S.: Tu nos mandas, ó Senhor, T.: Tu nos mandas,...
   S.: A justiça do Reino anunciar, T.: A justiça...
   S.: E um mundo de paz proclamar! T.: E um mundo...

5. S.: Hoje é dia de espera, T.: Hoje é dia de espera
   S.: Pela vinda do Senhor! T.: Pela vinda do Senhor!
   S.: Tu nos fazes, Senhor, vigiar, T.: Tu nos fazes,...
   S.: Novo céu, nova terra apressar! T.: Novo céu,...

6. S.: Hoje é dia de festa! T.: Hoje é dia de festa!
   S.: Hoje é dia de reza! T.: Hoje é dia de reza!
   S.: Hoje é dia de ceia! T. Hoje é dia de ceia!
   S.: Hoje é dia de entrega! T.: Hoje é dia de entrega!
   S.: Hoje é dia de espera! T. Hoje é dia de espera!

Canta, meu povo
Abertura

Geraldo Leite Bastos

**Canta, meu povo,
Canta o louvor de teu Deus,
Que se fez homem e por nós morreu,
Que ressuscitou pelo amor dos seus!**

1. Somos a nação santa e o povo eleito,
   Um sacerdócio real!
   Deus nos chamou das trevas à sua luz,
   Sua luz imortal!

2. Nós somos transportados da morte à vida,
   Pelo amor dos irmãos.
   Vamos amar até nossos inimigos,
   É a lei do cristão!

3. Senhor Jesus, já não sou mais eu que vivo,
   Tu vives em mim.
   O meu desejo é um dia ver tua face,
   Na glória sem fim.

Entoai ao Senhor novo canto
Abertura

Versão do Sl 98(97)
Melodia: Frei J. A. Fontanella

1. Entoai ao Senhor novo canto,
   Pois prodígios foi ele quem fez.
   Sua mão e o seu braço santo
   A vitória lhe deram, de vez.

   **Então, os povos viram
   O Deus que nos salvou.
   Por isso, ó terra inteira,
   Cantai louvor a Deus!**

2. O Senhor revelou seu auxílio,
   Sua justiça aos povos mostrou.
   Recordou-se de sua bondade,
   Em favor de seu povo fiel.

3. Celebrai o Senhor com a harpa;
   Com viola, o saltério cantai.
   Com tambores, cornetas e flautas
   Aclamai ao Senhor, Deus e Rei!

4. Batam palmas o mar e os peixes,
   O universo e o que ele contém.
   Que os rios alegres aclamem
   E as montanhas bendigam a Deus.

5. Ante a face de Deus alegrai-vos:
   Ele vem para nos governar.
   Guiará com justiça os povos,
   Na harmonia e na paz as nações.

Tua bênção, Senhor, nos ilumine
Abertura

Versão do Sl 67(66)
Melodia: Geraldo Leite Bastos

Tua bênção, Senhor, nos ilumine;
Tua face, Senhor, sobre nós brilhe.
/:Teu poder encerra paz e retidão,
Bênçãos e frutos por todo este chão.:/

1. Deus se compadece e de nós se compraz,
   Em nós resplandece seu rosto de paz.

2. Pra que o povo todo encontre o caminho
   E os povos descubram teu terno carinho!

3. Que todos os povos te louvem, Senhor;
   Que todos os povos te cantem louvor!

4. Por tua justiça se alegram as nações,
   Com ela governas da praia aos sertões.

5. Que todos os povos te louvem, Senhor;
   Que todos os povos te cantem louvor!

6. O chão se abre em frutos, é Deus que abençoa;
   E brotem dos cantos do mundo esta loa!

Não sei se descobriste
Abertura

Letra: Dom Carlos Alberto Navarro
Música: Waldeci Farias

1. Não sei se descobriste a encantadora luz
   No olhar da mãe feliz, que embala o novo ser.
   Nos braços leva alguém, em forma de outro eu,
   Vivendo, agora, em dois, se sente renascer.

   A mãe será capaz de se esquecer
   Ou deixar de amar algum dos filhos que gerou?
   E se existir, acaso, tal mulher,
   Deus se lembrará de nós em seu amor!

2. O amor de mãe recorda o amor do nosso Deus:
   Tomou seu povo ao colo, quis nos atrair.
   Até a ingratidão inflama seu amor...
   Um Deus apaixonado busca a mim e a ti!

Benditos os pés que evangelizam
Abertura

José Acácio Santana

Refrão: Benditos os pés, que evangelizam e anunciam a salvação, o plano de Cristo realizam, na pessoa de cada irmão!

1. A cachoeira vai descendo a serra, fecundando a terra e toda a plantação; Toda palavra, que no Cristo dizes, chega nas raízes do teu povo, irmão.

**Benditos os pés que evangelizam
E anunciam a salvação;
O plano de Cristo realizam
Na pessoa de cada irmão.**

1. A cachoeira vai descendo a serra,
   Fecundando a terra e toda a plantação;
   Toda palavra, que no Cristo dizes,
   Chega nas raízes do teu povo, irmão.

2. Do chão a planta, humildemente, cresce,
   Depois, se oferece para a comunhão;
   É como aquele que no amor se planta,
   Depois, se levanta para a doação.

3. No rio que corre, muitas pedras passam
   E, depois, se abraçam para a construção;
   São como aqueles que de si se esquecem
   E se oferecem, pra servir o irmão.

4. Na noite escura, a lua, de mansinho,
   Joga no caminho todo o seu clarão;
   É como aquele que se faz morada
   E ilumina a estrada para o seu irmão.

Cante ao Senhor a terra inteira!
Abertura

Salmo 100(99)
Melodia: Pe. José Weber, svd

1. Cante ao Senhor a terra inteira!
   Sirvam ao Senhor, com alegria!
   /:Vinde ao seu encontro, alegremente!:/

/:O Senhor é bom, eterno é seu amor!:/

2. O Senhor, somente, é nosso Deus;
   Ele é quem nos fez e somos seus.
   /:Somos o seu povo e seu rebanho.:/

3. Vinde, aproximai-vos, dando graças,
   Todos a cantar hinos de alegria!
   /:Bendizei, louvai seu santo nome.:/

4. O Senhor é bom, nós repetimos,
   Sua misericórdia é sem limite,
   /:Seu amor fiel é para sempre!:/

Povo que és peregrino
Abertura

D.R.

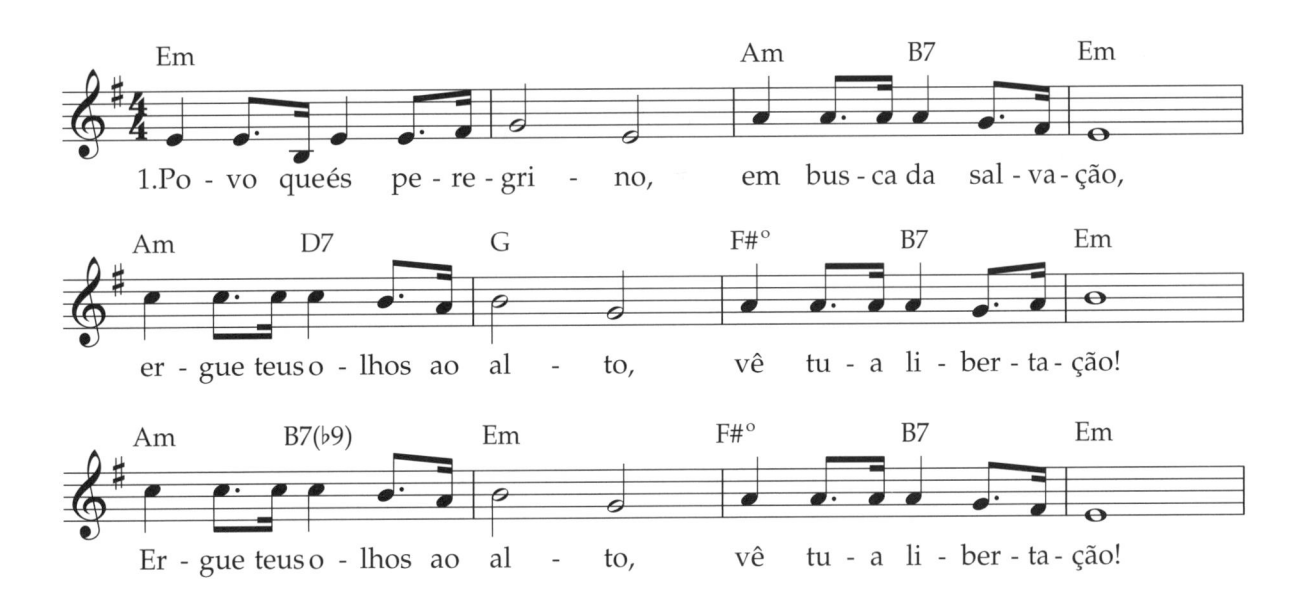

1. Povo que és peregrino, em busca da salvação,
   /:Ergue teus olhos ao alto, vê tua libertação! :/

2. A terra que te prometo, ei-la a manar leite e mel!
   /:Lembra-te disso, meu povo, minha promessa é fiel! :/

3. Atravessando o deserto, faz da tua sede esperança,
   /:Vence o cansaço, a fadiga, grande será tua herança! :/

4. Se a noite for prolongada e não houver mais luar,
   /:Pensa que são como estrelas os passos do teu andar! :/

5. Povo que tens como guia: Cristo que ressuscitou,
   /:Rompe as correntes do medo, novo sol já despontou! :/

Há todo um povo que se levanta
Abertura

Cecíla Vaz Castillo

1. Há todo um povo
   Que se levanta,
   É imenso seu clamor.
   Tem um só grito,
   Preso à garganta,
   Não engoliu sua dor.
   A sua luta
   O fez tão forte,
   Ganha, até se perder!

2. Há todo um povo
   Que não tem nada,
   Sua lei é repartir.
   Tem uma história
   Pobre e calada,
   Não interessa ouvir.
   Sua bandeira
   É a esperança
   Que nunca irá morrer.

Deus é sua força,
Sua teimosia,
/:A razão de seu viver.:/

3. Hoje a alegria,
   De fé tamanha,
   Faz a celebração.
   Diz que a vitória
   Não é estranha
   Para quem deu as mãos.
   Deus, neste povo,
   Mostra o futuro,
   Tudo que vai nascer.

4. Vinde, aleluia!
   Um canto novo,
   Vinde, ao Senhor cantai!
   Muita alegria,
   Filhos do povo,
   Ao vosso Rei, louvai!
   Louvor na boca,
   Nas mãos espadas,
   Justiça a se fazer! (Sl 149)

No teu santuário, Senhor
Abertura

Sl 150
Melodia: Frei Fabretti, ofm

No teu santuário, Senhor,
Te louvo com alegria.
Comigo te louva o céu,
Comigo te louva o mar,
Comigo te louvam os povos da terra!
Louvai, com toque da trombeta,
Louvai, com dança e com pandeiro!
Louvai a Deus, na viola,
No canto e na voz!
Louvai o Senhor de todos nós!

Nós somos o povo de Deus
Abertura

L. e M.: Jocy Rodrigues

1. Nós somos o povo de Deus,
   Um povo que vai caminhando, caminhando, caminhando.
   Na estrada escura deste mundo,
   Somos a luz que vai iluminando, iluminando, iluminando.

   Nossa lei está no Evangelho: é o amor!
   Vivemos na liberdade, liberdade;
   Queremos justiça e paz, justiça e paz;
   Somos filhos da verdade, da verdade.

2. Busquemos o Reino de Deus,
   Que é fonte de libertação, libertação, libertação.
   O Cristo vive em nossa vida,
   Dele esperamos nossa salvação, a salvação, a salvação.

3. O Reino de Deus é dos pobres,
   Dos que trabalham pela paz, dos que trabalham pela paz.
   Dos que lutam pela justiça
   E avançam sempre, sem olhar pra trás, avançam sem olhar pra trás.

Vimos aqui, ó Senhor
Abertura

L. e M.: Lindberg Pires

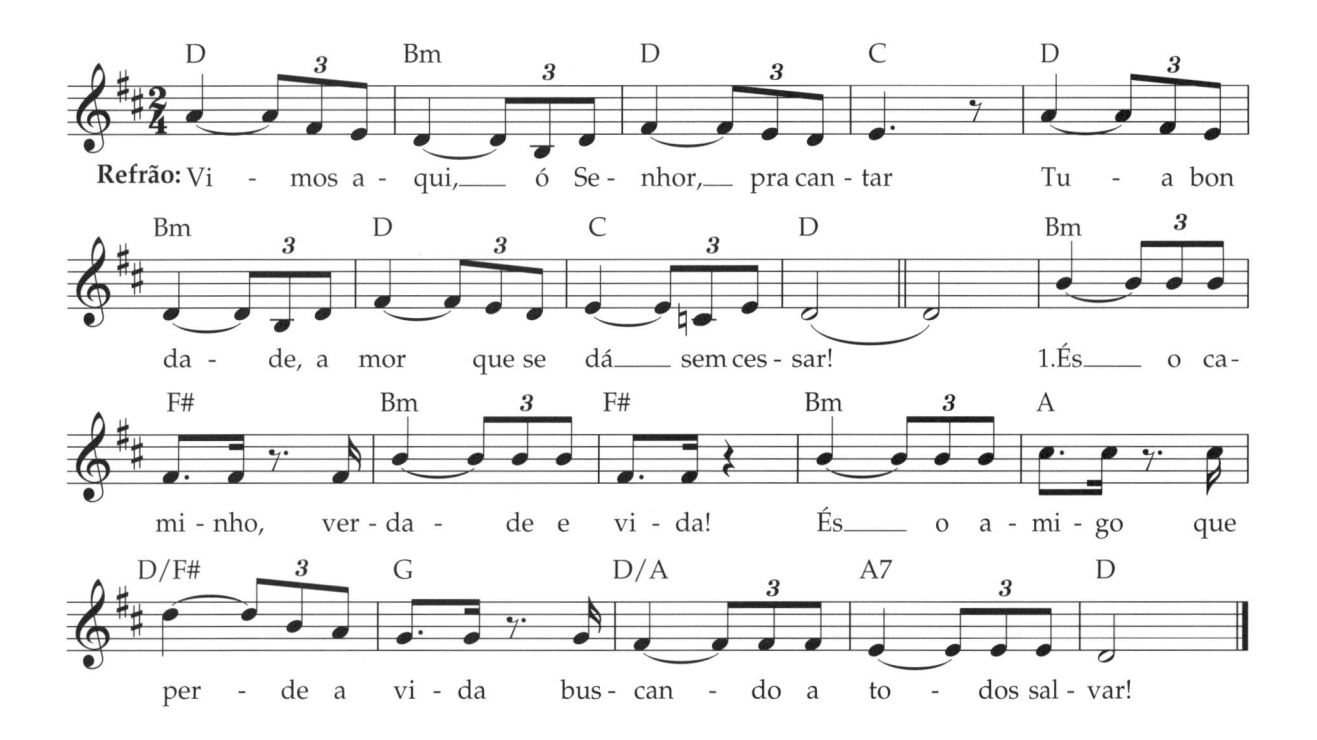

**Vimos aqui, ó Senhor, pra cantar
Tua bondade, amor que se dá sem cessar!**

1. És o caminho, verdade e vida!
   És o amigo que perde a vida,
   Buscando a todos salvar!

2. És o rochedo, o guia fiel!
   És a esperança de todos que buscam
   Viver em tua casa, Senhor!

Um pouco além do presente
Abertura

Letra: Edmundo Reinhart e João Carlos Gottinar
Música: Silvio Meincke

1. Um pouco além do presente,
   Alegre, o futuro anuncia
   A fuga das sombras da noite,
   A luz de um bem novo dia.

   Venha teu reino, Senhor!
   A festa da vida recria.
   A nossa espera e a dor
   Transforma em plena alegria! (bis)
   Aiê, eiá, aiê, aê, aê.

2. Botão de esperança se abre,
   Prenúncio da flor que se faz
   Promessa da tua presença
   Que a vida abundante nos traz.

3. Saudade da terra sem males,
   Do Éden de plumas e flores,
   Da paz e justiça irmanadas,
   Num mundo sem ódio nem dores.

4. Saudade de um mundo sem guerras,
   Anelos de paz e inocência:
   De corpos e mãos que se encontram,
   Sem armas, sem morte e violência.

5. Saudade de um mundo sem donos:
   Ausência de fortes e fracos,
   Derrota de todos sistemas
   Que criam palácios, barracos.

6. Já temos preciosa semente,
   Penhor do teu Reino, agora.
   Futuro ilumina o presente,
   Tu vens e virás sem demora.

Não se deve dizer
Apresentação das oferendas

José Raimundo Galvão

**Não se deve dizer: "Nada posso ofertar"!
/:Pois as mãos mais pobres
É que mais se abrem para tudo dar!:/**

1. O Senhor só deseja,
   Que em nós tudo seja
   Constante servir.
   Quando nada se tem,
   Só resta dizer:
   "Senhor, eis-me aqui"!

2. Com as mãos bem abertas,
   Trazendo as ofertas
   Do vinho e do pão,
   Surge o nosso dever
   De tudo fazer
   Com mais doação.

3. Alegrias da vida,
   Momentos da lida,
   Eu posso ofertar;
   Pois, nas mãos do Senhor,
   Um gesto de amor
   Não se perderá.

Os cristãos tinham tudo em comum
Apresentação das oferendas

Letra: Dom Carlos Alberto Navarro
Música: Waldeci Farias

Os cristãos tinham tudo em comum,
Dividiam seus bens com alegria.
Deus espera que os dons de cada um,
Se repartam com amor no dia a dia!

1. Deus criou este mundo para todos,
   Quem tem mais é chamado a repartir
   Com os outros o pão, a instrução,
   E o progresso, fazer o irmão sorrir.

2. Mas, acima de alguém que tem riquezas,
   S'tá o homem que cresce em seu valor,
   E, liberto, caminha para Deus,
   Repartindo com todos o amor.

3. No desejo de sempre repartirmos
   Nossos bens, elevemos nossa voz.
   Ao trazer pão e vinho para o altar,
   Em que Deus vai se dar a todos nós.

Felizes os de coração puro
Apresentação das oferendas

Sl 24 (23)

Refrão: Felizes os de coração puro, porque verão a Deus, porque verão a Deus!

1. Ao Senhor pertence a terra e os que ela encerra, o mundo inteiro com os seres que o povoam; porque ele a tornou firme sobre os mares, e sobre as águas a mantém inabalável.

Felizes os de coração puro,
Porque verão a Deus,
Porque verão a Deus!

1. Ao Senhor pertence a terra e os que ela encerra,
   O mundo inteiro com os seres que o povoam;
   Porque ele a tornou firme sobre os mares,
   E sobre as águas a mantém inabalável.

2. "Quem subirá até o monte do Senhor,
   Quem ficará em sua santa habitação?"
   "Quem tem mãos puras e inocente o coração,
   Quem não dirige sua mente para o crime.

3. Sobre este desce a bênção do Senhor
   E a recompensa de seu Deus e Salvador".
   "É assim a geração dos que o procuram,
   E do Deus de Israel buscam a face".

Neste pão e neste vinho
Apresentação das oferendas

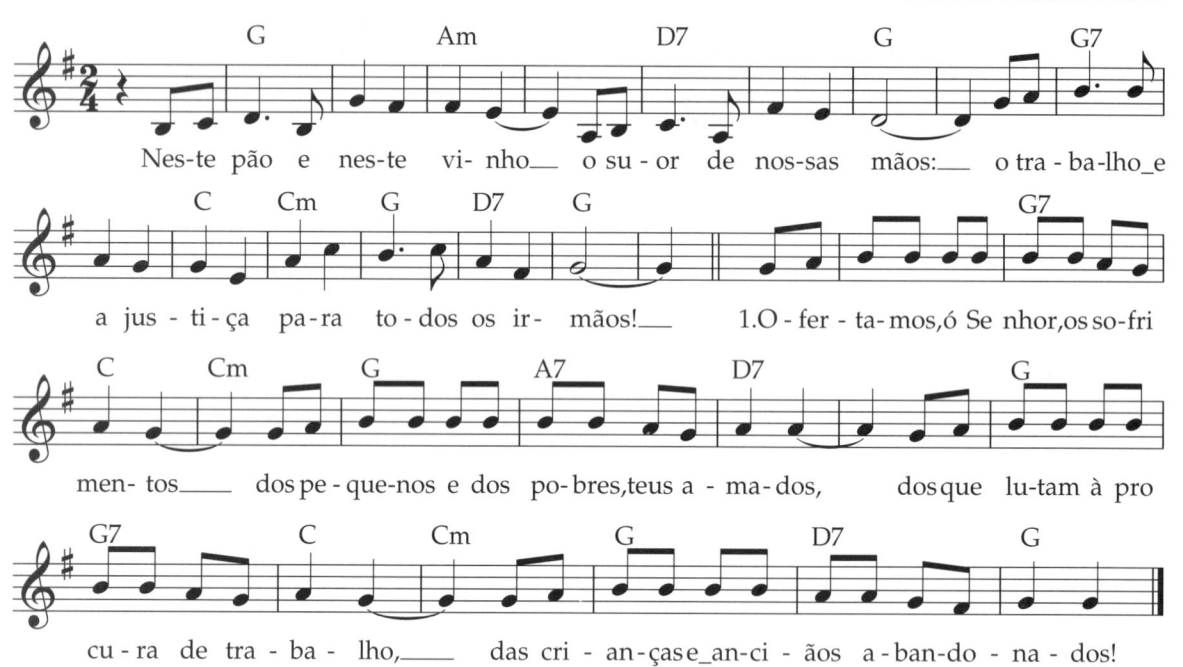

Letra: Maria de Fátima de Oliveira
Música: Waldeci Farias

**Neste pão e neste vinho
O suor de nossas mãos:
O trabalho e a justiça
Para todos os irmãos!**

1. Ofertamos, ó Senhor, os sofrimentos
   Dos pequenos e dos pobres, teus amados,
   Dos que lutam à procura de trabalho,
   Das crianças e anciãos abandonados!

2. Ofertamos a firmeza e a coragem
   Dos que lutam em favor dos oprimidos,
   Dos famintos e sedentos de justiça
   E que são, por tua causa, perseguidos!

3. Ofertamos, ó Senhor, toda a certeza
   Na vitória do amor sobre o pecado.
   Tua luz há de brilhar, vencendo a treva,
   Sobre o mundo convertido e renovado!

Muito alegre eu te pedi
Apresentação das oferendas

Inspirado em Lc 15,11-24
Letra: Dom Carlos Alberto Navarro
Música: Waldeci Farias

1. Muito alegre, eu te pedi o que era meu...
   Partir... Um sonho tão normal!
   Dissipei meus bens, o coração, também.
   No fim, meu mundo era irreal!

   **Confiei no teu amor e voltei,
   Sim, aqui é meu lugar!
   Eu gastei teus bens, ó Pai, e te dou
   Este pranto em minhas mãos.**

2. Mil amigos conheci, disseram: adeus!
   Caiu a solidão em mim.
   Um patrão cruel levou-me a refletir:
   Meu pai não trata um servo assim!

3. Nem deixaste-me falar da ingratidão...
   Morreu, no abraço, o mal que eu fiz.
   Festa, roupa nova, o anel, sandália aos pés:
   Voltei à vida, sou feliz!

Ofertar pra meu povo é dar a vida
Apresentação das oferendas

Texto: Pe. José Freitas Campos (refrão)
Reginaldo Veloso (estrofes)
Música: Pe. José Freitas Campos

/:Ofertar pra meu povo é dar a vida,
A vida inteira oferecida!:/

1. Da mulher, do homem, do nosso lar,
   Nosso amor fiel vimos ofertar.
   Pelos filhos toda a dedicação,
   Recebei, Senhor, nossa oblação!

2. Homem e mulher, mãos a trabalhar,
   Terra a produzir, frutos partilhar,
   Da videira o vinho, do trigo o pão,
   Recebei, Senhor, nossa oblação!

3. De quem zela a casa e costura a roupa,
   Lava, passa e ainda tempera a sopa,
   Cuida da limpeza e ornamentação,
   Recebei, Senhor, nossa oblação!

4. Das crianças toda a vivacidade
   E da juventude a criatividade
   E a sabedoria do ancião,
   Recebei, Senhor, nossa oblação!

5. De quem ergue o muro e levanta a casa,
   E constrói a ponte e aplaina a estrada,
   De toda oficina e toda invenção,
   Recebei, Senhor, nossa oblação!

6. Dos sem terra a luta e dos favelados,
   De quem une o bairro e dos sindicatos,
   Do povo oprimido a juntar as mãos,
   Recebei, Senhor, nossa oblação!

7. Dos que no hospital cuidam do doente,
   Na repartição dão ouvido à gente,
   Dos irmãos garis a dedicação,
   Recebei, Senhor, nossa oblação!

8. Das indústrias tudo o que se produz,
   Os serviços, água, transporte e luz,
   Dos artistas todos, dos artesãos,
   Recebei, Senhor, nossa oblação!

9. Do estudante o sonho e do professor,
   Do cientista o elã, do pesquisador,
   Do filosofar, da imaginação,
   Recebei, Senhor, nossa oblação!

10. Dos que são eleitos pra governar,
    De quem faz as leis ou tem que julgar,
    De quem serve ao povo com retidão,
    Recebei, Senhor, nossa oblação!

11. Desse nosso jeito de ser Igreja,
    Comunhão na fé, que reza e peleja,
    Variados dons, participação,
    Recebei, Senhor, nossa oblação!

12. Nossa vida inteira, aos irmãos servir,
    Nossa militância, o nosso porvir,
    Com Jesus unidos em sua paixão,
    Recebei, Senhor, nossa oblação!

Senhor, meu Deus, obrigado
Apresentação das oferendas

Música: José Alves
Letra: Josmar Braga

Refrão: Senhor, meu Deus, obrigado, Senhor, por que tudo é teu! 1. É teu o pão que apresentamos, é tua dor que suportamos: obrigado, Senhor!

**Senhor, meu Deus, obrigado, Senhor,
Porque tudo é teu!**

1. É teu o pão que apresentamos,
   É tua dor que suportamos:
   Obrigado, Senhor!

2. É teu o vinho que trazemos,
   É tua vida que vivemos:
   Obrigado, Senhor!

3. Na tua cruz crucificados,
   Seremos teus ressuscitados:
   Obrigado, Senhor!

Nós te damos muitas graças
Comunhão

Música: Joel Postma
Letra: Antonio do Prado

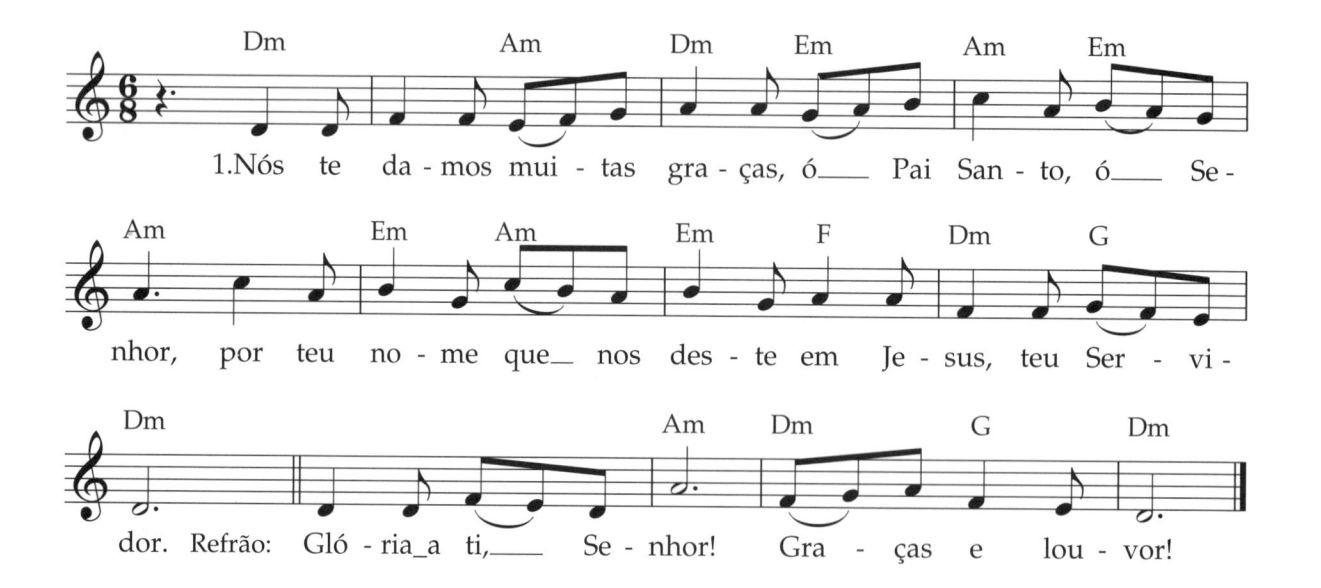

1. Nós te damos muitas graças, ó Pai Santo, ó Senhor, por teu nome que nos deste em Jesus, teu Servidor. Refrão: Glória a ti, Senhor! Graças e louvor!

**Glória a ti, Senhor!
Graças e louvor!**

1. Nós te damos muitas graças,
   Ó Pai Santo, ó Senhor,
   Por teu nome que nos deste
   Em Jesus, teu Servidor.

2. Dás a todos o alimento
   Que a terra lhes produz.
   Para nós tu reservaste
   O pão vivo que é Jesus.

3. E liberta tua Igreja
   Do poder de todo mal.
   Que ela seja una e santa,
   No teu Reino imortal.

4. Ó Senhor, que venha a graça,
   Todos voltem para o bem!
   Passe o mundo transitório,
   Vem, Senhor Jesus! Amém!

Eu sou o Pão
Comunhão

José Cândido da Silva
Arr. Adenor Leonardo Terra

**Eu sou o pão que vem do céu!
Quem crer em mim irá viver!**

1. Nós reconhecemos o Senhor partindo o pão:
   Mistério de amor, a nossa refeição. (Lc 24,13)

2. O Senhor Jesus no sacramento nos deixou
   Memorial da Cruz: morte e ressurreição.

3. Ao Povo de Deus, lá no deserto, sem pão, sem lar,
   Deus fez cair do céu comida salutar.

4. Todos se assentaram, todos comeram, até fartar,
   Glória e louvor a Deus, que vem nos saciar!

5. Corpo do Senhor é o pão que temos no altar
   E o vinho consagrado é o sangue redentor.

Quem nos separará?
Comunhão

inspirado em Rm 8,31-39
Valmir Neves Silva

Quem nos separará? Quem vai nos separar do amor de Cristo?
Quem nos separará? Se ele é por nós, quem será, quem será contra nós?
Quem vai nos separar do amor de Cristo, quem será?

1. Nem a angústia, nem a fome, nem nudez ou tribulação,
   Perigo ou espada, toda perseguição!

2. Nem a morte, nem a vida, nem os anjos, dominações,
   Presente e nem futuro, poderes, nem pressões!

3. Nem as forças das alturas, nem as forças das profundezas,
   Nenhuma das criaturas, nem toda a natureza!

Eis o pão da vida
Comunhão

José Raimundo Galvão

**Eis o pão da vida, eis o pão dos céus,
Que alimenta o homem, em marcha para Deus!**

1. Um grande convite o Senhor nos fez
   E a Igreja o repete a toda vez;
   Feliz quem ouve e alegre vem,
   Trazendo consigo o amor que tem.

2. Um dia, por nós o Senhor se deu:
   Do sangue da cruz, o amor nasceu;
   E, ainda hoje, ele dá vigor
   Aos pobres, aos fracos, ao pecador!

3. Se o homem deseja viver feliz,
   Não deixe de ouvir o que a Igreja diz:
   Procure, sempre, se aproximar
   Do Deus, feito pão, para nos salvar!

4. Quem come este pão, sempre, viverá,
   Pois, Deus nos convida a ressuscitar.
   Oh! Vinde, todos, comei, também,
   O pão que encerra o sumo bem!

Sempre tem mais um lugar na mesa
Comunhão

Cecília Domezzi

1. Sempre tem mais um lugar na mesa
   Pra quem sabe repartir o pão.
   Do que temos em nossa pobreza,
   O amor faz multiplicação.

   Felizes os pobres na mesa do Rei!
   Meu corpo e meu sangue tomai e comei.
   Eu sou o Pão vivo, o amor é a lei! (bis)

2. Comer juntos no jantar de Deus
   É mudar a triste situação.
   É querer que a terra seja um céu,
   Onde a gente vive como irmão.

3. Quando a gente é mesmo companheiro,
   No caminho de Nosso Senhor,
   Comunhão é gesto verdadeiro,
   Que entrega a vida por amor.

4. Pra bater o duro chão da estrada,
   Nossa força não pode minguar.
   O alimento desta caminhada
   É o próprio Cristo neste altar.

Aleluia, eu vou louvar
Comunhão

Texto: Versão de Reginaldo Veloso do Sl 146(145)
Melodia: Waldeci Farias

1. Aleluia, eu vou louvar;
   Ó, minh'alma, bendize ao Senhor.
   Toda a vida, eu vou tocar;
   Ao meu Deus, vou cantar meu louvor!

   Quero cantar ao Senhor,
   Sempre enquanto eu viver,
   Hei de provar seu amor,
   Seu valor e seu poder!

2. Não confiem nos poderosos,
   São de barro e não podem salvar:
   Quando expiram, voltam ao chão,
   Seus projetos vão logo acabar.

3. Feliz quem se apoia em Deus;
   No Senhor, põe a sua esperança.
   Ele fez o céu e a terra;
   Quem fez tudo, mantém sua aliança!

4. Faz justiça aos oprimidos,
   Aos famintos sacia com pão.
   O Senhor liberta os cativos;
   Abre os olhos e os cegos verão.

5. O Senhor levanta os caídos;
   São os justos por ele amados.
   O Senhor protege os migrantes
   E sustenta os abandonados!

6. O Senhor transtorna o caminho
   Dos malvados e dos malfazejos.
   O Senhor é rei para sempre;
   Para sempre a reinar o teu Deus!

Tu és a luz, Senhor - Sl 139
Comunhão

Versão do Sl 139 (138)
Melodia: Reginaldo Veloso

Refrão: Tu és a luz, Senhor, do meu andar, Senhor, do meu lutar, Senhor, força do meu sofrer. Em tuas mãos, Senhor, quero viver.

1. Meu coração penetras e lês meus pensamentos; se luto ou se descanso, tu vês meus movimentos; de todas minhas palavras tu tens conhecimento.

**Tu és a luz, Senhor, do meu andar, Senhor,
Do meu lutar, Senhor, força do meu sofrer.
Em tuas mãos, Senhor, quero viver.**

1. Meu coração penetras
E lês meus pensamentos;
Se luto ou se descanso,
Tu vês meus movimentos;
De todas minhas palavras
Tu tens conhecimento.

2. Quisesse eu me esconder
Do teu imenso olhar,
Subir até o céu,
Na terra me entranhar,
Atrás do horizonte,
Lá irias me encontrar!

3. Por trás e pela frente
Teu ser me envolve e cerca;
O teu saber me encanta,
Me excede e me supera;
Tua mão me acompanha,
Me guia e me acoberta!

4. Se a luz do sol se fosse,
Que escuridão seria!...
Se as trevas me envolvessem,
O que adiantaria?...
Pra ti, Senhor, a noite
É clara como o dia!

5. No seio de minha mãe
Tu me teceste um dia.
Senhor, eu te agradeço
Por tantas maravilhas,
Meus ossos, minha alma
De há muito conhecias.

6. Mas vê meu coração,
E minha angústia sente;
Olha, Senhor, meus passos;
Se vou erradamente,
Me guia no caminho
Da vida para sempre.

Eis, meu povo, o banquete!
Comunhão

Letra: Dom Carlos Alberto Navarro
Música: Waldeci Farias

Refrão: Eis, meu povo, o banquete, que preparei para ti! Sofredor, pecador, também, todo pobre é bem-vindo, aqui!

1. Quis preparar um banquete festivo, mandei convidar multidões! Muitos amigos deixaram de vir e fecharam os seus corações.

**Eis, meu povo, o banquete
Que preparei para ti!
Sofredor, pecador também,
Todo pobre é bem-vindo aqui!**

1. Quis preparar um banquete festivo,
   Mandei convidar multidões.
   Muitos amigos deixaram de vir
   E fecharam os seus corações.

2. Mandei os servos por ruas e praças:
   "Fazei todo o povo entrar!
   Cego e coxo, o pobre, o infeliz,
   Venham todos comigo cear!"

Bom é louvar o Senhor, nosso Deus
Comunhão

Pe. Ney Brasil

Bom é louvar o Senhor, nosso Deus,
Cantar salmos ao nome do Altíssimo;
Com alegria aclamar seu amor,
Sua glória, bondade e poder.

1. Como tuas obras me alegram, Senhor,
   Os teus prodígios suscitam louvor.
   Tua presença eu contemplo no céu,
   Olho a terra, também nela estás.

2. Tu engrandeces o homem mortal:
   Da natureza ele é rei e senhor.
   De honra o coroaste, de glória e poder,
   Pouco menos que aos anjos do céu.

3. Narram os céus o que fez tua mão,
   Todo o universo teu nome bendiz.
   A criação é um canto de amor,
   E esse canto é também meu louvor.

4. Tua bondade cercou-me de bens,
   Tudo que tenho é por graça e favor.
   Quero teus dons co'os irmãos partilhar,
   Vendo em ti nosso Deus, nosso Pai.

5. Chave suprema de um plano de Pai,
   Neste universo que evolve na dor,
   Deste-nos Cristo, Homem-Deus, nosso irmão,
   E é por ele que vamos a ti.

Sou bom pastor
Comunhão

Letra: Dom Carlos Alberto Navarro
Música: Waldeci Farias

**Sou bom pastor, ovelhas guardarei.
Não tenho outro ofício, nem terei.
Quantas vidas eu tiver, eu lhes darei!**

1. Maus pastores, num dia de sombra,
   Não cuidaram e o rebanho se perdeu.
   Vou sair pelo campo, reunir o que é meu,
   Conduzir e salvar.

2. Verdes prados e belas montanhas
   Hão de ver o pastor, rebanho, atrás.
   Junto a mim, as ovelhas terão muita paz,
   Poderão descansar!

Procuro abrigo nos corações
Comunhão

Letra: Dom Carlos Alberto Navarro
Música: Waldeci Farias

Refrão: Procuro abrigo nos corações: de porta em porta desejo entrar. Se alguém me acolhe, com gratidão, faremos juntos a refeição! Se alguém me a... ...ção!

1. Eu nasci pra caminhar, assim, dia e noite: vou até o fim. O meu rosto o forte sol queimou, meu cabelo or valho, já, molhou: eu cumpro a ordem do meu coração!

Procuro abrigo nos corações:
De porta em porta, desejo entrar.
/:Se alguém me acolhe com gratidão,
Faremos juntos a refeição! :/

1. Eu nasci pra caminhar assim,
   Dia e noite, vou até o fim.
   O meu rosto, o forte sol queimou,
   Meu cabelo, o orvalho já molhou:
   Eu cumpro a ordem do meu coração!

2. Vou batendo, até alguém abrir.
   Não descanso, o amor me faz seguir.
   É feliz quem ouve a minha voz,
   E abre a porta, entro bem veloz:
   Eu cumpro a ordem do meu coração!

3. Junto à mesa, vou sentar depois,
   E faremos refeição nós dois.
   Sentirá seu coração arder,
   E esta chama tenho que acender:
   Eu cumpro a ordem do meu coração!

4. Aqui dentro, o amor nos entretém,
   E, lá fora, o dia eterno vem.
   Finalmente, nós seremos um,
   E teremos tudo em comum:
   Eu cumpro a ordem do meu coração!

Se eu não tiver amor
Comunhão

Pe. Ney Brasil Pereira
Inspirado em 1Cor,13

Refrão: Se eu não tiver amor, eu nada sou, Senhor! Se eu não tiver amor, eu nada sou, Senhor!

1 - O amor é compassivo, o amor é serviçal. o amor não tem inveja, o amor não busca o mal.

/:Se eu não tiver amor, eu nada sou, Senhor! :/

1. O amor é compassivo, o amor é serviçal.
   O amor não tem inveja, o amor não busca o mal.

2. O amor nunca se irrita, não é nunca descortez.
   O amor não é egoísta, o amor nunca é dobrez.

3. O amor desculpa tudo, o amor é caridade.
   Não se alegra na injustiça, é feliz, só na verdade.

4. O amor suporta tudo, o amor em tudo crê.
   O amor guarda a esperança, o amor sempre é fiel.

5. Nossa fé, nossa esperança junto a Deus terminará,
   Mas o amor será eterno, o amor não passará.

Seu nome é Jesus Cristo
Comunhão

D.R.

1. Seu nome é Jesus Cristo e passa fome,
   E grita pela boca dos famintos;
   E a gente, quando vê, passa adiante,
   Às vezes, pra chegar depressa à Igreja.

   Seu nome é Jesus Cristo e está sem casa,
   E dorme pela beira das calçadas;
   E a gente, quando o vê, aperta o passo,
   E diz que ele dormiu embriagado.

   **/:Entre nós está e não o conhecemos,
   Entre nós está e nós o desprezamos! :/**

2. Seu nome é Jesus Cristo e está doente,
   E vive atrás das grades da cadeia.
   E nós, tão raramente, vamos vê-lo
   Sabendo que ele é um marginal.

   Seu nome é Jesus Cristo e anda sedento
   Por um mundo de amor e de justiça.
   Mas, logo que contesta pela paz,
   A ordem o obriga a ser da guerra.

3. Seu nome é Jesus Cristo e é analfabeto,
   E vive mendigando um sub-emprego;
   E a gente, quando vê, diz: "é um à-toa!
   Melhor que trabalhasse e não pedisse".

   Seu nome é Jesus Cristo e está banido
   Das rodas sociais e das igrejas,
   Porque dele fizeram um rei potente,
   Enquanto que ele vive como pobre.

4. Seu nome é Jesus Cristo e é maltrapilho,
   E vive nos imundos meretrícios,
   Mas, muitos o expulsam da cidade,
   Com medo de estender a mão a ele.

   Seu nome é Jesus Cristo e é todo homem,
   Que vive neste mundo ou quer viver;
   Para ele não existem mais fronteiras,
   Só quer fazer de nós todos irmãos!

Vem e eu mostrarei!
Comunhão

Letra: Pe. Josmar Braga
Música: Waldeci Farias

Solo: Vem, e eu mostrarei
  Que o meu caminho te leva ao Pai;
  Guiarei os passos teus,
  E junto a ti, hei de seguir.

Ass.: Sim, eu irei, e saberei
  Como chegar ao fim, de onde vim,
  Aonde vou: por onde irás,
  Irei, também!

Solo: Vem, e eu te direi
  O que ainda estás a procurar.
  A verdade é como o sol,
  E invadirá teu coração.

Ass.: Sim, eu irei e aprenderei
  Minha razão de ser.
  Eu creio em ti, que crês em mim,
  E à tua luz, verei a luz!

Solo: Vem, e eu te farei
  Da minha vida participar.
  Viverás em mim aqui,
  Viver em mim é o bem maior.

Ass.: Sim, eu irei e viverei
  A vida inteira, assim.
  Eternidade é, na verdade,
  O amor vivendo, sempre, em nós.

Solo: Vem, que a terra espera
  Quem possa e queira realizar,
  Com amor, a construção
  De um mundo novo, muito melhor.

Ass.: Sim, eu irei e levarei
  Teu nome aos meus irmãos.
  Iremos nós, e o teu amor
  Vai construir, enfim, a paz!

Senhor, meu Deus, quando eu maravilhado
Comunhão

Adaptação do original: *How great thou art*   Melodia tradicional sueca

1. Senhor, meu Deus, quando eu, maravilhado,
   Fico a pensar nas obras de tuas mãos;
   O céu azul, de estrelas pontilhado,
   O teu poder, mostrando a criação.

   **/:Então, minh'alma canta a ti, Senhor,
   Quão grande és tu, quão grande és tu!:/**

2. Quando, a vagar, nas matas e florestas,
   O passaredo, alegre, ouço cantar;
   Olhando os montes, vales e campinas,
   Em tudo vejo o teu poder, sem par!

3. Quando eu medito em teu amor, tão grande,
   Teu Filho dando ao mundo, pra salvar,
   Na cruz vertendo o seu precioso sangue,
   Minh'alma pode, assim, purificar.

4. Quando, enfim, Jesus vier em glória,
   E ao lar celeste, então, me transportar;
   No lar eterno quero, jubilando,
   A tua santa face contemplar!

Quero ouvir teu apelo, Senhor

Letra e música: Ir. Miria T. Kolling

1. Quero ouvir teu apelo, Senhor,
   Ao teu chamado de amor responder.
   Na alegria te quero servir,
   E anunciar o teu reino de amor!

   **/:E pelo mundo eu vou,
   Cantando teu amor,
   Pois disponível estou,
   Para servir-te, Senhor!:/**

2. Dia a dia, tua graça me dás,
   Nela se apoia o meu caminhar.
   Se estás a meu lado, Senhor,
   O que, então, poderei eu temer?

Senhor, fazei-me um instrumento de vossa paz
Comunhão

Oração de São Francisco
Música: Pe. Irala

Se-nhor,_____ fa-zei-me_um ins-tru-men-to de vos-sa paz!_____ On-de_hou ver ó - dio, que_eu le ve_o a - mor, on-de_hou-ver o - fen-sa que_eu le ve_o per dão.

On-de_hou-ver dis - cór - dia que_eu le -ve_a_u-ni - ão, on-de_hou-ver dú - vi-da que_eu le-ve_a fé! On-de_hou-ver er - ro, que_eu le - ve_a ver da - de, on-de_hou ver de-ses - pe - ro, que_eu le -ve_a_es-pe - ran - ça. On-de_hou-ver tris - te - za, que_eu le-ve_a_a-le gri - a, on-de_hou-ver tre - vas, que_eu le-ve a luz._____ Ó Mes - tre, fa-zei que_eu pro - cu - re mais_____ con - so - lar, que ser con-so - la-do, com-pre-en der que ser com-preen - di - do; a - mar_____ que ser a - ma - do._____ Pois é dan-do_____ que se re - ce - be, é per-do-an-do que se é per-do-a-do; e é mor - ren - do que se vi - ve pa-ra_a vi-da_e - ter - na.

Senhor, fazei-me um instrumento de vossa paz!
Onde houver ódio, que eu leve o amor;
Onde houver ofensa, que eu leve o perdão.
Onde houver discórdia, que eu leve a união;
Onde houver dúvida, que eu leve a fé!
Onde houver erro, que eu leve a verdade;
Onde houver desespero, que eu leve a esperança;
Onde houver tristeza, que eu leve a alegria;
Onde houver trevas, que eu leve a luz!
Ó Mestre, fazei que eu procure, mais consolar, que ser consolado;
Compreender, que ser compreendido;
Amar, que ser amado.
Pois, é dando, que se recebe;
É perdoando, que se é perdoado;
E é morrendo, que se vive para a vida eterna!

Vós sois o caminho, a verdade e a vida
Comunhão

Pe. Arcangelo Vigne

**Vós sois o caminho, a verdade e a vida,
O pão da alegria descido do céu!**

1. Nós somos caminheiros que marcham para os céus,
   Jesus é o caminho que nos conduz a Deus.

2. Da noite da mentira, das trevas para a luz,
   Busquemos a verdade, verdade é só Jesus.

3. Pecar é não ter vida, pecar é não ter luz.
   Tem vida só quem segue os passos de Jesus.

4. Jesus, verdade e vida, caminho que conduz
   A Igreja peregrina, que marcha para a luz.

O Pão de Deus é o Pão da Vida
Comunhão

Pe. José Weber

O pão de Deus é o pão da vida que do céu veio até nós.
/:Ó Senhor, nós vos pedimos: dai-nos sempre deste pão!:/

1. O pão que eu vos dou é a minha própria carne para a vida do mundo.
   Eu sou o pão da vida, quem come deste pão viverá eternamente.

2. Se comerdes minha carne e beberdes o meu sangue, tereis a vida em vós.
   No deserto, vossos pais comeram o maná, mas morreram todos eles.

3. Quem come a minha carne e bebe o meu sangue, fica em mim e eu nele.
   Meu corpo é a comida e meu sangue é a bebida que alimenta a vida eterna.

4. Quem come a minha carne e bebe o meu sangue, eu o ressuscitarei.
   Quem come a minha carne e bebe o meu sangue viverá sempre por mim.

5. Eu sou o pão da vida; quem vem a mim, não mais terá fome ou terá sede.
   Quem come a minha carne e bebe o meu sangue, terá a vida eterna.

Bendito seja Deus - Ef 1,3-10
Comunhão

Reginaldo Veloso

**Bendito seja Deus, Pai do Senhor Jesus Cristo,
Por Cristo nos brindou todas as bênçãos do Espírito.**

1. Pois, juntamente com Cristo, antes de o mundo criar,
   Deus já nos tinha escolhido a fim de nos consagrar.
   De amor, oferta sem mancha; para a adoção destinou,
   Seus filhos somos por Cristo, de sua graça o louvor.

2. Pois, sobre nós esta graça, conforme havia traçado,
   Deus, nosso Pai, derramou, pelo seu Filho amado,
   Que com seu sangue consegue pra nós a libertação,
   A remissão dos pecados, graça sem comparação!

3. Sim, derramou sobre nós graça abundante e saber,
   Nos revelando o mistério, plano do seu bem-querer:
   De conduzir a história à plena realização,
   Cristo encabeça o universo, terra e céus se unirão!

O Senhor poderoso em amor - Is 25,6 + Lc 14,16-24
Comunhão

Versão de Lc 14,16-24; Is 25,6
M.: Reginaldo Veloso

Ant.: O Senhor poderoso em amor
　　　Um banquete pra nós preparou. (bis)

**Vinde todos comer do manjar
E do vinho mais fino provar. (bis)**

1. Pois o reino do céu é uma festa
   Que um Rei preparou pra seu Filho
   E mandou os seus servos saírem,
   Convidando a todos amigos.

2. "Dizei, pois, que o banquete está pronto
   E que tudo já está preparado!"
   Mas, por mais que o Rei insistisse,
   Não vieram os seus convidados.

3. E o Rei ficou foi desgostoso,
   Ficou mesmo até indignado
   E mandou convidar todo mundo
   Para a festa do seu Filho amado.

4. E o salão ficou mesmo repleto
   Dessa gente que o mundo despreza:
   Dos sem vez, dos sem voz, dos sem nada.
   E os pequenos fizeram a festa!

Obs.: Para terminar: antífona e refrão.

ÍNDICE GERAL DOS DOMINGOS E FESTAS DO SENHOR
NO TEMPO COMUM – ANO A

2º DTC: Domingo do Testemunho de João 103
Abertura: Toda a terra te adore 103
Salmo responsorial: Eu disse: "Eis que venho, Senhor!" – Sl 39(40) 104
Aclamação ao Evangelho: Aleluia, pois o verbo se fez carne 104
Oferendas: De mãos estendidas, ofertamos 105
Comunhão: És Jesus, o Cordeiro de Deus 106

3º DTC: Domingo do Chamado 107
Abertura: Toda a terra te adore 107
Salmo responsorial: O Senhor é minha luz e salvação – Sl 26(27) 108
Aclamação ao Evangelho: Aleluia, pois do Reino a Boa Nova 109
Oferendas: De mãos estendidas, ofertamos 110
Comunhão: Houve um tempo em que éramos trevas 111

4º DTC: Domingo das bem-aventuranças 112
Abertura: Toda a terra te adore 112
Salmo responsorial: Felizes os pobres em espírito – Sl 145(146) 113
Aclamação ao Evangelho: Aleluia, meus discípulos se alegrem 114
Oferendas: De mãos estendidas, ofertamos 115
Comunhão: Vocês, pobres, é que são felizes 116

5º DTC: Domingo do Sal e da Luz 117
Abertura: Toda a terra de adore 117
Salmo responsorial: Uma luz brilha nas trevas – Sl 111(112) 118
Aclamação ao Evangelho: Pois eu sou a Luz do mundo 119
Oferendas: De mãos estendidas, ofertamos 119
Comunhão: Para o mundo, vocês vão ser luz 120

6º DTC: Domingo da Justiça do Reino 121
Abertura: Sê a rocha que me abriga 121
Salmo responsorial: Feliz o homem sem pecado – Sl 118(119) 122
Aclamação ao Evangelho: Aleluia, eu te louvo, ó Pai Santo 123
Oferendas: A vós, Senhor, apresentamos 123
Comunhão: Aquele que faz, aquele que ensina 124

7º DTC: Domingo da Perfeição do Reino 125
Abertura: Sê a rocha que me abriga 125
Salmo responsorial: Bendize, ó minha alma, ao Senhor – Sl 102(103) 126
Aclamação ao Evangelho: Aleluia, ó Jesus tuas palavras 127
Oferendas: A vós, Senhor, apresentamos 127
Comunhão: Se amam somente quem ama vocês 128

8º DTC: Domingo dos Lírios e dos Passarinhos 129
Abertura: Sê a rocha que me abriga 129

Salmo responsorial: Só em Deus a minha alma tem repouso – Sl 61(62) 130
Aclamação ao Evangelho: Aleluia, eu chamei vocês de amigos 131
Oferendas: A vós, Senhor, apresentamos 131
Comunhão: Olhai para os lírios 132

9º DTC: Domingo da Casa sobre a Rocha 133
Abertura: Sê a rocha que me abriga 133
Salmo responsorial: Senhor, eu ponho em vós a confiança – Sl 30(31) 134
Aclamação ao Evangelho: Aleluia, todo aquele que me ama 135
Oferendas: A vós, Senhor, apresentamos 135
Comunhão: Senhor, és a pedra 136

10º DTC: Domingo da Misericórdia 137
Abertura: Ó Senhor, ouve o meu grito 137
Salmo responsorial: A todo homem que procede retamente – Sl 49(50) 138
Aclamação ao Evangelho: Aleluia, Senhor, me mandaste dizer 139
Oferendas: Bendito e louvado seja 140
Comunhão: Ó Senhor, aos doentes vieste 141

11º DTC: Domingo da Compaixão 142
Abertura: Ó Senhor, ouve o meu grito 142
Salmo responsorial: Nós somos o povo e o rebanho do Senhor – Sl 99(100) 143
Aclamação ao Evangelho: Aleluia, o Reino do céu está perto 143
Oferendas: Bendito seja Deus 144
Comunhão: Vem, Senhor, vem curar 145

12º DTC: Domingo da Perseguição 146
Abertura: Ó Senhor, ouve o meu grito 146
Salmo responsorial: Atendei-me, ó Senhor – Sl 68(69) 147
Aclamação ao Evangelho: Aleluia, o Espírito Santo, a Verdade 148
Oferendas: Bendito e louvado seja 149
Comunhão: Por tua causa nos pisam e maltratam 150

13º DTC: Domingo do Caminho da Cruz 151
Abertura: Ó Senhor, ouve o meu grito 151
Salmo responsorial: Ó Senhor, eu cantarei – Sl 88(89) 152
Aclamação ao Evangelho: Aleluia, vós sois uma raça escolhida 153
Oferendas: Bendito seja Deus 154
Comunhão: Não é digno de mim 155

14º DTC: Domingo dos Segredos do Pai 156
Abertura: No meio da tua casa 156
Salmo responsorial: Bendirei, eternamente vosso nome – Sl 144(145) 157
Aclamação ao Evangelho: Aleluia, eu te louvo, ó Pai Santo 158
Oferendas: A mesa santa 159
Comunhão: Venham todos a mim 160

15º DTC: Domingo do Semeador 161
Abertura: No meio da tua casa 161
Salmo responsorial: A semente caiu – Sl 64(65) 162
Aclamação ao Evangelho: Aleluia, a Palavra é a semente 163
Oferendas: A mesa santa que preparamos 164
Comunhão: Terra boa é aquela que ouviu 165

16º DTC: Domingo do Joio e do Trigo ... 166
Abertura: No meio da tua casa ... 166
Salmo responsorial: Ó Senhor, vós sois bom – Sl 85(86) ... 167
Aclamação ao Evangelho: Aleluia, eu te louvo ... 167
Oferendas: A mesa santa que preparamos ... 168
Comunhão: Quem pertence ao Reino de Deus ... 169

17º DTC: Domingo do Tesouro ... 170
Abertura: No meio da tua casa ... 170
Salmo responsorial: Como eu amo, ó Senhor – Sl 118(119) ... 171
Aclamação ao Evangelho: Aleluia, eu te louvo ... 171
Oferendas: A mesa santa que preparamos ... 172
Comunhão: Quando os tempos chegarem ao fim ... 173

18º DTC: Domingo da Multiplicação ... 174
Abertura: Acolhe os oprimidos ... 174
Salmo responsorial: Vós abris a vossa mão – Sl 144(145) ... 175
Aclamação ao Evangelho: Aleluia, ó vocês que estão fatigados ... 176
Oferendas: As mesmas mãos que plantaram a semente ... 177
Comunhão: Os pães e os peixes tomou ... 178

19º DTC: Domingo da Tempestade ... 179
Abertura: Acolhe os oprimidos ... 179
Salmo responsorial: Mostrai-nos, ó Senhor – Sl 84(85) ... 180
Aclamação ao Evangelho: Aleluia, eu confio em nosso Senhor ... 181
Oferendas: As mesmas mãos que plantaram a semente ... 182
Comunhão: Na barca estão os discípulos ... 183

20º DTC: Domingo da Cananeia ... 184
Abertura: Acolhe os oprimidos ... 184
Salmo responsorial: Que as nações vos glorifiquem – Sl 66(67) ... 185
Aclamação ao Evangelho: Jesus Cristo pregava o Evangelho ... 186
Oferendas: As mesmas mãos que plantaram a semente ... 187
Comunhão: Mulher, quão grande é tua crença ... 188

21º DTC: Domingo de Pedro ... 189
Abertura: Acolhe os oprimidos ... 189
Salmo responsorial: Ó Senhor, vossa bondade – Sl 137(138) ... 190
Aclamação ao Evangelho: Aleluia, tu és Pedro ... 191
Oferendas: As mesmas mãos que plantaram a semente ... 192
Comunhão: Agora, vocês me digam ... 193

22º DTC: Domingo do "Vai para trás!" ... 194
Abertura: Deus, nosso Pai protetor ... 194
Salmo responsorial: A minh'alma tem sede de vós – Sl 62(63) ... 195
Aclamação ao Evangelho: Aleluia, que o Pai de Jesus, nosso Senhor ... 196
Oferendas: Bendito seja Deus Pai ... 197
Comunhão: Na glória do Pai Eterno ... 198

23º DTC: Domingo da Presença Real ... 199
Abertura: Deus, nosso Pai protetor ... 199
Salmo responsorial: Não fecheis o coração – Sl 94(95) ... 200

Aclamação ao Evangelho: Aleluia, o Senhor reconciliou o mundo	201
Oferendas: Bendito seja Deus Pai	202
Comunhão: Vá e mostre o erro do seu irmão	203

24º DTC: Domingo do Perdão 204
Abertura: Deus, nosso Pai protetor 204
Salmo responsorial: O Senhor é bondoso – Sl 102(103) 205
Aclamação ao Evangelho: Aleluia, eu lhes dou este novo Mandamento 206
Oferendas: Bendito seja Deus Pai 207
Comunhão: Meu Pai não vai perdoar 208

25º DTC: Domingo dos Últimos 209
Abertura: Deus, nosso Pai protetor 209
Salmo responsorial: O Senhor está perto – Sl 144(145) 210
Aclamação ao Evangelho: Aleluia, vem abrir nosso coração 211
Oferendas: Bendito seja Deus Pai 212
Comunhão: Quem são, quem são, quem serão 213

26º DTC: Domingo dos Publicanos e Prostitutas 214
Abertura: Senhor, escuta as preces 214
Salmo responsorial: Recordai, Senhor, meu Deus – Sl 24(25) 215
Aclamação ao Evangelho: Aleluia, as minhas ovelhas 216
Oferendas: A ti, ó Deus, celebra a criação 217
Comunhão: Não basta chamar-me: "Senhor!" 218

27º DTC: Domingo do Filho Assassinado 219
Abertura: Senhor, escuta as preces 219
Salmo responsorial: A vinha do Senhor – Sl 79(80) 220
Aclamação ao Evangelho: Aleluia, eu sou a videira 221
Oferendas: A ti, ó Deus, celebra a criação 222
Comunhão: ó Pai, somos nós esta vinha 223

28º DTC: Domingo do Banquete 224
Abertura: Senhor, escuta as preces 224
Salmo responsorial: Na casa do Senhor – Sl 22(23) 225
Aclamação ao Evangelho: Aleluia, que o Pai de Jesus 226
Oferendas: A ti, ó Deus, celebra a criação 227
Comunhão: Um Rei fez um grande banquete 228

29º DTC: Domingo da Honestidade 229
Abertura: Senhor, escuta as preces 229
Salmo responsorial: Ó família das nações – Sl 95(96) 230
Aclamação ao Evangelho: Aleluia, como astros no mundo 231
Oferendas: A ti, ó Deus, celebra a criação 232
Comunhão: A César darão o que é dele 233

30º DTC: Domingo do Único Mandamento 234
Abertura: Não me abandones, Senhor! 234
Salmo responsorial: Eu vos amo, ó Senhor – Sl 17(18) 235
Aclamação ao Evangelho: Aleluia, eu te louvo, ó Pai Santo 236
Oferendas: Bendito sejas, Senhor Deus 237
Comunhão: A teu Deus e Senhor amarás 238

31º DTC: Domingo da Fraternidade 239
Abertura: Não me abandones, Senhor! 239
Salmo responsorial: Guardai-me, ó Senhor – Sl 130(131) 240
Aclamação ao Evangelho: Aleluia, sejam servos bem fiéis 241
Oferendas: Bendito sejas, Senhor Deus 242
Comunhão: Um só é o Pai de vocês 243

32º DTC: Domingo da Vigilância 244
Abertura: Não me abandones, Senhor! 244
Salmo responsorial: A minh'alma tem sede de vós – Sl 62(63) 245
Aclamação ao Evangelho: Aleluia, sê fiel até a morte 246
Oferendas: Bendito sejas, Senhor Deus 247
Comunhão: É preciso ficar acordado 248

33º DTC: Domingo dos Talentos 249
Abertura: Não me abandones, Senhor! 249
Salmo responsorial: Felizes os que temem o Senhor – Sl 127(128) 250
Aclamação ao Evangelho: Aleluia, é preciso vigiar 251
Oferendas: Bendito sejas, Senhor Deus 252
Comunhão: Muito bem, servidor tão fiel 253

34º DTC: Solenidade de Cristo Rei 254
Abertura: O Senhor vai falar-nos de paz 254
Salmo responsorial: O Senhor é o pastor que me conduz – Sl 22(23) 255
Aclamação ao Evangelho: Aleluia, é bendito aquele que vem vindo 256
Oferendas: Preparo esta mesa 257
Comunhão: O Filho do Homem virá 258

Domingo da Santíssima Trindade 259
Abertura: Bendito sejas Tu 259
Salmo responsorial: A vós, louvor, honra e glória – Dn 3 259
Aclamação ao Evangelho: Aleluia, glória ao Pai 260
Oferendas: Ó Trindade, imensa e una 260
Comunhão: Deus amou tanto o mundo 261

Festa do Santíssimo Sacramento do Corpo e Sangue de Cristo 262
Abertura: Cristo, pão dos pobres 262
Salmo responsorial: Glorifica o Senhor, Jerusalém – Sl 147 263
Sequência: Terra, exulta de alegria 264
Aclamação ao Evangelho: Aleluia, eu sou o pão 264
Oferendas: Bendito és Tu, ó Deus Criador 265
Comunhão: Eu sou o pão 266

Festa do Sagrado Coração de Jesus 267
Abertura: De geração em geração 267
Salmo responsorial: O amor do Senhor Deus por quem o teme – Sl 102(103) 268
Aclamação ao Evangelho: Aleluia, como o Pai me amou 269
Oferendas: A vós, Senhor, apresentamos 270
Comunhão: Venha a mim quem 'stá cansado 271

ÍNDICE ALFABÉTICO

A César darão o que é dele – 233
A mesa santa – 159, 164, 168, 172
A minh'alma tem sede de vós – 195, 245
A semente caiu – 162
A teu Deus e Senhor – 238
A ti, ó Deus – 217, 222, 227, 232
A todo homem – 138
A vinha do Senhor – 220
A vós, louvor – 259
A vós, Senhor – 127, 131, 135, 270
Aclamações da Oração Eucarística IX – 70
Aclamações da Oração Eucarística X – 71
Aclamações da Oração Eucarística XI – 72
Acolhe os oprimidos – 174, 179, 184, 189
Agora, vocês me digam – 193
Aleluia, a Palavra – 163
Aleluia, as minhas ovelhas – 216
Aleluia, como astros no mundo – 231
Aleluia, como o Pai me amou – 269
Aleluia, é bendito – 256
Aleluia, é preciso vigiar – 251
Aleluia, eu chamei vocês de amigos – 131
Aleluia, eu confio em nosso Senhor – 181
Aleluia, eu lhes dou – 206
Aleluia, eu sou a videira – 221
Aleluia, eu sou o pão – 264
Aleluia, eu te louvo – 123, 158, 167, 171, 236
Aleluia, eu vou louvar – 303
Aleluia, glória ao Pai – 260
Aleluia, Jesus Cristo pregava – 186
Aleluia, meus discípulos – 114
Aleluia, o Espírito Santo – 148
Aleluia, ó Jesus, tuas palavras – 127
Aleluia, o Reino do céu – 143
Aleluia, o Senhor reconciliou – 201
Aleluia, ó vocês – 176
Aleluia, pois do Reino – 109
Aleluia, pois eu sou a Luz – 119
Aleluia, pois o verbo – 104
Aleluia, que o Pai – 196, 226
Aleluia, sê fiel até a morte – 246
Aleluia, sejam servos bem fiéis – 241
Aleluia, Senhor, me mandaste dizer – 139
Aleluia, todo aquele – 135
Aleluia, tu és Pedro – 191
Aleluia, vem abrir nosso coração – 211
Aleluia, vós sois uma raça escolhida – 153
Aquele que faz – 124
Aqui chegando, Senhor – 277
As mesmas mãos – 177, 182, 187, 192

Aspergi-me, Senhor – 17
Atendei-me, ó Senhor – 147

Bendirei, eternamente, vosso nome – 157
Bendito e louvado seja – 140, 144, 149, 154
Bendito és Tu, ó Deus Criador – 265
Bendito seja Deus Pai, do universo – 197, 202, 207, 212
Bendito seja Deus, Pai do Senhor – 318
Bendito sejais, Senhor (Apresentação das Oferendas) – 53 e 54
Bendito sejas Tu – 259
Bendito sejas, Senhor Deus – 237, 242, 247, 252
Benditos os pés que evangelizam – 283
Bendize, ó minha alma – 126
Bom é louvar o Senhor, nosso Deus – 306

Canta, meu povo – 279
Cante ao Senhor a terra inteira – 284
Cantemos com amor (Pai-nosso) – 82 a 85
Como eu amo, ó Senhor – 171
Confesso a Deus – 21
Cordeiro de Deus – 86 a 92
Creio em Deus Pai – 50
Creio, creio, amém – 51 e 52

De geração em geração – 267
De mãos estendidas – 105, 110, 115, 119
De todos cantos viemos – 276
Deus amou tanto o mundo – 261
Deus, nosso Pai protetor – 194, 199, 204, 209

É preciso ficar acordado – 248
Eis o mistério da fé... Anunciamos, Senhor – 73, 75, 77
Eis o mistério da fé... Todas vez que comemos – 79
Eis o pão da vida – 301
Eis, meu povo, o banquete – 305
Eis-me aqui, Senhor – 275
Em nome do Pai – 15 e 16
Entoai ao Senhor novo canto – 280
És Jesus, o Cordeiro de Deus – 106
Eu disse: "Eis que venho, Senhor!" – 104
Eu sou o pão – 266 e 299
Eu vi, vi foi a água – 19
Eu vos amo, ó Senhor – 235

Feliz o homem sem pecado – 122
Felizes os de coração puro – 293
Felizes os pobres em espírito – 113
Felizes os que temem o Senhor – 250

Glória a Deus nas alturas – 34 a 42
Glória a Deus nos altos céus – 43 a 44

Glorifica o Senhor, Jerusalém – 263
Guardai-me, ó Senhor – 240

Há todo um povo que se levanta – 286
Hoje é dia de reza – 278
Houve um tempo – 111

Lavai-me, Senhor – 18

Meu Pai não vai perdoar – 208
Mostrai-nos, ó Senhor – 180
Muito alegre eu te pedi – 295
Muito bem, servidor tão fiel – 253
Mulher, quão grande é tua crença – 188

Na barca estão os discípulos – 183
Na casa do Senhor – 225
Na glória do Pai Eterno – 198
Não basta chamar-me: "Senhor!" – 218
Não é digno de mim – 155
Não fecheis o coração – 200
Não me abandones, Senhor – 234, 239, 244, 249
Não se deve dizer – 291
Não sei se descobriste – 282
Neste pão e neste vinho – 294
No meio da tua casa – 156, 161, 166, 170
No teu santuário, Senhor – 287
Nós somos o povo – 143
Nós somos o povo de Deus – 288
Nós te damos muitas graças – 298

O amor do Senhor – 268
Ó família das nações – 230
O Filho do Homem virá – 258
Ó Pai, somos nós esta vinha – 223
O Pão de Deus é o Pão da Vida – 317
O Senhor é bondoso – 205
O Senhor é minha luz – 108
O Senhor é o pastor que me conduz – 255
O Senhor está perto – 210
O Senhor esteja convosco (Bênção e despedida) – 93 e 94
O Senhor poderoso em amor – 319
O Senhor vai falar-nos de paz – 254
Ó Senhor, aos doentes vieste – 141
Ó Senhor, escuta (Preces) – 52
Ó Senhor, eu cantarei – 152
Ó Senhor, ouve o meu grito – 137, 142, 146, 151
Ó Senhor, vós sois bom – 167
Ó Senhor, vossa bondade – 190
Ó Trindade, imensa e uma – 260
Ofertar pra meu é dar a vida – 296
Olhai para os lírios – 132
Oração do dia – 45 a 49
Oração Eucarística (Prefácios) – 60 a 66
Oração Eucarística II – 66 a 69
Oração sobre as oferendas e depois da comunhão – 55 a 59
Os cristãos tinham tudo em comum – 292
Os pães e os peixes tomou – 178

Para o mundo, vocês vão ser luz – 120
Por Cristo, com Cristo (Doxologia final) – 74, 76, 78, 80

Por tua causa nos pisam – 150
Povo que és peregrino – 285
Preparo esta mesa – 257
Procuro abrigo nos corações – 308

Quando os tempos chegarem ao fim – 173
Que as nações vos glorifiquem – 185
Quem nos separará? – 300
Quem pertence ao Reino de Deus – 169
Quem são, quem são, quem serão – 213
Quero ouvir teu apelo, Senhor – 313

Recordai, Senhor, meu Deus – 215
Rezemos ao Senhor (Preces) – 52
Rezemos com amor (Pai-nosso) – 81

Santo, Santo, Santo, Senhor Deus – 73, 75, 77, 79
Sê a rocha que me abriga – 121, 125, 129, 133
Se amam somente quem ama vocês – 128
Se eu não tiver amor – 309
Sempre tem mais um lugar – 302
Senhor, és a pedra – 136
Senhor, escuta as preces – 214, 219, 224, 229
Senhor, eu ponho em vós – 134
Senhor, fazei-me um instrumento – 314
Senhor, meu Deus, obrigado – 297
Senhor, meu Deus, quando eu – 312
Senhor, que sois o caminho – 25
Senhor, que sois o ungido – 24
Senhor, que viestes salvar – 23 e 24
Senhor, Senhor, piedade – 31
Senhor, Servo de Deus – 22
Senhor, tende piedade de nós – 26-30, 32-33
Seu nome é Jesus Cristo – 310
Só em Deus – 130
Sou bom pastor – 307

Tende compaixão de nós – 20
Terra boa é aquela que ouviu – 165
Terra, exulta de alegria – 264
Toda a terra de adore – 103, 107, 112, 117
Todos convidados – 262
Tu és a luz, Senhor – 304
Tua bênção, Senhor – 281

Um pouco além do presente – 290
Um Rei fez um grande banquete – 228
Um só é o Pai de vocês – 243
Uma luz brilha nas trevas – 118

Vá e mostre o erro – 203
Vem e eu mostrarei – 311
Vem, Senhor, vem curar – 145
Venha a mim – 271
Venham todos a mim – 160
Vimos aqui, ó Senhor – 289
Vocês, pobres, é que são felizes – 116
Vós abris a vossa mão – 175
Vós sois o caminho – 316